SOCIEDADE MIDIATIZADA

SOCIEDADE MIDIATIZADA

DÊNIS DE MORAES
ORGANIZADOR

ARMAND MATTELART
DÊNIS DE MORAES
DOUGLAS KELLNER
EDUARDO GALEANO
GUILLERMO OROZCO GÓMEZ
MARC AUGÉ
JESÚS MARTÍN-BARBERO
LORENZO VILCHES
MANUEL CASTELLS
MUNIZ SODRÉ
PIERRE MUSSO

Mauad X

Direitos desta edição reservados à
MAUAD Editora Ltda.
www.mauad.com.br

Projeto Gráfico:
Núcleo de Arte/Mauad Editora

Traduções:

Carlos Frederico Moura da Silva (textos de Armand Mattelart, Marc Augé, Manuel Castells, Lorenzo Vilches, Jesús Martín-Barbero e Guillermo Orozco Gómez);

Maria Inês Coimbra Guedes (textos de Pierre Musso e Eduardo Galeano);

Lúcio Pimentel (texto de Douglas Kellner).

Revisão Técnica das Traduções:
Dênis de Moraes

CIP-BRASIL. CATALOGAÇÃO NA FONTE
SINDICATO NACIONAL DOS EDITORES DE LIVROS, RJ.

S662

Sociedade midiatizada / Dênis de Moraes (org.) ; [traduções de Carlos Frederico Moura da Silva, Maria Inês Coimbra Guedes, Lucio Pimentel]. – Rio de Janeiro : Mauad, 2006

Inclui bibliografia
ISBN 85-7478-166-5

1. Comunicação de massa e civilização. 2. Comunicação de massa – Aspectos sociais. 3. Comunicação de massa e tecnologia. 4. Comunicação de massa e cultura. 5. Tecnologia e civilização. I. Moraes, Dênis.

06-0562. CDD 302.23
CDU 316.774

14.02.06 013342

Estamos vivendo duas histórias distintas:
a de verdade e a criada pelos meios de comunicação.
O paradoxo, o drama e o perigo estão no fato
de que conhecemos cada vez mais a história criada
pelos meios de comunicação e não a de verdade.

Ryszard Kapuscinski

Sumário

Apresentação

A idéia deste livro ultrapassou o estreito limite da imaginação na manhã quente e úmida de 26 de novembro de 2004, no Jardín Botánico, pulmão verde de Palermo, em Buenos Aires, onde eu costumava ler John Berger. Sob as sombras cálidas de árvores centenárias, encantava-me a sessão de tai chi chuan que atraía 30 pessoas da terceira idade. Que delicada sincronia entre os exercícios em câmera lenta, o silêncio obsequioso da meditação e os movimentos vivazes dos leques coloridos. Uma paz inebriante junto ao tráfego celerado da Avenida Santa Fe. Mal percebi a aproximação de dois adolescentes (não tinham mais que 14 anos) que caminhavam por uma das aléias de terra batida. Embora com os corpos a três palmos de distância, relacionavam-se através dos relâmpagos interiores liberados por dedos nervosos nos teclados dos celulares. Quando pararam para uma breve troca de resmungos, levantei-me do banco de madeira e alcancei-os com o olhar ansioso de Julio Cortázar à entrada dos velhos bilhares da Avenida Corrientes. Simplesmente disputavam um jogo eletrônico em rede, utilizando tecnologia *wireless*.

Em um minuto os dois gladiadores escapuliram pela saída lateral na Calle República Árabe Síria. Ignoravam os sinais ao redor, qualquer vestígio de palpitações além dos visores mínimos de cristal líquido. E, no entanto, havia a harmonia desalinhada dos ideogramas chineses, logo ali, no gramado do tai chi. Ao deixar o jardim, contornei as turbulências da Avenida Las Heras e avistei, duas quadras adiante, um reluzente painel digital. Não sei que estranho ímpeto me levou àquela banalização do futuro em 3D. *Flashes* meteóricos atiçavam curiosidades com a superexposição de mantras da era do virtual: a conexão perpétua ("*Conéctame*!") e a informação ininterrupta ("*Know, now*!").

Mundo paradoxal e alucinante, que coloca lado a lado o transcendente e o fortuito; a leveza de espírito e as máquinas de guerras simuladas; as inquietações afetivas e as fantasias dissolvidas nas tramas da digitalização.

Sociedade midiatizada surgiu na quentura úmida de Palermo, entre o assombro e a perplexidade, e não demorou a conquistar a adesão de dez intelectuais de renome internacional, com os quais me correspondia por *e-mail*. A cada texto que se somava ao projeto, eu percebia diálogos imprevistos ou certas linhas de confluência nas argumentações críticas. Como se não existissem oceanos e percursos entre nós, construíamos, sem acordo prévio, uma base de entendimento: é impossível aceitar a reversão radical das expectativas humanizadoras, somente porque o porvir se antecipou às previsões e a existência está de cabeça para baixo. Desde quando continuidades estáveis são afins com *gadgets* que sacramentam a mudança efêmera? E o que dizer da colagem de êxtases ultra-rápidos com desejos que precisam de calma para germinar, crescer e amadurecer?

A verdade é que o regime de tempo convulsivo das tecnologias disparadas (feliz expressão de Gabriel García Márquez) impõe transes e abala equilíbrios. Redes, sistemas e circuitos tecem um emaranhado de imagens, sons, efeitos especiais, palavras e discursos que subverte cronologias e lugares. A agência *Reuters* atualiza o noticiário 23 mil vezes por segundo nos horários de pico. Soa o alarme do celular e o marketing móvel invade a tela com ofertas de entretenimento para *targets* específicos. Até os 15 minutos de fama preconizados por Andy Warhol ficaram longos demais. Os *spots* publicitários estão sendo encurtados ao máximo, porque telespectadores impacientes não suportam esperar 30 segundos, assediados que estão por outras mídias. Seria demasiado recordar que, na longínqua Paris sem os trens de grande velocidade, as sensações fugazes já haviam motivado Baudelaire a assinalar que não interessa a latitude, se as nuvens passam?

A hiperinflação audiovisual traduz o impulso irresistível de expansão do capitalismo globalizado. Fluxos de altíssima potência intensificam ganhos dentro e fora das especulações do mercado financeiro. A espiral de acumulação incorpora signos faiscantes: marcas, ícones, performances, shows, aventuras, suspenses e tragédias. E a mitologia do tempo real impulsiona a difusão de repertórios excessivos e a concentração de riqueza e poder. Isso me faz lembrar o diagnóstico do saudoso Milton Santos ao contemplar o eclipse da razão ética no novo século de ofegância e miséria: "O triunfo da técnica, a onipresença da competitividade, o deslumbramento da instantaneidade na transmissão e recepção de palavras, sons e imagens e a própria esperança de atingir outros mundos contribuem, juntos, para que a idéia de velocidade esteja presente em todos os espíritos e a sua utilização constitua uma espécie de tentação permanente. Ser atual ou eficaz, dentro dos parâmetros reinantes, conduz a considerar a velocidade como uma necessidade e a pressa como uma virtude. Quanto aos demais não incluídos, é como se apenas fossem arrastados a participar incompletamente da produção da história."[1]

Parte apreciável das mudanças na forma contemporânea de viver vincula-se à primazia da comunicação na ambiência tecnocultural. Primeiro, pela capacidade de redes infoeletrônicas, satélites e fibras ópticas de interligar povos, países, culturas e economias, procurando unificá-los em torno de sínteses de uma hipotética vontade geral. Segundo, porque as relações sociais e os processos de produção simbólica estão cada vez mais midiatizados — isto é, sob a égide de mediações e interações baseadas em dispositivos teleinformacionais[2]. Os quadros de referências envolvem-se com a moral prescritiva da mídia, quase sempre afinada com a ordem do consumo e a estetização espetacularizada da realidade. Tudo parece reforçar as identificações projetivas e a representação total em telas e monitores: a moda, o corpo, a intimidade, o sexo, as competições esportivas, o *design*, a literatura de auto-ajuda, o turismo, a ficção científica, o cinema-catástrofe, a religião, a música tecno, os museus... Essa febre midiática afigura-se como imperativo para a fixação de valores e crenças, bem como para a consolidação da lógica da lucratividade em todos os ramos culturais.

Partindo de tais premissas, este livro busca repensar mutações e dilemas de uma sociedade saturada de impactos audiovisuais e acessos desiguais a tecnologias e conhecimentos. Os co-autores analisam um conjunto de interrogações que remetem aos modos de produzir, ser, sentir e reagir numa atmosfera mercantilizada. É apropriado falar em "sociedade da informação" e "diversificação simbólica" num contexto em que as safras multimídias estão sob controle de conglomerados transnacionais? Até que ponto as identidades e tradições resistem à voracidade do espetáculo e aos impactos das novas tecnicidades? Onde se alojam vontades das audiências na cultura do infoentretenimento? O dilúvio de inovações favorece partilhas de saberes ou sublinha zonas de estratificação? A comunicação virtual efetivamente pode interferir nas escalas de valor, nos sistemas educativos e nos padrões de sociabilidade estabelecidos pelas mídias hegemônicas?

Enfoques e interpretações aqui reunidos interpelam nossa época de implosões de sentidos, direcionando holofotes para o que David Harvey chama de "ciranda das feitiçarias tecnológicas"[3] — combinatória de novidades feéricas, abundâncias rentáveis, emoções baratas e esperanças em processo (o *software* livre, as redes colaborativas, as rádios comunitárias, o *copyleft*). Significa remover da quietude forçada contradições perturbadoras. Julia Roberts fatura US$ 20 milhões por filme, enquanto metade dos trabalhadores em atividade na Terra recebe US$ 2 ou menos por dia. Significa também lustrar pacientemente o pensamento crítico, antídoto precioso contra a indiferença e a apatia emanadas dos discursos dominantes, sobretudo os midiáticos. Se o trabalho intelectual se esquiva de confrontá-los, esses discursos seguirão incólumes na sua pretensão, tão bem apontada por Edward Said, de "justificar, disfarçar ou mistificar seus dominantes e, por outro lado, impedir as objeções ou desafios que lhe são dirigidos"[4]. Em sentido análogo, a expectativa implícita no debate das idéias é a de vislumbrarmos expressões de vida e horizontes criativos para além das satisfações descartáveis, na contramão das certezas fúteis.

Dênis de Moraes

Notas

[1] Milton Santos. *O país distorcido: o Brasil, a globalização e a cidadania*. São Paulo: Publifolha, 2002, p. 162.

[2] Sobre a noção de midiatização, consultar o estudo de Muniz Sodré constante deste volume.

[3] David Harvey. *O novo imperialismo*. São Paulo: Loyola, 2004, p.178.

[4] Edward Said. "O papel público de escritores e intelectuais", em Dênis de Moraes (org.). *Combates e utopias: os intelectuais num mundo em crise*. Rio de Janeiro: Record, 2004, p. 40.

Sobre os Autores

ARMAND MATTELART

Professor de ciências da informação e da comunicação na Université Paris VIII. Em sua obra, traduzida em diversos países, incluem-se *História da utopia planetária: da cidade profética à sociedade global* (Sulina) e *Para ler o Pato Donald: comunicação e colonialismo* (Paz e Terra, com Ariel Dorfman).

DÊNIS DE MORAES

Professor do Departamento de Estudos Culturais e Mídia e do Programa de Pós-Graduação em Comunicação da Universidade Federal Fluminense e pesquisador do CNPq. Publicou, entre outros livros, *Cultura mediática y poder mundial* (Norma) e *Por uma outra comunicação: mídia, mundialização cultural e poder*, org. (Record).

DOUGLAS KELLNER

Professor da Cátedra George F. Kneller de Filosofia da Educação da University of California, Los Angeles. Além de estudos sobre Herbert Marcuse, escreveu *A cultura da mídia: estudos culturais, identidade e política entre o moderno e o pós-moderno* (Edusc) e *Media spectacle* (Routledge).

EDUARDO GALEANO

Jornalista e escritor uruguaio, foi diretor de redação das revistas *Marcha* (Uruguai) e *Crisis* (Argentina). Autor de *Veias abertas da América Latina* (Paz e Terra) e da trilogia *Memórias do fogo* (L&PM), esta contemplada com o American Book Award. Recebeu duas vezes o Prêmio Casa de Las Américas, em Cuba.

GUILLERMO OROZCO GÓMEZ

Professor titular e pesquisador do Departamento de Estudos da Comunicação Social da Universidad de Guadalajara, no México. Foi catedrático da Unesco em Barcelona e Bogotá. Publicou *Televisión, audiencias y educación* (Norma) e *Historias de la televisión en América Latina* (Gedisa), entre outros títulos.

JESÚS MARTÍN-BARBERO

Professor e pesquisador visitante em algumas das principais universidades da América Latina, da Europa e dos Estados Unidos. Destacam-se em sua obra *Dos meios às mediações: comunicação, cultura e hegemonia* (Ed. UFRJ) e *Ofício de cartógrafo: travessias latino-americanas de comunicação na cultura* (Loyola).

LORENZO VILCHES

Professor titular da Universidad Autónoma de Barcelona, onde dirige o Master Internacional de Escritura para Cine y Televisión. Coordena o Observatorio Europeo de la Ficción Televisiva. Publicou, entre outros títulos, *A migração digital* (Loyola/PUC) e *La televisión: los efectos del bien y del mal* (Paidos).

MANUEL CASTELLS

Professor sênior e pesquisador do Instituto Interdisciplinario de Investigación sobre Internet da Universitat Oberta de Catalunya, em Barcelona. Autor da trilogia *A era da informação: economia, sociedade e cultura* (Paz e Terra) e de *A galáxia da Internet* (Jorge Zahar). Seus livros estão traduzidos em dezenas de países.

MARC AUGÉ

Professor de antropologia da École des Hautes Études en Sciences Sociales e diretor de pesquisa do Centre National de la Recherche Scientifique, em Paris. Em sua obra incluem-se *Não lugares: introdução a uma antropologia do supermodernidade* (Papirus) e *Por uma antropologia dos mundos contemporâneos* (Bertrand).

MUNIZ SODRÉ

Professor titular da Escola de Comunicação da Universidade Federal do Rio de Janeiro e pesquisador do CNPq. Autor de livros editados no país e no exterior, como *Antropológica do espelho: uma teoria da comunicação linear e em rede* (Vozes) e *Império do grotesco* (Mauad, com Raquel Paiva).

PIERRE MUSSO

Professor de ciências da informação e da comunicação da Université Rennes II e pesquisador do Departamento de Ciência Política da Université Paris I. Publicou, entre outros títulos, *Critique des réseaux* e *Télécommunications et philosophie des réseaux* (ambos pela PUF).

PARTE I

Cultura tecnológica e midiatização

ETICIDADE, CAMPO COMUNICACIONAL E MIDIATIZAÇÃO*

MUNIZ SODRÉ

A transdisciplinaridade e a "colocação em perspectiva" (ou seja, o viés "comunicacional" que se costuma dar aos temas da tecnocultura contemporânea) não elidem o problema de um objeto específico para a pesquisa e a reflexão no campo dos estudos de comunicação e cultura. O enorme impacto da chamada "economia digital" sobre o mundo do trabalho e sobre a cultura (na indústria, na pesquisa científica, na educação, no entretenimento, as novas variáveis transformam velozmente a vida das pessoas) repercute sobre as ciências sociais voltadas para o fenômeno midiático, levando-as a tentar um melhor posicionamento epistemológico, no que diz respeito ao objeto e ao acompanhamento das mutações sociais provocadas pela mídia e pela realidade virtual.

De fato muda a natureza do espaço público, tradicionalmente animado pela política e pela imprensa escrita. Agora, formas tradicionais de representação da realidade e novíssimas (o virtual, o espaço simulativo ou telerreal) interagem, expandindo a dimensão tecnocultural, onde se constituem e se movimentam novos sujeitos sociais. Transmitida em tempo real, uma fórmula já antiga, como o noticiário jornalístico, torna-se estratégica nos termos globalistas do mercado financeiro: um pequeno boato pode repercutir como terremoto em regiões do planeta fisicamente distantes.

---

* As questões abordadas neste texto são desenvolvidas pelo Autor no livro *Antropológica do espelho: uma teoria da comunicação linear e em rede* (Petrópolis: Vozes, 2002).

Apoiadas no computador, as redes e as neotecnologias do virtual deixam, todavia, intacto o conceito de *medium*, entendido como canalização — em vez de inerte "canal" ou "veículo" — e ambiência estruturados com códigos próprios. O *medium* televisivo (com possibilidades de mutação técnica, a exemplo das previsões de especialistas sobre o "telecomputador") permanece como fulcro da mídia tradicional, enquanto que o virtual e as redes (Internet) apontam para caminhos abertos. Tempo real e espaço virtual operam o redimensionamento da relação espácio-temporal clássica.

Tudo isto implica uma nova antropologia ético-política da comunicação, isto é, (1) o empenho por uma redescrição das relações entre o homem e as neotecnologias capaz de levar em conta as transformações da consciência e do *self* sob o influxo de uma nova ordem cultural, a simulativa; (2) ao mesmo tempo, o empenho ético-político-antropológico de viabilizar uma compreensão das mutações socioculturais dentro de um horizonte de autoquestionamento, norteado pela afirmação da diferença essencial do homem, de sua singularidade.

Mas tudo isso também confirma a hipótese, já não tão nova, de que a sociedade contemporânea (dita "pós-industrial") rege-se pela midiatização, quer dizer, pela tendência à virtualização das relações humanas, presente na articulação do múltiplo funcionamento institucional e de determinadas pautas individuais de conduta com as tecnologias da comunicação. A estas deve-se a multiplicação das tecnomediações setoriais.

É preciso esclarecer o alcance do termo "midiatização", devido à sua diferença com "mediação", que, por sua vez, distingue-se sutilmente de "interação", forma operativa do processo mediador. Com efeito, toda e qualquer cultura implica mediações simbólicas, que são linguagens, leis, artes, etc. Está presente na palavra mediação o significado da ação de fazer ponte ou fazer comunicarem-se duas partes (o que implica diferentes tipos de interação), mas isto é na verdade decorrência de um poder originário de descriminar, de fazer distinções, portanto de um lugar simbólico, fundador de todo conhecimento. A linguagem é por isto considerada mediação universal.

Já midiatização é uma ordem de mediações socialmente realizadas — um tipo particular de interação, portanto, a que poderíamos chamar de tecnomediações — caracterizadas por uma espécie de prótese tecnológica e mercadológica da realidade sensível, denominada *medium*. Trata-se de dispositivo cultural historicamente emergente no momento em que o processo da comunicação é técnica e mercadologicamente redefinido pela informação, isto é, por um produto a serviço da lei estrutural do valor, também conhecida como capital.

Aplicado a *medium*, o termo "prótese" (do grego *prosthenos*, extensão), entretanto, não designa algo separado do sujeito, à maneira de um instrumento manipulável, e sim a forma resultante de uma extensão especular ou espectral que se habita, como um novo mundo, com nova ambiência, código próprio e sugestões de condutas. Já existe, aliás, algo de especular em toda e qualquer conduta, como bem viu Goethe, ao dizer que "a conduta é o espelho em que todos exibem a sua imagem".

A canalização em que implica a prótese midiática tem, para além do funcionamento de um simples espelho, um potencial de transformação da realidade vivida. É, portanto, uma forma condicionante da experiência vivida, com características particulares de temporalidade e espacialização, mas certamente distinta do que Kant chamaria, a propósito de tempo e espaço, de forma *a priori*. A forma midiática condiciona apenas na medida em que permite hibridizações com outras formas vigentes no real-histórico.

Trata-se de fato da afetação de formas de vida tradicionais por uma qualificação de natureza informacional, cuja inclinação no sentido de configurar discursivamente o funcionamento social em função dos vetores mercadológicos e tecnológicos é caracterizada por uma prevalência da forma (que alguns autores preferem chamar de "código"; outros, de "meio") sobre os conteúdos semânticos.

São os aspectos de hipertrofia dessa forma codificante que suscitam as desconfianças de críticos da cultura tardo-moderna (como Baudrillard), mas que também atraem as alvíssaras de outros, a exemplo de McLuhan, para quem nessa forma-meio está a própria mensagem, isto é, o conteúdo. Nela põem-se em primeiro plano o envolvimento sensorial, a pura relação, a "massagem".

Todo este processo é uma expansão do que Giddens chama de "reflexividade institucional" — um dos motores da modernidade—, ou seja, o uso sistemático da informação com vistas à reprodução de um sistema social. Na modernidade clássica, a reflexividade (filosofia, ciências sociais, publicismo, etc.) caracterizava-se por uma competência analítica voltada para a compreensão dos fenômenos humanos e sociais — a auto-reflexividade, exaltada como uma demonstração da soberania do espírito.

Hoje, o processo redunda numa mediação social exacerbada, a midiatização, com espaço próprio e relativamente autônomo em face das formas interativas presentes nas mediações tradicionais. A reflexividade institucional é agora o reflexo tornado real pelas tecnomediações, o que implica um grau elevado de indiferenciação entre o homem e sua imagem — o indivíduo é solicitado a viver, muito pouco auto-reflexivamente, no interior das tecnomediações, cujo horizonte comunicacional é interatividade absoluta. Desde o imediato pós-guerra, esse processo vem alterando costumes, crenças, até mesmo afetos, e agora perfaz-se com a integração entre os mecanismos clássicos da representacão e os dispositivos do virtual.

O conceito de midiatização — ao contrário do de mediação — não recobre, entretanto, a totalidade do campo social, e sim, o da articulação hibridizante das múltiplas instituições (formas relativamente estáveis de relações sociais comprometidas com finalidades humanas globais) com as várias organizações de mídia, isto é, com atividades regidas por estritas finalidades tecnológicas e mercadológicas, além de culturalmente afinadas com uma forma ou um código semiótico específico.

A midiatização implica, assim, uma qualificação particular da vida, um novo modo de presença do sujeito no mundo ou, pensando-se na classificação aristotélica das formas de vida, um *bios* específico. Em sua *Ética a Nicômaco*, Aristóteles concebe três formas de existência humana (*bios*) na Pólis: *bios theoretikos* (vida contemplativa), *bios politikos* (vida política) e *bios apolaustikos* (vida prazerosa). A midiatização pode ser pensada como um novo *bios*, uma espécie de quarta esfera existencial, com uma qualificação cultural própria (uma "tecnocultura"), historicamente justificada pelo imperativo de redefinição do espaço público burguês.

A questão inicial é a de se saber como essa qualificação atua em termos de influência ou poder na construção da realidade social (moldagem de percepções, afetos, significações, costumes e produção de efeitos políticos) desde a mídia tradicional até a novíssima, baseada na interação em tempo real e na possibilidade de criação de espaços artificiais ou virtuais.

Esta é, na verdade, a questão central de toda sociologia ou toda antropologia da comunicação contemporâneas. E a maior parte das pesquisas até agora realizadas sobre influência e efeitos, especialmente os políticos, tem levado à convicção de que a mídia é estruturadora ou reestruturadora de percepções e cognições, funcionando como uma espécie de agenda coletiva.

Daí a hipótese (acadêmica) norte-americana da *agenda-setting*, em especial no que diz respeito ao impresso. A palavra agenda é, em latim, um particípio futuro passivo: "(as coisas que) devem ser feitas". Agendar é organizar a pauta de assuntos suscetíveis de serem levados em conta individual ou coletivamente.

Não se trata de mera preocupação da Academia. A pergunta freqüente sobre as possibilidades de democracia participativa na mídia ou sobre seus poderes de transformação social exige um esclarecimento preliminar quanto à natureza do poder da informação, quanto à sua especificidade.

Evidente já se fez que a democratização (ou qualquer ponto de fuga para o *status quo* monopolista) não é nada que se obtenha pela multiplicidade técnica de canais, nem por uma legislação liberal aplicada às telecomunicações, nem mesmo pela concentração de espaços promovida pelas redes cibernéticas, que faz os "grandes" equivalerem virtualmente aos "pequenos".

É que a tecnocultura — essa constituída por mercado e meios de comunicação, o quarto *bios* — implica uma nova tecnologia perceptiva e mental, portanto, um novo tipo de relacionamento do indivíduo com as referências concretas e com a verdade, ou seja, uma outra condição antropológica. Do ponto de vista da mídia tradicional — televisão e entretenimento, basicamente — o poder da tecnocultura é homólogo (e a homologia não se dá por acaso, passa pelo vetor do mercado) à hegemonia norte-americana no Ocidente, que reside em sua capacidade de formar a agenda política e noticiosa internacional, de produzir em seus laboratórios e indústrias a maior parte dos objetos da economia midiática e de atrair as consciências para uma forma de vida sempre modernizante por vias do liberalismo democrático e do consumo.

Da mídia para o público não parte apenas influência normativa, mas principalmente emocional e sensorial, com o pano de fundo de uma estetização generalizada da vida social, onde identidades pessoais, comportamentos e até mesmo juízos de natureza supostamente ética passam pelo crivo de uma invisível comunidade do gosto, na realidade o gosto "médio", estatisticamente determinado. Estimula-se, assim, uma extroversão sistemática, na forma de um emocionalismo desabrido, cuja influência sensorial — relacionamento das tecnologias comunicacionais com o aparelho perceptivo dos indivíduos — conforma o sentido de nossa presença no território que habitamos, no nosso espaço humano de realização.

A esse espaço disposto para a realização ou para a ação humana, forma organizativa das situações cotidianas, o grego antigo deu o nome de *ethos* e fez dele o objeto de uma episteme, a Ética (*Ethiké*). Na palavra *ethos*, e nos modos diferentes como era escrita em grego, ressoa o sentido de habitar, com toda a extensão e conexões dessa idéia. Ela designa tanto morada quanto as condições, as normas, os atos práticos que o homem repetidamente executa e por isso com eles se acostuma, ao se abrigar num espaço determinado. É a consciência atuante e objetivada de um grupo social — onde se manifesta a compreensão histórica do sentido da existência — e, portanto, a instância de regulação das identidades individuais e coletivas.

Costumes, hábitos, regras, valores são os materiais que explicitam a vigência do *ethos* e regulam o senso comum, como bem viu o romancista Adolfo Bioy Casares: "Nossos hábitos supõem uma maneira das coisas acontecerem, uma vaga coerência do mundo" (em *A Invenção de Morel*). Séculos atrás, já para Hume — figura de proa do empirismo iluminista inglês, também pensador da moralidade — tudo o que se infere da experiência é mais um efeito do hábito do que do raciocínio: "O hábito é, assim, o grande guia da vida humana. É só esse princípio que torna nossa experiência útil para nós e faz-nos esperar, no futuro, uma cadeia de acontecimentos semelhante às que ocorreram no passado".

A ética social imediata ou eticidade, esta que experimentamos no cotidiano de nossas relações com o *socius*, é propriamente a maneira (que vem de *manere*, permanecer, morar), a forma de vida de um grupo social específico. Forma social (para a sociologia da linhagem de Georg Simmel) ou forma de vida (Wittgenstein) pode equivaler à noção de *ethos*. E não há *ethos* sem um ambiente cognitivo que o dinamize, sem uma unidade dinâmica de identificações do grupo, que é o seu modo de relacionamento com a singularidade própria, isto é, a cultura; aí atuam as formas simbólicas que, historicamente, orientam o conhecimento, a sensibilidade e as ações dos indivíduos.

A palavra cultura é aqui empregada, como se vê, numa acepção mais ampla do que aquela característica da sociedade ocidental, que identificou o seu *ethos* particular com a idéia de universalidade atribuída à sua noção de cultura, por sua vez colocada no centro da experiência da modernidade, ora como realidade de um estamento elitista, ora como homogeneização social. O par cultura/civilização orienta-se — como bem assinala Freud em *Mal-estar na cultura* (1930) — no sentido de beleza, limpeza e de "uma espécie de compulsão à repetição que, tão logo se estabeleça definitivamente um regulamento, decide quando, onde e como uma coisa deve ser feita, de modo que em toda circunstância semelhante não haja hesitação ou indecisão".

Tal é a compulsão da ordem, outro nome para esse tipo de *ethos*, que gera as normas estruturadoras do princípio de realidade, oferecendo segurança, mas por isto mesmo restringindo a liberdade individual. O *ethos* de um indivíduo ou de um grupo é a maneira ou o jeito de agir, isto é, toda a ação rotineira ou costumeira, que implica contingência, quer dizer, a vida definida pelo jogo aleatório de carências e interesses, em oposição ao que se apresenta como necessário, como dever-ser.

Toda repetição padronizada de uma ação implica também intervenção e controle da temporalidade, o que atesta o modo de presença do tempo no *ethos*. Por isto, a moderna organização técnica da produção capitalista sempre operou sobre a rotina do trabalho. A lógica taylorista do tempo métrico previa o cálculo minucioso do tempo do trabalhador em toda parte da fábrica. No fordismo, a divisão técnica do trabalho mediante uma rígida hierarquia piramidal preconizava a reorganização das funções rotineiras. E se contemporaneamente (nos tempos da especialização dita "flexível") a rotina perde lugar na produção, certamente ressurge, com todo o vigor da mídia, no consumo.

De modo geral, a ambiência afetiva ou sensorial gerada pela repetição inerente ao costume contingente ou à ordem é de tal modo envolvente e tão importante na formação do sentimento de estabilidade psíquica ou de fidedignidade a valores e princípios — a "segurança ontológica" — que pode confundir-se com a própria vida. Nela se constitui o quadro de referências (familiares, produtivas, sociais) necessário aos mecanismos psicológicos que organizam as defesas contra as ansiedades existenciais.

Caráter e personalidade afirmam-se no *ethos*, no modo como o sujeito se conduz, age ou produz. Aí se instala a consciência "prática", da qual parte o controle reflexivo sobre a ação dos agentes sociais, esta que, ao realizar-se, pode transformar tanto o sujeito quanto o objeto. A palavra "prática" vem do grego *praxis* (de *pratto* ou *prasso*, que significa agir, negociar, fazer algo em favor de si mesmo) e designa, desde Platão, além da ação imanente pela qual o sujeito o indivíduo vivencia o padrão rotineiro do *ethos*, também a possibilidade de transformá-lo, em virtude da finalidade de um bem-agir ou um bem-fazer.

Na Modernidade, a partir de Kant, o bem-agir pertence ao campo da razão prática, isto é, ao campo do agir que visa à qualidade do agente em função de fins "livres", por oposição aos pragmáticos ou utilitários. Mas, acima de todas as injunções e motivações, está o dever de obediência a um imperativo (categórico), que manda cada um agir da maneira como gostaria, a partir da perspectiva de qualquer ser racional, que os outros agissem. Esta é uma regra de conduta igualitária e submissa ao universal humano. Implica a lei moral, princípio definitivo de toda ação, que se deduz da razão.

Nos termos kantianos, a lei moral — escudada no valor fundamental da humanidade — é um *a priori* do agir humano. Funda, para ele, a razão dita "prática", em cujo campo desenvolve-se a consciência modernamente guiada por padrões de benevolência, ordenação, prudência, compaixão. Coletivamente, trata-se da opção pelo bom costume (*mos*, *moris*, em latim) e, individualmente, da faculdade superior de desejar, quer dizer, de produzir livremente efeitos correspondentes às suas representações.

É conhecida a confusão entre os termos moral e ética. Moral, como se sabe, é a tradução latina (*moralis*) para o grego *éthikos*, que designa em Aristóteles suas reflexões sobre o *ethos*, tanto no sentido de usos e costumes (portanto, como convenções de morada ou de ocupação de um espaço) quanto de atributos do caráter, isto é, virtudes e vícios. Diferenciá-la da ética é optar por uma estratégia de pensamento que reserva à dimensão ética o cuidado com o irrecusável apelo de liberdade ou abertura do projeto humano em sua instalação numa determinada realidade histórica.

Embora a filosofia subseqüente tenha dado à palavra "moral" um alcance maior que o de "costume" — o que muitas vezes legitima o emprego indistinto dos termos ética e moral —, este último significado permanece sempre latente, reaparecendo em Kant (*Sitten*, em *Fundamentos da Metafísica dos Costumes*, em que "costume" na verdade equivale a moral) e em Hegel (*Fenomenologia do Espírito*, *Princípios de Filosofia do Direito*), que constrói a idéia de uma moral superior (*Moralitaet*) baseada na moral dos costumes e tradições (*Sittlichkeit*, eticidade, moralidade objetiva ou, ainda, ética social imediata). Mas a *Moralitaet* hegeliana é uma moralidade subjetiva, ao modo do entendimento kantiano, enquanto que a *Sittlichkeit* implica a objetividade, o "ser dado", das regras em comunidades humanas concretas, politicamente regidas.

Inserindo o ato livre do homem numa historicidade (a sociedade e suas instituições), Hegel opõe-se à abstrata moral kantiana, apoiada em regras ou normas deontológicas (o formalismo dos deveres) com curso universal, independentemente da intenção de fazer um bem ou realizar um fim. O conceito de eticidade é muito importante no pensamento hegeliano, porque, comportando tanto as caracterizações objetivas de costumes e do próprio Estado enquanto um todo substancial, como as subjetivas de dever e virtude, permite a unificação entre subjetividade e objetividade.

Ao juízo moral abstrato, por outro lado, interessa tão-só a conduta apropriada, no limite indiferente às idéias, aos fins, à política. Corresponde historicamente a um novo modo de vinculação humana baseado no atomismo dos direitos e na sua reunificação pela vontade (noção por isso mesmo importante na doutrina kantiana) de todos, isto é, pela soberania popular.

Esse tipo de juízo tem prevalência sobre qualquer outro horizonte ético-político, o que explica em parte a sua adequação à ordem social contemporânea, regida pelo universalismo dos direitos individuais e pelo imperativo de se otimizar a produção e o consumo em detrimento de outros fins humanos.

É fato observável que a sociedade contemporânea determina e integra a sua prática relacional por meio da escolha individualista quanto a comportamentos e modos de pensar. Moral é um nome historicamente consolidado para a expressão básica e determinante do julgamento sobre o que, em ações e pensamentos, é bom ou mau. Apresenta-se, assim, como um paradigma de regras e pontos de vista ou como um conjunto sistemático de normas do foro interior, com o qual se identificam grupos e indivíduos.

O que há mesmo na vida prática, porém, é uma diversidade de "morais" ou moralidades, isto é, de conjuntos de regras de ação e conduta assumidos por diferentes estratos sociais, ou então de códigos deontológicos atuantes no âmbito corporativo/empresarial. Em termos mais claros, na diferenciação típica da moderna sociedade secular, um grupo específico pode ter como base de sua identificação qualitativa um paradigma de valores rejeitado por outro grupo. Como não existe consenso absoluto sobre o julgamento moral, impõe-se o direito ou a legalidade.

Mas a obrigação moral permanece latente, representando uma interpelação anônima ou coletiva à consciência do sujeito social. É sempre a palavra de um outro, que se impõe. Pode ser veiculada por qualquer instância, mas sua força costuma partir, na modernidade, da institucionalização da experiência religiosa ou da palavra daqueles que se autorizam como porta-vozes de estruturas imutáveis e intemporais.

A força do profético ou do para-institucional presente nesses discursos, que pretendem refletir a vontade de Deus ou de um Absoluto, está sempre ligada a uma moral. Calvino, o reformador, impunha-se moralmente como "a boca de Deus" e competia em influência político-social com os poderes institucionais.

Esse discurso profético-religioso com força moral transmuta-se eventualmente em revolta, política e, na contemporaneidade, em *ethos* dos meios de comunicação. A midiatização da sociedade oferece a perspectiva de um eticismo vicário ou paralelo, atravessado por injunções da ordem de "ter de" e "dever" e suscetível de configurar uma circularidade de natureza moral, fundamentada pela tecnologia e pelo mercado.

Não se trata mais, portanto, da moral repressiva que impunha, nos termos freudianos, "grandes sacrifícios" à sexualidade e aos anseios de liberdade individual — a mesma que, na "primeira" modernidade, realizava os constrangimentos civilizatórios — e sim agora de uma eticidade exaltativa do desejo individual, para capturá-lo, em nome da qualificação existencial orientada pelo mercado. Chamar a atenção, atrair e manter sobre si mesmo o olhar do outro, converte-se em valor moral.

A mídia é levada, assim, como quarta esfera existencial ou quarto *bios* aristotélico, a encenar uma nova moralidade objetiva, pautada pela criação de um eticidade (no sentido, parcialmente hegeliano, de costumes e rotinas socialmente dadas) vicária e de conteúdos "costumbristas" (desde a produção do "atual" até a reiteração de uma atmosfera familiar em formas de vida variadas), a partir de ensaios, "negociações" discursivas ou interfaces com o *ethos* tradicional.

Ela se torna uma espécie de suporte da consciência prática na medida em que os fluxos informativos fazem interface, reorganizam ou mesmo inventam rotinas inscritas no espaço-tempo existencial. A própria recepção ou consumo dos produtos midiáticos pode ser vista como uma atividade rotineira, integrada em outras que são características da vida cotidiana. E tudo com um conteúdo moral próprio, que corresponde, por um lado, ao *ethos* individualista do universalismo jurídico (o formalismo dos direitos humanos ou da suposta igualdade de todos diante da lei) e, por outro, à abstrata equivalência dos sujeitos da troca na economia monetária.

É o que se explicita na realidade do mercado: o sujeito é sempre individual e só existe socialmente enquanto tem algo para comprar ou vender, ou pelo menos assim pense. Mas ao mesmo tempo trata-se de conteúdo idêntico ao da profecia, por oferecer-se em última análise como ponto de vista absoluto (porque onividente e ubíquo) sobre o mundo, como uma espécie de "boca de Deus".

A alguns poderá talvez parecer inadequada a aplicação da noção de moral ao que se vem discutindo. Um contra-argumento provável é de que a atitude de adesão à mídia não se define como exigência intersubjetiva e que, portanto, não pertence à moral. A isto se poderá responder que a mídia, enquanto sintaxe de um novo modo de organização social e agendamento universalista, implica uma qualificação especial da vida, logo, uma ordem sub-reptícia de exigências no que diz respeito a valores, a partir de uma intersubjetividade simulada e paralela .

Outro argumento contrário seria o de que a idéia de moral traz à consciência conotações de imperatividade na direção da atitude virtuosa, com sanções implícitas. É preciso, no entanto, ter em mente que um princípio moral, apesar de Kant, não é exclusivamente imperativo, isto é, não se reduz ao enunciado de uma conduta obrigatória, do tipo "todos devem andar vestidos em público", característica das convenções sociais, embora a idéia de um acordo possa estar latente em toda moralidade.

A linguagem da moral é essencialmente prescritivista (algo assim como o conteúdo injuntivo de uma receita médica), o que implica pensá-la, para além da obrigatoriedade pura e simples, como uma orientação racional ou logicamente justificável sobre possibilidades de conduta e dependente de um querer pessoal.

A prescrição moral, com pressuposições lógicas ("aja de tal modo, porque é "moderno", porque é o "melhor", etc., segundo a lógica da inserção social na contemporaneidade), está implícita no discurso midiático. Inexiste sanção externa ou explícita para a falha na observância dessa prescrição, mas fica implícita a vergonha (fato interno), conseqüente à autodesvalorização estética, à inadequação pessoal a um padrão. É o padrão identitário valorizado que vai permitir ao indivíduo atingir um *optimum* de reconhecimento social.

A eticidade moralista da mídia é de fato pensável como manifestação particular de uma "ética material", tal como a entende Scheler, ao sustentar que "toda ética material é forçosamente hedonismo e se funda na existência de estados de prazer sensível produzidos pelos objetos". Daí, a heteronomia dessa ética (sua dependência do mercado) e sua colocação da pessoa a serviço de seus próprios estados emocionais ou das "coisas-bens" chamadas mercadorias. O "bem" que aí se inclui no nexo causal das coisas reais é o ato de consumo.

Mas a prescrição moral-midiática é difusa, sem linearidade discursiva ou regulamentação explícita, de certo modo semelhante ao que Lyotard chama de "diferendo", isto é, uma situação carente de regra de juízo estável, incapaz de solucionar um conflito. Semelhante também, vale observar, à lógica não-seqüencial ou "caótica" do hipertexto cibernético, diante do qual a postura cognitiva mais adequada ao usuário é da "exploração" interpretativa, em vez da dedução de verdades. Nenhuma hierarquia discursiva organiza os regimes heterogêneos de expressões da mídia, assim como não existe um agendamento homogêneo de seus conteúdos.

Na construção do objeto comunicacional, é preciso levar em conta esse tipo de lógica, mais "hermenêutica" do que propriamente epistemológica no sentido tradicional e "kuhniano" do termo. Dentro desta perspectiva, história das tecnologias e das culturas, política e ética (a reflexão nomotética levantada no interior do campo filosófico) deverão ser enfatizadas como plataformas do campo comunicacional.

Bibliografia

GIDDENS, A. *Une théorie critique de la modernité avancée*. Quebec, Canadá: PUL, 1993.

MACCOMB E SHAW, Donald. "The Agenda-setting function of mass-media", *Public Opinion Quarterly*, nº 36, 1972.

SCHUMPETER, J. *Capitalisme, socialisme et démocratie*. Paris: Payot, 1965.

CHAMPAGNE, P. *Formar a opinião – o novo jogo político*. Petrópolis: Vozes, 1998.

HUME, D. *Investigação sobre o entendimento humano*. São Paulo: Ed. Unesp, 1999.

KANT, I. *Crítica da razão prática*.

A TIRANIA DO FUGAZ: MERCANTILIZAÇÃO CULTURAL E SATURAÇÃO MIDIÁTICA*

DÊNIS DE MORAES

Para Júlia e Lívia

O culto da abundância rentável

Vivemos, com aturdida incredulidade, um tempo de velocidade implacável, de urgência desvairada. "*Vás más rápido! Los límites, los ponés vos!*", exalta o anúncio de Fibertel, provedor de Internet em banda larga da Argentina. A sociedade dá indícios de não sobreviver sem as máquinas que atualizam a existência em frações de segundos. Tudo dilui-se e restabelece-se sem direito a intervalos, como descreve John Berger (2004: 218): "É um espaço sem horizonte. Tampouco há continuidade entre as ações, nem pausas, nem atalhos, nem linhas, nem passado nem futuro. Vemos apenas o clamor de um presente desigual e fragmentário. Está cheio de surpresas e sensações, mas não aparecem em lado algum suas conseqüências ou seus resultados. Nada flui livremente; há apenas interrupções. O que vemos é uma espécie de delírio espacial." Navegamos, insaciáveis, por circuitos infoeletrônicos e ambientes virtuais. Somos privilegiados por transmissões convulsivas, mas não conseguimos reter tantos estímulos e ofertas. Na essência, flagramos um

* Este texto resulta de pesquisas realizadas sob os auspícios do Conselho Nacional de Desenvolvimento Científico e Tecnológico (CNPq) e da Coordenação de Aperfeiçoamento de Pessoal de Nível Superior (Capes).

amálgama entre a vertigem tecnológica e a mercantilização, numa simbiose de preferências fluidas e apelos consumistas.

Acentuam-se os contornos de uma nova tirania: a velocidade fortuita. Até no vocabulário corrente se propagam interferências das sombras tecnológicas sobre as práticas cotidianas. Que resultaria se suprimíssemos palavras em inglês que denotam operações em andamento: *download*, *upgrade*, *update*, *upload*? Qualquer atraso diante dos painéis de néon com cotações financeiras implica desconexão com a pressa imoderada. Ou revela incapacidade de antecipar-se ao que virá, o que não significa mudanças decisivas nos processos socioculturais, ou mesmo um sentido de futuridade imprevisto. "O destino é inevitável", diz o slogan da Peugeot para o seu modelo com câmbio automático, motor de 320 quilômetros por hora e ruídos mínimos. Que destino nômade é este, desprovido de fronteiras nítidas e dimensões estabilizadas, ao mesmo tempo hiperpovoado de ilusões transitórias?

Destino precocemente envelhecido por relógios que transmitem notícias e previsões do tempo, ou por minúsculos *pendrives* que armazenam centenas de megabytes de dados, transportando-os de um computador a outro em vôos rasantes. Quando eu revisava este texto, em janeiro de 2006, a coqueluche era um tablete de dez centímetros e noventa gramas capaz de estocar 25 mil fotos digitais e 15 horas de músicas no formato MP3. Cada novo bem ou serviço ambiciona monopolizar a última geração — aquilo que não detém o ímpeto inexorável pela conquista da dianteira, mesmo quando a dianteira é um foco tremido, dependendo do que está por surgir. A "última geração", tão esvaziada de verdades transcendentes, aprofunda o caráter concorrencial de um modo de produção que se alimenta de imagens com inacreditável potência persuasiva.

A intensificação tecnomidiática atravessa, articula e condiciona o atual estágio do capitalismo, cujo pilar de sustentação é a capacidade de acumulação financeira numa economia de interconexões eletrônicas. O sistema tecnológico incorpora à lógica hegemônica a sua vocação expansiva, ancorada na contínua integração de fluxos de informação de altíssima velocidade, a um custo decrescente, e tendo por escopo a comercialização globalizada. Em tal moldura, a disponibilização em tempo real afigura-se como elemento-chave para a diminuição dos prazos de resposta de investidores e especuladores à volatilidade dos mercados financeiros. A informação credencia-se como insumo de poder e recurso básico de gestão, assumindo distintas concepções: memória (acervos e arquivos digitais); cultura (filmes, vídeos, DVDs, CDs, jornais, programas televisivos, livros etc.), *know how* (invenções, protótipos, etc.), propriedade intelectual (*softwares*, patentes) e genética (DNA). Cada vez mais, a produtividade e a competitividade dependem da capacidade dos agentes econômicos de aplicar com eficiência os dados e conhecimentos obtidos[1].

A digitalização favorece a convergência de redes e plataformas numa linguagem única, forjando a base para a hibridação das infra-estruturas de transmissão de dados, imagens e sons. A convergência materializa-se na terceira geração da telefonia móvel, que permite a um celular conectar-se à Internet; ser utilizado como câmera e filmadora digital, MP3 e rádio FM; disponibilizar correio eletrônico, mensagens, noticiários, horóscopo, jogos eletrônicos, mapas e filmes, além de capturar e enviar imagens. Note a espiral reprodutiva. De um lado, é necessário fabricar conteúdos para estes canais, cada um deles com políticas de atração de usuários e verbas publicitárias. De outro, o *design* sofisticado e a magia de aparelhos miniaturizados e repletos de recursos multimídias incentivam a cobiça do modelo que faz o comprador "estar à frente de seu tempo". Os desavisados esquecem-se de que, ao fascínio dos celulares, correspondem tarifas e custos estratosféricos. Sem contar os serviços agregados que os transformam numa plataforma de comunicação integrada a entretenimentos e marcas. Não por acaso, a telefonia móvel é rentabilíssima. Segundo a consultoria Frost & Sullivan, a receita global de celulares em 2004 alcançou US$ 126,2 bilhões — montante 10% superior à soma de todas as exportações do Brasil em 2005.

No contato permanente a qualquer tempo e lugar, as operadoras instituem uma nova fase do que Raymond Williams (1975: 26) classificou de "privatização móvel" — o lar, o local de trabalho, o lazer e o transporte tornam-se dependentes de uma gama de serviços tecnológicos que impõem a ligação incessante. O que Williams percebia há 30 anos hoje se dissemina com a transmissão sem fio, na velocidade da luz. As conexões desfazem-se sem deixar rastros: os torpedos que entram e somem dos celulares; o último *hit tune* que baixamos em ínfimos segundos; a corrida à caixa postal dentro do avião que está para decolar. Em várias situações o celular favorece bastante a comunicação e até certos tipos de mobilização (lembremo-nos da enxurrada de mensagens SMS que vararam Madri convocando para os atos de protesto contra o terrorismo, após o atentado de 11 de março de 2004). Mas ele também acirra a vontade de controlar deslocamentos e tempos variáveis, mantendo-nos vulneráveis a intromissões na esfera do trabalho e na vida particular.

Na atualidade frenética, as relações humanas tendem a virtualizar-se ou telerrealizar-se no cenário de midiatização, caracterizado por mediações e interações baseadas em dispositivos teleinformacionais (Sodré, 2002: 21-25). As tecnointerações exercem influência marcante nos padrões de sociabilidade e nas percepções dos indivíduos. As safras midiáticas generalizam textos e imagens que estruturam simbolicamente a vida e a produção, acentuando o *ethos* do consumo. Quando sei, por exemplo, que 150 mil horas de filmes, seriados e eventos esportivos oriundos dos Estados Unidos são apresentadas mensalmente nas emissoras de TV dos países latino-americanos, pergunto-me: ainda temos a prerrogativa de deter essa marcha invasiva? No limite, envolvemo-nos com um fluxo imagético que praticamente autonomiza a representação do mundo em telas e monitores — um mundo em que as interpretações dos fatos sociais muitas vezes são escoimadas de conflitos e contradições.

A partir de uma retórica que demonstra sutil sensibilidade para lidar com símbolos abrangentes, a mídia extravasa emoções que suscitam identificações sociais e psíquicas. Regula-se a relação entre desejo, necessidade e satisfação, removendo-se aquilo que retarde o ímpeto de consumir ou protele a extinção dos impulsos. No culto ao fugaz, querem convencer-nos de que o que perdemos em durabilidade ganhamos em intensidade. "O parâmetro com que se mede o valor da experiência tende a ser sua capacidade de produzir entusiasmo, não a profundidade de suas impressões. (...) Como outras ofertas culturais sedutoras, [a experiência] deve adequar-se 'ao máximo impacto e à imediata obsolescência', limpando o terreno rapidamente para novas e apaixonantes aventuras" (Bauman, 2004b: 213).

Com efeito, o prazer deve ter breve duração, permitindo que, com a descontinuidade, ressurjam modos de alcançá-lo, especialmente através de objetos de fácil substituição e de sentimentos arrebatadores. Arjun Appadurai (1996: 83-84) interpreta o jogo cíclico do novo como resultante de uma tensão entre nostalgia e fantasia, em que o presente é representado como se já fosse passado. A inculcação do prazer da efemeridade está no cerne do disciplinamento do consumidor e "exprime-se numa variedade de níveis sociais e culturais: a curta vida na prateleira dos produtos e estilos de vida; a rapidez da mudança da moda; a velocidade da despesa; os polirritmos de crédito, aquisição e presente; a transitoriedade das imagens dos programas de televisão; a aura de periodização que paira sobre produtos e estilos de vida no imaginário da mídia de massa." Adianta ponderar que não podemos sentir falta do que ainda não assimilamos? A publicidade insiste em vincular a novidades contínuas as carências que ela própria escava no imaginário individual ou coletivo.

O discurso dominante ajusta anseios à ordem da produção acelerada, sem maiores obrigações morais ou responsabilidades sociais. Recordo o meu estupor diante dos *outdoors* da feira de negócios Exponenciar, realizada em Buenos Aires na segunda quinzena de outubro de 2004: "Quais são as leis da comunicação viral e o que fazer para transformá-la em uma epidemia social?" Fiquei uma hora observando a reação das pessoas que transitavam pela Plaza Itália. A ampla maioria sequer desviava o olhar para os *outdoors*. Na semana seguinte, saíram anúncios da Exponenciar, com os mesmos insolentes dizeres, nas páginas do jornal *Clarín*. Nem parecia que estávamos confrontados com uma mensagem cínica e brutal: aprenda a contaminar a sociedade com o vírus da rentabilidade. Alienação, indiferença ou aprovação tácita? Nenhum limite ético, nenhuma sanção cultural.

Mas seria de se esperar que houvesse limites ou sanções, numa conjuntura em que a prioridade comercial desborda em todos os estágios de produção, circulação e consumo de bens simbólicos? A cultura está imersa na lógica do lucro que preside a expansão da forma-mercadoria a todos os campos da vida social. Integrada, como as demais áreas produtivas, ao consumismo, a esfera cultural torna-se componente essencial na lubrificação do sistema econômico, a ponto de o setor do entretenimento, juntamente com o de *software*, liderar a pauta de exportações dos Estados Unidos[2].

Fredric Jameson (1995) aponta a conversão da cultura em economia e da economia em cultura como um dos alicerces do capitalismo atual: "É uma imensa 'desdiferenciação', na qual as antigas fronteiras entre a produção econômica e a vida cultural estão desaparecendo. Cultura é negócio, e produtos são feitos para o mercado. (...) Cultura de massa não é mais um conjunto de comédias de rádio, musicais e romances de Hollywood. É uma produção muito mais sofisticada, feita por pessoas talentosas em uma atmosfera saturada de idéias, mensagens e lembranças de antigos trabalhos e textos. Mas a padronização está ainda presente em formas subliminares. Na lógica da 'coisificação', a intenção final é transformar objetos de todos os tipos em mercadorias. Se esses objetos são estrelas de cinema, sentimentos ou experiência política não importa."

A "desdiferenciação" não se limita a apagar fronteiras; ela arrasta para o consumo de massa um conjunto de manifestações até então carimbadas como elitistas (exposições, ciclos de conferências, música erudita) e que agora se projetam nas agendas midiáticas como megaeventos. Ocupam museus, centros culturais e espaços ao ar livre propícios a transmissões via satélite. Atraem patrocínios e financiamentos públicos e privados, aproveitando leis de incentivos e isenções tributárias. Mostras itinerantes de Monet, Rodin, Cézanne e Picasso distinguem-se como chamariz para vultosos negócios que começam nas bilheterias e prolongam-se na venda de catálogos, reproduções de quadros, vídeos, pôsteres, calendários, camisetas, etc. Somente a livraria do Museu do Louvre, em Paris, fatura US$ 29 milhões com 3,5 milhões de visitantes anuais. A própria noção de museu alterou-se radicalmente nas últimas décadas. Os antigos templos de fruição estética para iniciados e *experts* incorporaram públicos mais amplos, sobressaindo como lugares coligados à dinâmica do cosmopolitismo cultural. Caso do Guggenheim de Bilbao que, desde a inauguração em 1997, fez daquela cidade espanhola o destino anual de 1,5 milhão de turistas, gerando U$ 560 milhões em impactos econômicos[3].

As chamadas indústrias culturais desempenham papel-chave na propagação daquilo que os idealizadores da Exponenciar batizaram de "epidemia social". Além de veicular e fixar valores, operam a partir da exploração sinergética e coordenada de ramos conexos de atividades, atraindo capitais que querem valorizar-se fora dos investimentos convencionais. O aproveitamento simultâneo dos suportes tecnológicos faz reluzir a mais-valia na economia multimídia. Com a especialização flexível da produção, aumentam exponencialmente os produtos segmentados, a partir de pesquisas que antecipam tendências de consumo em clientelas específicas, capitalizando em torno delas. Crianças e adolescentes, pródigos em aceitar novidades e influenciar o universo familiar, são alvos permanentes. Os canais abertos e pagos brasileiros exibem diariamente 180 horas de desenhos animados e seriados, intercalados por anúncios que incutem marcas, sabores e hábitos. Não se divisa preocupação com as ressonâncias psicossociais de programas criados em estúdios de Hollywood, dublados em Miami e importados sem controle público[4].

O furor por sensações mirabolantes engloba os efeitos computadorizados do cinema-catástrofe e seus dois bilhões de espectadores anuais, como também os truques da indústria de jogos eletrônicos, que faturou US$ 50 bilhões em 2004. "Se você quer que seu *game* atinja o mercado de massa, seja competitivo e ganhe o amor da crítica e do público, ele tem que apelar à emoção. Os usuários precisam imergir numa experiência densa, realista, crível e, principalmente, emotiva", sentencia o *designer* David Freeman, criador dos jogos *Sim city* e *The sims* (*The Guardian*, 6/9/2004).

O desfrute de aventuras imaginárias reaviva a fórmula do pastiche na ficção de massa. A colagem de suspense, ciência, religião, tecnologia e esoterismo, com pinceladas de história da arte, suspense e até discussões etimológicas, fez de *O código Da Vinci*, de Dan Brown, um fenômeno literário, com 25 milhões de exemplares vendidos em dezenas de países e idiomas. Os *best sellers* perseguem a leitura digestiva e excitante, dentro de um estilo estandardizado que dissolve alusões culturais específicas. Grupos editoriais transnacionais obtêm tiragens descomunais com a internacionalização dos mercados, campanhas de marketing, lançamentos concomitantes em vários continentes e parcerias com mídias e redes livreiras regionais e locais. A figura do "autor global" coincide com a de um escritor com aptidão para seduzir leitores com tramas que misturam dramas, sexo, violência, sagas familiares, espionagens e mistérios — sempre utilizando clichês do gênero, linguagem acessível, descrições ágeis e dialogação abundante. Tais artimanhas mal disfarçam o enquadramento da cultura como produto quantificável, serializado e negociado.

Os consumidores são visualizados em função de padrões similares de comportamento e estilos de vida — categorias de análise que diluem vínculos com zonas geográficas e facilitam planos mundializados. Em torno de símbolos desterritorializados (o *jeans*, o tênis, a *pizza express*, os *drive-thrus*, as excursões à Disneyworld) agregam-se grupos sociais de diferentes continentes, países, etnias, raças, crenças e idiomas. Os sentidos de pertencimento descolam-se de lealdades nacionais e são delineados por centros gestores do consumo. A campanha da Nike, no segundo semestre de 2004, baseava-se no tema "*speed*" (velocidade). Vendia a idéia de que "*faster is better*" (o mais rápido é melhor), exibindo clipes associando a marca às imagens de atletas patrocinados pela empresa nas últimas Olimpíadas. Nada tem de sublime a justificativa do diretor de marketing da Nike nos Estados Unidos, Jim Beeman, apresentada no congresso da National Retail Federation em janeiro de 2005: "Onde quer que estejam os consumidores, devemos capturar-lhes o coração com um *insight* relevante."

O exemplo da Nike conjuga-se ao diagnóstico de Jameson (2001: 163): a natureza intrínseca do produto perde significância, é um mero pretexto de marketing. Isso porque, sob a égide de mercados geograficamente dispersos, "o objetivo da produção não está mais voltado a nenhum mercado específico, a nenhum conjunto específico de consumidores ou de necessidades individuais ou sociais, mas antes à sua transformação naquele elemento [o valor de troca] que, por definição, não tem nenhum conteúdo ou território e, de fato, nenhum valor de uso".

Pelos quatro quadrantes há uma exorbitância de ofertas congestionando os espaços urbanos: placas de ruas, galerias dos metrôs, aeroportos, estádios esportivos, ônibus, trens, táxis, salas de cinemas, mesas de bares, topos dos morros, terraços dos edifícios, fachadas de universidades, murais de seitas religiosas, balões e dirigíveis... A agência de publicidade McCann-Eriksson dispõe de um arquivo com 20 mil opções de divulgação para seus clientes em 130 países. É sintomático o crescimento de canais com anúncios durante as 24 horas do dia. O britânico Advertising Channel, criado em setembro de 2003, divulga quatro mil comerciais ao dia e estimula o envio de anúncios gravados em vídeo. As melhores peças disputam prêmios de US$ 450.

Nem mesmo no ócio estamos livres do assédio. Os canais de televisão via satélite, sobrecarregados de publicidade, penetram 24 horas por dia em mais de um milhão de quartos de hotéis e *resorts*. Nas praças de alimentação dos shoppings, é comum ver pessoas navegando nos terminais de Internet, enquanto devoram seus Big Macs com batatas fritas e Coca-Cola. Tão apressada é a refeição que poucos se dão conta de que estão ingerindo, com aquele trio, quase a metade do total de calorias recomendado, para um dia inteiro, a uma pessoa com saúde normal. O McDonald's, que tem 31 mil lanchonetes em 119 países, gasta US$ 2 bilhões por ano com publicidade e marketing. Não há dia em que não anuncie na mídia global.

Nossas casas deixaram de estar reservadas apenas à convivência familiar. Se comparamos os estudos feitos pelo Instituto Eurodata TV Worldwide e pelo Ibope sobre o tempo médio gasto diante da televisão, veremos que os telespectadores japoneses, brasileiros e norte-americanos lideraram o ranking mundial de 2004, respectivamente com 5h, 4h53m22s e 4h28m diante dos televisores. Nos três casos, significa que uma pessoa que dorme oito horas por noite destina um quarto de seu tempo útil à TV (*Folha de S. Paulo*, 11/01 e 12/04/2005). Mesmo a escola não é tão preponderante na formação cultural. Segundo a organização não-governamental TV Turnoff, um jovem americano passa, em média, 900 horas por ano na escola e 1.023 horas vendo TV. Este jovem assiste, por semana, a 4h41m de programação. A estimativa é de que, no mesmo período, ele converse com os pais 38 minutos. Talvez menos, se considerarmos as horas repartidas entre *webcams* e *fotologs*, os compulsivos jogos em rede, o fervor pelo Orkut e as sessões do MSN Messenger. Naqueles ambientes, dizem teóricos pós-modernos, vicejam novos modos de subjetivação e interação. A questão conexa é avaliar até que ponto se embaralham, na porosidade das malhas virtuais, o que nos une, o que nos afasta, o que nos impulsiona, o que nos vicia, o que nos desperta e o que nos imobiliza no interior das tecnointerações.

Inovações e crise da atenção

Diante da profusão teleinformacional, a estabilização é anacrônica e arriscada, porque o lema vigente é azeitar a força inovadora com reposições constantes. David Harvey (2005: 268) alerta-nos que o poder do capitalismo como sistema social reside em sua capacidade de mobilizar agentes e empreendedores econômicos "no sentido de se envolver em atividades materiais que mantêm o sistema em auto-reprodução, ainda que em escala crescente". Na engrenagem especulativa, não existe um meio único, e sim vários e convergentes, para se remunerar o dinheiro em circulação.

A inovação converte-se em requisito valioso numa arena competitiva em que os bens disponíveis criam problemas e embaraços que somente se equacionam mediante novas demandas e soluções tecnológicas. O sistema técnico provoca um alto grau de interdependências entre objetos, usos, elementos e instituições, ao mesmo tempo que se incumbe de responder, regular e administrar o repertório de inovações, habilidades e saberes (Broncano, 2000: 163-164). Como as soluções dependem de lastro financeiro, avaliação de custos, tecnologias e desembaraço operacional, instaura-se um círculo vicioso: a cadeia de descobertas, transferências e imitações de tecnologias gravita em torno de um rol restrito de corporações. Para preservar seus poderes monopólicos, essas corporações recorrem a duas manobras principais: "uma ampla centralização do capital, que busca o domínio por meio do poder financeiro, economias de escala e posição de mercado, e a ávida proteção das vantagens tecnológicas (...) por meio de direitos de patente, leis de licenciamento e direitos de propriedade intelectual" (Harvey, 2004: 85).

A fórmula para escapar à obsolescência é suplantar o que acaba de ser lançado e descobrir o que deverá ser inovação daqui a cinco, dez, 15 anos. A Xerox reduziu em 50% o tempo empregado para o desenvolvimento de suas linhas de equipamentos. A Intel trabalha simultaneamente em três gerações de microprocessadores: enquanto prepara a segunda geração, avança no desenho da terceira. Laymert Garcia dos Santos (2003: 232) define como "aceleração da aceleração tecnocientífica" a subordinação de decisões de investimentos a um padrão de velocidade inédito: "Como se a corrida tecnológica lançasse as empresas numa constante fuga para frente, ou numa constante antecipação do futuro; como se a sobrevivência das empresas no mercado dependesse mais de sua capacidade de invenção e substituição de produtos do que da extensa exploração comercial dos mesmos, cujo ciclo de vida é cada vez mais curto."

Há uma inquietante assimetria entre a economia das trocas simbólicas e a economia da atenção, caracterizada pela crescente impossibilidade de absorver-se e processar-se o descomunal volume de dados. De acordo com a World Future Society, a massa de conhecimentos da humanidade cresce 100% a cada cinco anos, com tendência a dobrar a cada 90 dias em dez a 15 anos. O potencial do excesso é imenso, pois apenas 3% das fibras ópticas produzidas estão utilizados (*Reuters*, 29/10/2003).

Como reter o interesse de leitores e telespectadores diante dos sinais de esgotamento com o bombardeio diário de mensagens de todo tipo? Um paliativo tem sido reduzir a duração dos *spots* televisivos para menos de 20 segundos. O anúncio tradicional já não consegue fisgar um espectador disperso e zonzo entre tantas pressões externas para provar, preferir e adquirir. "Convencer e fixar preços se tornaram atividades complicadas porque os consumidores estão mais ocupados, são mais difíceis de abordar e entender", observa Ken Bernhardt, professor de marketing da University of Georgia (*The Wall Street*

Journal, 10/1/2005). O "marketing oculto" faz malabarismos para tentar contornar a fadiga, desenvolvendo técnicas de comunicação que apresentam o produto de maneira inusitada, a fim de evitar que o público-alvo perceba tratar-se de uma abordagem mercadológica convencional.

Uma fatia expressiva do que se fabrica em excesso, em vez de esclarecer, confunde, tantas são as mediações que cruzam os percursos comunicacionais. Daí as ambivalências: mais notícias e menos interpretações, mais mobilidade nas transmissões e mais quietismo dos espectadores. Quando afirmo que a torrente de ofertas interfere nas percepções da realidade, não estou defendendo a idéia ingênua de que o planeta em rede só produz turbulências e efeitos negativos. Sem dúvida as tecnologias facultam novas modalidades de memória, expressão e interação, além de alargar formas de sociabilidade e intervenção política (a desenvoltura de movimentos antiglobalização capitalista na Internet não me deixa mentir). Fernando Broncano (2000: 82-83) resume o escopo da tecnologia ao situá-la como "a capacidade de abrir possibilidades e criar oportunidades". Segundo ele, "a tecnologia é antes de tudo um espaço de alternativas possíveis: é o lugar desde o qual se pode configurar o futuro no que depende da ação humana." Este entendimento, que destaca corretamente os distintos usos, apropriações e reapropriações, não autoriza desconsiderar os domínios monopólicos de tecnologias e as competências distintas para lidar com elas, assim como as exclusões daí decorrentes.

Enquanto Europa e América do Norte têm 64% dos internautas, a América Latina fica com 6% e a África e o Oriente Médio, com míseros 2%. Segundo o Relatório sobre o Desenvolvimento Humano de 2004, elaborado pelo Programa das Nações Unidas para o Desenvolvimento (PNUD), 80% dos habitantes do globo sequer tinham ouvido falar de Internet e pouco mais de 10% dispunham de acesso, embora outros 10% soubessem do que se tratava. Um entre 250 africanos estava conectado, em comparação com 70% de norte-americanos que navegam no ciberespaço. Ignacio Ramonet adverte que o *apartheid* ameaça repetir-se em escala digital: "Duas cifras resumem a injustiça: 19% dos habitantes da Terra representam 91% dos usuários de Internet. A brecha digital aumenta e acentua a tradicional brecha Norte-Sul, assim como a desigualdade entre ricos e pobres (recordemos que 20% da população dos países ricos dispõem de 85% da riqueza mundial). Se nada for feito, a explosão das novas tecnologias cibernéticas desconectará definitivamente os habitantes dos países menos adiantados, especialmente os da África negra, que representam menos de 1% dos usuários de Internet, entre eles poucas mulheres" (*Le Monde Diplomatique*, 1/2004).

A celeridade das inovações, portanto, não desfaz desníveis sociais e barreiras econômicas. A estratificação ocorre dentro das "zonas de concentração e irradiação" (Ford, 1999: 147), com os descompassos infiltrandose em sistemas de distribuição de informações. Ainda que os processos não sejam lineares e comportem variações, o mapeamento dessas zonas evidencia que o âmbito das redes não suprime e até pode repor divisórias entre conectados e desconectados. Néstor García Canclini (2004: 76-79) toca no ponto nevrálgico ao salientar que o vértice de poder se desloca para o domínio dos recursos de conexão. "O capital que produz a diferença e a desigualdade é a capacidade ou a oportunidade de mover-se e manter redes multiconectadas (...). As diferenças e desigualdades — as geradas pelo sistema de conexões e as preexistentes — ressurgem quando tratamos de entender as condições em que temos acesso ou somos excluídos das redes." E completa: "Ler o mundo com a chave das conexões não elimina as distâncias geradas pelas diferenças, nem as fraturas e feridas da desigualdade. O predomínio das redes sobre as estruturas localizadas deixa invisíveis formas anteriores de mercantilização e exploração — que não desapareceram — e engendra outras."

Persistem privilégios no ecossistema digital. Enquanto os 375 apartamentos e 41 suítes do luxuoso Hotel Ritz-Carlton, à beira-mar em South Beach, Miami, estão equipados com Internet em banda larga, DVDs portáteis e televisores de alta definição, com a diária mais barata custando US$ 269, em Bangladesh um computador custa o equivalente a oito anos de salário do cidadão comum. Os custos de utilização de tecnologias de informação em mercados de baixa renda inibem investimentos e projetos em países periféricos, constituindo entrave ao desenvolvimento das telecomunicações e adicionando agravantes ao histórico desequilíbrio entre sociedades, povos e nações.

Dilemas para a diversidade

O quadro acima realça a urgência da crítica à cultura tecnológica que respalda a apoteose do dinheiro. Impossível imaginar abundância igualitária na selva de desigualdades em que vivemos. A evolução técnica deveria ampliar o conhecimento das sociedades e dos homens. Mas, na prática, ocorre uma perversa inversão: as técnicas avançadas são apropriadas pelas elites em função de objetivos determinados. A fluidez informativa, portanto, não representa um bem comum. Grandes empresas e instituições detêm a prerrogativa de utilizá-la em função de interesses particulares. São elas que dispõem de poderio financeiro, influência política, capacidade industrial e esquemas de distribuição pelos continentes — tudo isso facilitado pelas desregulamentações neoliberais dos últimos 25 anos.

Os mais indulgentes diriam que, apesar dos pesares, a multiplicação de conteúdos permite uma fusão nada desprezível de avanços tecnológicos e demandas culturais. Sem ignorar a observação, seria o caso de ponderar: a) os usufrutos dependem de acessos e capacidades de discernimento freqüentemente desiguais; b) se duas dezenas de conglomerados transnacionais controlam dois terços da produção mundial de informação e entretenimento, a descentralização se inscreve mais na órbita das exigências mercadológicas globais do que propriamente na variedade qualitativa dos conteúdos. Fica claro que a diversificação da produção simbólica guarda estreita proximidade com a comercialização em grandes quantidades lucrativas.

A prevalência das lógicas comerciais manifesta-se no reduzido mosaico interpretativo dos fenômenos sociais; na escassa pluralidade argumentativa, em razão de enfoques que reiteram temas e ângulos de abordagem; na supremacia de gêneros sustentados por altos índices de audiência e patrocínios (telenovelas, telejornais, *reality shows*); nas baixas influências públicas nas linhas de programação; no desapreço pelos movimentos sociais nas pautas midiáticas; na incontornável disparidade entre o volume de enlatados adquiridos nos Estados Unidos e a produção audiovisual nacional.

Seria miopia enxergar apenas manipulações no que a mídia difunde, ou supor que as audiências submergem na passividade crônica, pois sabemos que há emissões e respostas diferenciadas e heterogêneas — inclusive as que, às vezes, contrariam, reelaboram ou rebatem certas visões e intenções difundidas pelos dispositivos midiáticos. Não há, pois, um modelo único, que se imponha, mecanicamente, aos receptores. Entretanto, devemos examinar atentamente o outro lado da moeda. Em face da concentração monopólica e transnacional das indústrias culturais, a possibilidade de interferência do público (ou de frações dele) nas programações depende não somente da capacidade criativa e reativa dos indivíduos, como também de direitos coletivos e controles sociais sobre a produção e a circulação de informações e entretenimento (Canclini, 2004: 148). Não adianta pôr em relevo a televisão segmentada e os *downloads* de filmes na Web, ignorando-se que grande parte da avalanche imagética tem procedência e eixo de poder definidos: as produções de Hollywood detêm 85% do mercado cinematográfico global; e 77% das programações televisivas da América Latina provêm de conglomerados norte-americanos.

Diversidade nada tem a ver com os prazeres sensoriais proporcionados pela Disney ou com o gáudio da Sony ao anunciar o lançamento de cinco mil itens por ano. Muito menos com a busca de identidade e *status* em compras compulsivas. Diversidade pressupõe revitalizar manifestações do contraditório, confrontar pontos de vista, debater as interseções entre progresso, técnicas e tecnologias. Diversidade se assegura com intercâmbio e cooperação horizontal entre as culturas de povos, cidades e países. E, principalmente, com políticas públicas que valorizem os direitos da cidadania e contribuam para deter a oligopolização da produção cultural, a começar por medidas de regulação, concessão e fiscalização, de universalização de acessos, de proteção do patrimônio cultural intangível e de apoio a usos comunitários e educativos das tecnologias.

Se contestamos a velocidade como virtude, devemos rejeitar a idolatria do mercado como síntese de organização social e descartar a velocidade como emblema atávico de evolução sociotécnica. Questionar as vivências midiatizadas e as euforias tecnológicas (o que em absoluto deve confundir-se com a tolice da tecnofobia). Ao contemplar a nossa época de "espaços sem nostalgia e sem esperança" e de "homens desvinculados de suas relações recíprocas e de sua existência simbólica", Marc Augé (2003: 91-103) propõe-nos reagir com consciência ética aos escombros do "mundo da redundância, ao mundo do demasiado cheio, ao mundo da evidência". O que exige, de antemão, o vigor da interpelação crítica para desobedecer ao consenso e furar bolhas de consumo que banalizam aspirações.

Se quisermos superar as exclusões que aí estão, o desafio de longo prazo remeterá à construção de alternativas socioculturais, políticas e comunicacionais não contaminadas pela lógica dos encantamentos que exacerba o gozo descartável. Para liberar potencialidades adormecidas, como nos sugere Marx, teremos que demonstrar capacidade de articular múltiplas ações no campo político-cultural, reivindicando difusões descentralizadas e dinâmicas participativas. Será a chance de enxergarmos, em meio a inevitáveis tensões e contradições, o verdadeiro sentido da diversidade — a quantidade de mundos que o mundo contém.

Notas

[1] Ao criticar o "degradação do conhecimento" pelo uso instrumental e mercantilizado das informações, Robert Kurz (2002) argumenta: "Estar 'informado' significa então estar totalmente 'em forma', formado pelos imperativos de sistemas de sinais técnicos, sociais e econômicos; para funcionar, portanto, como a porta de comunicação de um circuito complexo. E mais nada. (...) O primeiro e único mandamento do conhecimento reduzido diz: ele deve ser imediatamente aplicável no sistema de sinais dominante. O que está em questão é o 'marketing da informação' sobre 'mercados da informação'. O conhecimento intelectual tem de ser encolhido para a condição de 'informações'."

[2] De acordo com estudo da consultoria PricewaterhouseCoopers, de 2004 a 2008, a indústria do entretenimento deverá crescer a uma taxa média anual de 6,3% – mais do que os 5,7% projetados para a economia global (*Veja*, 21/7/2004).

[3] A propósito das mudanças de concepção dos museus, Stuart Hall é preciso ao observar, em entrevista a Heloísa Buarque de Holanda e Liv Sovik: "Essa democratização da arte e do fazer artístico é, com certeza, bastante positiva e progressista. Mas o tipo de relação que o termo 'lazer' estimula é muito passiva. Os museus se tornaram parte de um circuito *fashion*. Não produzem desafios nem contestações fortes. Não estou contra o que está acontecendo. Que haja museus! No entanto, se apenas espetacularizam o passado, estão traindo sua missão contemporânea." (*Jornal do Brasil*, 5/12/2003).

[4] O Relatório do Desenvolvimento Humano de 2004 classifica de impressionante o fenômeno dos "adolescentes mundiais". Eles "habitam um 'espaço mundial', com uma única cultura *pop* mundial, absorvendo os mesmos vídeos e a mesma música e proporcionando um mercado enorme para tênis, *t-shirts* e *jeans* de marca". A cultura jovem é uma das visadas por *coolhunters*, especialistas em rastrear tendências de consumo a partir de um sistema complexo de pesquisa exploratória e mercado de nichos. Isleide Fontenele (2004) explica: "A procura é por subculturas que possam produzir coisas que venham a ser 'mercadológicas'. Trata-se de um sistema de 'venda de cultura' e ele é significativo em termos do poder e do potencial que dá à mídia, conglomerados e corporações para explorar, cooptar e apropriar a experiência e a expectativa do que significa ser uma pessoa jovem em nosso mundo social contemporâneo. Logo, o que o *coolhunter* faz é oferecer não

um modo de imitar a cultura jovem, mas as regras para atuar em seu interior. (...) E as informações culturais obtidas são transmitidas aos clientes corporativos que, por sua vez, usam essas informações para transformar a 'tendência' não apenas em um produto, mas, especialmente, em uma forma de comercialização que incorpore símbolos, imagens e temas em sua comunicação mercadológica, 'para mostrar ao público-alvo que a empresa fala a linguagem deles'."

Bibliografia

APPADURAI, Arjun. *Modernity at large: cultural dimensions of globalization*. Minneapolis: Minnesota University Press, 1996.

AUBERT, Nicole. *Le culte de l'urgence: la societé malade du temps*. Paris: Flammarion, 2003.

AUGÉ, Marc. *El tiempo en ruinas*. Barcelona: Gedisa, 2003.

BAUMAN, Zygmunt. *Amor líquido: sobre a fragilidade dos laços humanos*. Rio de Janeiro: Jorge Zahar, 2004a.

———. *La sociedad sitiada*. Buenos Aires: Fondo de Cultura Económica, 2004b.

BERGER, John. *El tamaño de una bolsa*. Buenos Aires: Taurus, 2004.

BOLTANSKY, Luc; CHIAPELLO, Eve. *Le nouvel esprit du capitalisme*. Paris: Gallimard, 1999.

BRONCANO, Fernando. *Mundos artificiales: filosofía del cambio tecnológico*. Barcelona: Paidos, 2000.

CANCLINI, Néstor García. *Diferentes, desiguales y desconectados: mapas de la interculturalidad*. Barcelona: Gedisa, 2004.

FONTENELLE, Isleide Arruda. "Caçadores do *cool*: pesquisas de mercado de tendências culturais e transformações na comunicação mercadológica contemporânea". *Lua Nova*: *Revista de Cultura e Política*, nº 63, 2004.

FORD, Aníbal. *La marca de la bestia. Identificación, desigualdades e infoentretenimiento en la sociedad contemporánea*. Buenos Aires: Norma, 1999.

GITLIN, Todd. *Mídias sem limite: como a torrente de sons e imagens domina nossas vidas*. Rio de Janeiro: Civilização Brasileira, 2003.

HARVEY, David. *Espaços de esperança*. São Paulo: Loyola, 2005.

———. *O novo imperialismo*. São Paulo: Loyola, 2004.

JAMESON, Fredric. *A cultura do dinheiro: ensaios sobre a globalização*. Petrópolis: Vozes, 2001.

———. "Falso movimento"; entrevista a Marcelo Rezende. *Folha de S. Paulo*, 19 de novembro de 1995.

———. *Modernidade singular: ensaio sobre a ontologia do presente*. Rio de Janeiro: Civilização Brasileira, 2005.

———. *Pós-modernismo: a lógica cultural do capitalismo tardio*. São Paulo: Ática, 1996.

KURZ, Robert. "A ignorância da sociedade do conhecimento", *Folha de S. Paulo*, 13 de janeiro de 2002.

MORAES, Dênis de. *Cultura mediática y poder mundial*. Buenos Aires: Norma, 2006.

MORAES, Dênis de (org.). *Por uma outra comunicação: mídia, mundialização cultural e poder*. Rio de Janeiro: Record, 2003. (Edição em língua espanhola: *Por otra comunicación*. Barcelona: Icaria/Intermon, 2005.)

NONAKA, Ikujiro; TAKEUCHI, Hirotaka. *The knowledge creating company*. Nova York: Oxford University Press, 1995.

RIFKIN, Jeremy. *La era del acceso: la revolución de la nueva economía*. Barcelona: Paidos, 2000.

SANTOS, Laymert Garcia dos. *Politizar as novas tecnologias: o impacto sócio-técnico da informação digital e genética*. São Paulo: Editora 34, 2003.

SANTOS, Milton. *Por uma outra globalização: do pensamento único à consciência universal*. Rio de Janeiro: Record, 2000.

SODRÉ, Muniz. *Antropológica do espelho: uma teoria da comunicação linear e em rede*. Petrópolis: Vozes, 2002.

WILLIAMS, Raymond. *Television: technology and cultural form*. Londres: Routledge, 1975 (Col. Routledgeclassics, 2003).

Tecnicidades, identidades, alteridades: mudanças e opacidades da comunicação no novo século

JESÚS MARTÍN-BARBERO

Não é possível pensar, hoje, os processos, os meios e as práticas de comunicação sem assumir a aberta e extrema tensão entre o sucedido no 11 de setembro em Nova Iorque e o que representou o Fórum Social Mundial de Porto Alegre. O curso que o mundo tomou depois dos acontecimentos da terça-feira negra 11S introduziu processos que ameaçam ainda mais o já escuro horizonte dos povos latino-americanos. Empurradas à recessão econômica e à ingovernabilidade política pela implacável lógica da globalização neoliberal, nossas nações sofrem, ainda mais agora, os efeitos da mais arcaica peste do medo que fundamentaliza a segurança, transformando as fronteiras e as vias de comunicação — terrestres e aéreas, físicas e virtuais — em lugares de legitimação da desconfiança como método, e a violação dos direitos à privacidade e à liberdade como comportamento oficial das "autoridades", com o conseqüente agravamento dos preconceitos raciais, dos *apartheid* étnicos e dos fanatismos religiosos.

Ao fluir tão depressa como as transações financeiras, os vírus imaginários agora ameaçam a ordem global, que reage, rearmando as fronteiras e tornando cada dia mais suspeito de ser seu inimigo o fluxo migratório das multidões que ela mesma empurra desde nossas periferias empobrecidas para os países do próspero, mas desconcertado centro. O exemplo da Argentina não pode ser mais instrutivo: à hiperinflação dos anos 1980 — que derivou da destruição sistemática de suas instituições políticas e da pilhagem econômica pelas ditaduras militares — seguiu-se o neoliberalismo mais puro e duro nos anos 1990, que desmontou os últimos resíduos do Estado social e lançou o país na mais brutal depressão econômica e numa implosão do social, na qual se dissolvem "as razões de pertença de uma sociedade nacional, a idéia de responsabilidade que, mesmo precariamente, tecia a trama dos muitos fios que sustentam uma comunidade"[1].

Por outro lado, chega-nos uma exigência radical de reflexão sobre a globalização: o Fórum Social Mundial em Porto Alegre se converteu no estranho palco no qual, frente ao enganoso e excludente mundo da economia financeira, o mundo da política, ou melhor, a utopia política de um mundo dos cidadãos e dos povos faz sua aparição na cena global. E em que, a partir daí, a comunicação passou a ter uma presença não meramente temática, mas, sim, articuladora, estratégica. Convergem aí, nessa outra mundialização possível, esforços que vêm das grandes reuniões dos anos 1990 — Rio, Beijing — sobre os avanços da informação e da comunicação comunitária, tanto territorial quanto virtual. Buscas e propostas que foram ali confrontadas com as tendências e recomendações dominantes emanadas dos organismos econômicos mundiais — OMC, FMI, BM — que submetem a cultura, a comunicação e a educação à lógica globalizadora do mercado (J.Vidal Beneyto).

A comunicação é proposta em Porto Alegre como lugar de uma dupla perversão e de uma dupla oportunidade. A primeira perversão provém da conformação de algumas megacorporações globais — já são somente sete as que dominam o mercado mundial: AOL-Time Warner, Disney, Sony, News Corporation, Viacom e Bertelsmann —, cuja concentração econômica se traduz num poder cada dia mais inevitável à fusão dos dois componentes estratégicos, os veículos e os conteúdos, com a conseqüente capacidade de controle da opinião pública mundial e a imposição de moldes estéticos cada dia mais "baratos". A segunda é a que os acontecimentos do "11S" introduziram, tornando passíveis de controles e ameaças as liberdades de informação e expressão, até o ponto de pôr em sérios riscos os mais elementares direitos civis.

Mas a comunicação aparece também em Porto Alegre como lugar de duas oportunidades estratégicas: primeira, a que a digitalização abre, possibilitando a aposta numa linguagem comum de dados, textos, sons, imagens, vídeos, desmontando a hegemonia racionalista do dualismo que até agora opunha o inteligível ao sensível e ao emocional, a razão à imaginação, a ciência à arte, e também a cultura à técnica, e o livro aos meios audiovisuais; segunda: a configuração de um novo espaço público e de cidadania, desde as redes de movimentos sociais e de meios comunitários, como o espaço e a cidadania que o próprio Fórum Mundial tornou possível, sustenta e conforma. É óbvio que se trata de embriões de uma nova cidadania e de um novo espaço público, configurados por uma enorme pluralidade de atores e de leituras críticas que convergem para um compromisso emancipador e uma cultura política na qual a resistência é ao mesmo tempo formadora de alternativas.

Neste malfadado começo de século, a comunicação se acha presa entre fortes mudanças e densas opacidades que provêm da emergência de uma razão comunicacional cujos dispositivos — a fragmentação que desloca e descentra, o fluxo que comprime e globaliza, a conexão que desmaterializa e hibridiza — agenciam o devir do mercado da sociedade.

Frente ao consenso dialógico, do qual Habermas vê emergir a razão comunicativa — desvencilhada da opacidade discursiva e da ambigüidade política que introduzem a mediação tecnológica e mercantil —, o que estamos precisando pensar é a hegemonia comunicacional do mercado na sociedade, ou melhor, a conversão da comunicação no mais eficaz motor do deslanche e inserção das culturas — étnicas, nacionais ou locais — no espaço/tempo do mercado e das tecnologias. Mas, ao mesmo tempo, estamos precisando pensar o novo mapa que essas tensões desenham entre as mutações tecnológicas, as explosões e implosões das identidades e as reconfigurações políticas das heterogeneidades.

A comunicação começou, sem dúvida, a ocupar um lugar estratégico na configuração dos novos modelos de sociedade, mas isso está sendo malinterpretado por uma tendência crescente nos estudos latino-americanos de comunicação ao autismo epistêmico, que pretende isolar esses estudos das ciências sociais, construindo uma pseudo especificidade baseada em saberes técnicos, taxonomias psicológicas e estratégias organizacionais. Não é de se estranhar que, desconcertados pela vastidão e gravidade dos problemas que hoje atravessam os processos e meios de comunicação, e confundidos pelo pensamento unidimensional e funcional que passa pelo conhecimento próprio do campo da comunicação, muitos aspirantes a comunicadores se sintam perdidos, mostrem-se apáticos diante da reflexão/investigação e tentados a deixarem-se seduzir por aquilo que mais brilha: as fascinantes proezas da tecnologia prometendo o reencantamento de nossas desencantadas e desgostosas vidas.

O que expomos a seguir não tem outra pretensão senão a de lutar contra o cinismo do pensamento fácil, desenhando o complexo esquema de um dos mapas indispensáveis na multidimensionalidade de seus eixos temáticos e na transversalidade de seus planos de análises.

I. A mediação tecnológica do conhecimento na produção social

"O que está mudando não é o tipo de atividades nas quais participa a humanidade, mas, sim, sua capacidade de utilizar como força produtiva o que distingue a nossa espécie como rareza biológica, sua capacidade de processar símbolos". Manuel Castells[2]

Dois processos estão transformando radicalmente o lugar da cultura em nossas sociedades: a revitalização das identidades e a revolução das tecnicidades. Os processos de globalização econômica e informacional estão reavivando a questão das identidades culturais — étnicas, raciais, locais, regionais — até o ponto de convertê-las em dimensão protagônica de muitos dos mais ferozes e complexos conflitos internacionais dos últimos anos, ao mesmo tempo que essas mesmas identidades, mais as de gênero e as de idade, estão reconfigurando a força e o sentido dos laços sociais, e as possibilidades de convivência no nacional e ainda no local.

Por sua vez, o que a revolução tecnológica introduz em nossas sociedades não é tanto uma quantidade inusitada de novas máquinas, mas, sim, um novo modo de relação entre os processos simbólicos — que constituem o cultural — e as formas de produção e distribuição dos bens e serviços: um novo modo de produzir, confusamente associado a um novo modo de comunicar, transforma o conhecimento numa força produtiva direta.

O lugar da cultura na sociedade muda quando a mediação tecnológica (J. Echeverría) da comunicação deixa de ser meramente instrumental para espessar-se, condensar-se e converter-se em estrutural: a tecnologia remete, hoje, não a alguns aparelhos, mas, sim, a novos modos de percepção e de linguagem, a novas sensibilidades e escritas. Radicalizando a experiência de desenraizamento produzida pela modernidade, a tecnologia deslocaliza os saberes, modificando tanto o estatuto cognitivo quanto o institucional das condições do saber e as figuras da razão (Gh. Chartron, A.

Reneaud), o que está conduzindo a um forte apagamento de fronteiras entre razão e imaginação, saber e informação, natureza e artifício, arte e ciência, saber experiente e experiência profana.

Ao mesmo tempo, enfrentamos uma perversão do sentido de demandas socioculturais que encontram de algum modo expressão nas mídias, mediante a qual se deslegitima qualquer questionamento de uma ordem social à qual só o mercado e as tecnologias permitiriam dar forma. Esta concepção hegemônica nos submerge numa crescente onda de fatalismo tecnológico diante do qual se torna mais necessário do que nunca manter epistemológica e politicamente a estratégica tensão entre as mediações históricas que dão sentido e alcance social às mídias e ao papel de mediadores que eles estão realizando hoje. Sem esse mínimo de distância — ou negatividade, como diriam os de Frankfurt — é-nos impossível o pensamento crítico.

1. Peculiaridades latino-americanas da sociedade do conhecimento

Nossas sociedades são, ao mesmo tempo, "sociedades do desconhecimento", isto é, do não reconhecimento da pluralidade de saberes e concorrências culturais que, sendo compartilhadas pelas maiorias populares ou as minorias indígenas ou regionais, não estão sendo incorporadas/integradas como tais nem aos mapas da sociedade nem sequer aos de seus sistemas educativos. Mas a subordinação dos saberes orais e visuais à ordem habitual sofre atualmente uma erosão crescente e imprevista que se origina nos novos modos de produção e circulação de saberes e de novas escritas que emergem através das novas tecnicidades, especialmente do computador e da Internet.

Com raras exceções, no entanto, nossas universidades continuam sem se inteirar das estratégicas relações entre aqueles saberes e estas tecnologias (J. A. Braganca e M. T. Cruz), do mesmo modo que desconhecem a complexidade de relações que são trançadas hoje entre as mudanças do saber na sociedade do conhecimento e as mudanças do trabalho na sociedade de mercado, o que limita seu papel para analisar tendências — que põem o mercado e o desenvolvimento tecnológico na globalização socioeconômica e na mundialização da cultura — para ver como se adapta a elas, sem o menor esforço nem projeto de assumir como tarefa própria, estrutural e estratégica, hoje mais do que nunca, a de formular e desenhar projetos sociais, a de pensar alternativas ao modelo hegemônico do mercado e da comunicação.

Por outro lado, a noção de sociedade da informação propagada em nossos países, de uma forte cumplicidade discursiva com a modernização neoliberal, racionalizadora do mercado como único princípio organizador da sociedade em seu conjunto, segundo o qual, esgotado o motor da luta de classes, a história teria encontrado sua troca nos avatares da informação. A centralidade que as tecnologias ocupam nessa concepção da sociedade torna-se desproporcional e paradoxal em países nos quais o crescimento da desigualdade atomiza as sociedades, deteriorando seus dispositivos de comunicação, isto é, de coesão cultural e política: "Desgastadas as representações simbólicas, não conseguimos nos fazer uma imagem do país que queremos, e, portanto, a política não consegue fixar o rumo das mudanças em marcha".[3]

Daí o aumento da brecha e a desmoralização coletiva: nossos povos podem assimilar com certa facilidade as imagens da modernização que as mudanças tecnológicas propõem, mas é em outro ritmo, bem mais lento e doloroso, que podem recompor seus sistemas de valores, de normas éticas e virtudes cívicas.

2. Aparição de um meio educacional difuso e descentrado

Vivemos num ambiente de informação que recobre e mistura vários saberes e formas muito diversas de aprender, ao mesmo tempo que se encontra fortemente descentrado em relação ao sistema educativo que ainda nos rege, organizado em torno da escola e do livro. Desde os mosteiros medievais até as escolas de hoje, o saber conservou esse duplo caráter de ser ao mesmo tempo centralizado e personificado em figuras sociais determinadas. Daí que uma transformação nos modos de circulação do saber (J. Rifkin, H. Fischer), como a que estamos vivendo, é outra das mais profundas transformações que uma sociedade pode sofrer. Pois é disperso e fragmentado como o saber pode circular fora dos lugares sagrados que antes o detinham e das figuras sociais que o administravam. A escola está deixando de ser o único lugar de legitimação do saber, já que há uma variedade de saberes que circulam por outros canais, difusos e descentralizados. A diversificação e a difusão do saber, fora da escola, são dois dos desafios mais fortes que o mundo da comunicação propõe ao sistema educativo. Saberes-mosaico, como os chamou

A. Moles, por serem feitos de pedaços, de fragmentos, que, no entanto, não impedem os jovens de ter, com freqüência, um conhecimento mais atualizado em física ou em geografia do que seu próprio professor; o que está acarretando na escola, não uma abertura a esses novos saberes, mas, sim, uma posição defensiva, e a construção de uma idéia negativa e moralista de tudo que a questiona em profundidade, desde o ecossistema comunicativo das mídias e das tecnologias de comunicação e informação.

Por um lado, os novos saberes remetem a novas figuras de razão que nos interpelam desde a tecnicidade. Com o computador estamos não em frente a uma máquina com a qual se produzem objetos, mas, sim, diante de um novo tipo de tecnicidade, que possibilita o processamento de informações e cuja matéria-prima são abstrações e símbolos. O que inaugura uma nova fusão de cérebro e informação que substitui a tradicional relação do corpo com a máquina.

Por outro lado, as redes informáticas, ao transformarem nossa relação com o espaço e com o lugar, mobilizam figuras de um saber que escapa à razão dualista com a qual estamos habituados a pensar a técnica (F. Broncano), pois se trata de movimentos que são ao mesmo tempo de integração e de exclusão, de desterritorialização e relocalização, nicho no qual interagem e se misturam lógicas e temporalidades tão diversas como as que entrelaçam no hipertexto as sonoridades do relato oral com as intertextualidades da escrita e as intermediações do audiovisual. Um dos mais claros sinais da profundidade da mudança nas relações entre cultura, tecnologia e comunicação encontra-se na reintegração cultural da dimensão separada e desvalorizada pela racionalidade dominante no Ocidente desde a invenção da escrita e do discurso lógico, isto é, a do mundo dos sons e das imagens relegado ao âmbito das emoções e das expressões.

Ao trabalhar interativamente com sons, imagens e textos escritos, o hipertexto hibridiza a densidade simbólica com a abstração numérica, fazendo com que se reencontrem as duas, até agora "opostas", partes do cérebro (F. Varela, E. Thompson e E. Rosch). Daí que o número está passando de mediador universal do saber a mediação técnica do fazer estético, o que por sua vez revela a passagem da primazia sensório-motriz à sensório-simbólica.

3. Mudanças nos mapas trabalhistas e profissionais

Ainda que nossas universidades pareçam não se inteirar, está em marcha uma transformação profunda do mapa "moderno" das profissões e da emergência de um outro mapa cada vez mais próximo da configuração dos novos ofícios exigidos por novas formas do produzir, do comunicar e do gerir, relacionados tanto às novas destrezas mentais que a alfabetização introduz no mundo do trabalho quanto aos novos modelos empresariais.

Estamos, em primeiro lugar, diante de um novo estatuto social do trabalhador (R. Sennett, U. Beck) que se, de um lado, implica a passagem de um trabalho caracterizado pela execução mecânica de tarefas repetitivas a um trabalho com um componente maior de iniciativa por parte do empregado, por outro lado, ao deslocar o exercício da predominância da mão para a do cérebro, mediante novos modos do fazer que exigem um saber-fazer, pressupõe uma demonstração de destrezas com um componente mental maior. Isto, contudo, não significa a liberação da iniciativa do trabalhador, de sua capacidade de inovação e criatividade, mas, sim, seu controle pela lógica da rentabilidade empresarial que a sujeita, a todo momento, à "avaliação dos resultados", ao mesmo tempo que essa chamada flexibilidade oculta sua verdadeira realidade: a precarização do emprego em termos da duração do contrato de trabalho, bem como dos benefícios em saúde, previdência, educação, férias, etc.

Submetido à dura lógica da competitividade, o trabalho sofre uma forte retração e até o desaparecimento do vínculo societário — espacial e temporal — entre o trabalhador e a empresa, afetando profundamente a estabilidade psíquica do trabalhador: ao deixar de ser um âmbito-chave de comunicação social, do reconhecimento social de si mesmo, o trabalho perde também sua capacidade de ser um lugar central de significação do viver pessoal, do sentido da vida (C. Dubar). E ao mesmo tempo muda também a figura do profissional, convertida no lugar de expressão da nova complexidade de relações entre as mudanças do saber na sociedade de conhecimento e as mudanças do trabalho numa sociedade de mercado. A nova figura remete, em primeiro lugar, aos grupos/projeto, os "círculos de qualidade" nos quais cada indivíduo compete com os outros indivíduos do grupo, e cada grupo compete com outros grupos, não só fora, como também dentro da mesma empresa.

As condições de competitividade entre todos se traduzem em fragmentação, tanto do ofício quanto das comunidades de ofício. Os novos modelos de empresa tornam, assim, impossível o longo prazo, tanto no sentido do pertencer a uma coletividade empresarial quanto no da carreira profissional. Também o nível salarial tem cada vez menos a ver com os anos de trabalho na empresa: hoje profissionais que levam muitos anos numa empresa são substituídos por jovens recém-formados que, além do mais, começam a trabalhar ganhando o dobro do salário dos antigos.

O novo profissional é um indivíduo disposto à permanente reconversão de si mesmo, e isso num momento em que tudo na sociedade faz do indivíduo um sujeito inseguro, cheio de incerteza, com tendências muito fortes à depressão, ao estresse afetivo e mental. E divorciado do longo prazo que implicava a vida profissional, e da longa duração da solidariedade laboral, não só o valor mas também o sentido do trabalho profissional passa a se vincular a uma criatividade e a uma flexibilidade atadas à lógica mercantil da competitividade que enlaça confusamente saber e rentabilidade.

II. A explosão das identidades

O entendimento da identidade na sociedade contemporânea é resultado da aplicação de uma dupla perspectiva sobre questões que não se sobrepõem, mas que apresentam tensões: a reflexão sobre as crises das formas de comunicação discursiva como lugar principal da identidade presente e a necessidade imperiosa de construir discursos de experiência que suturem os déficits de legitimação nos discursos anônimos que nos são dirigidos (José Miguel Marinas).

Em suas dimensões tecnoeconômicas, a globalização põe em marcha um processo de interconexões em nível mundial, que conecta tudo o que vale instrumentalmente — empresas, instituições, indivíduos —, ao mesmo tempo que desconecta tudo o que, para essa razão, não vale (Z. Bauman). Tal processo de inclusão/exclusão em escala planetária está produzindo não só reações e entrincheiramentos, mas também uma separação profunda e crescente entre a lógica do global e as dinâmicas do local, entre o espaço da economia política e os mundos de vida. A manifestação mais visível e profunda dessa separação é a presença, na experiência cotidiana das pessoas, de um sentimento compartilhado de impotência, isto é, de que seu trabalho, seu entorno e sua própria vida fogem aceleradamente a seu controle.

Ao entrarem em crise as três grandes instituições da modernidade — o trabalho, a política e a escola — que constituíam a fonte do sentido coletivo da vida, seu significado se divorcia do que o indivíduo ou a comunidade faz para se unir ao que se é: homem ou mulher, negro ou branco, cristão ou muçulmano, indígena ou mestiço. A sociedade-rede não é um puro fenômeno de conexões tecnológicas, mas, sim, a separação sistêmica do global e do local, do público-formal e do privado-real (Appadurai), mediante a fratura de seus marcos temporais de experiência e de poder: frente à elite que habita o espaço atemporal das redes e dos fluxos globais, as maiorias em nossos países habitam o deslocado espaço/tempo local de suas culturas, e diante da lógica do poder global se refugiam na lógica do poder que produz a identidade. Estamos assim diante de uma mutação, no início de uma verdadeira mudança de época, que nos leva a pesquisar as seguintes questões:

1. Mudanças de profundidade na percepção e no sentido das identidades

Se Habermas constata o descentramento que sofrem as sociedades complexas pela ausência de uma instância central — Estado, Igreja — de regulação e de auto-expressão nas quais "até as identidades coletivas estão submetidas à oscilação no fluxo das interpretações, ajustando-se mais à imagem de uma rede frágil do que à de um centro estável de auto-reflexão"[4], Stuart Hall explicita a fragilização daquilo que supúnhamos fixo e a desestabilização do que críamos uno: "Um tipo novo de mudança estrutural está fragmentando as paisagens culturais de classe, gênero, etnia, raça e nacionalidade, que no passado nos tinham proporcionado sólidas localizações como indivíduos sociais. Transformações que estão também mudando nossas identidades pessoais"[5].

A mudança aponta especialmente para a multiplicação de referentes, desde aqueles com os quais o sujeito se identifica enquanto tal, pois o descentramento não o é só da sociedade, mas também dos indivíduos, que agora vivem uma integração parcial e precária das múltiplas dimensões que os conformam. O indivíduo já não é o indivisível, e qualquer unidade que se postule tem muito de "unidade imaginada". Mas isso não pode ser confundido com a celebração da diferença transformada em fragmentação, proclamada por boa parte do discurso pós-moderno e rentabilizada pelo mercado. A celebração das identidades débeis (fragmentadas) tem uma forte relação com outra celebração, a da desregulação do mercado, exigida pela ideologia neoliberal da qual D. Harvey explicita o paradoxo: "Quanto menos decisivas se tornam as barreiras espaciais, maior é a sensibilidade do capital para as diferenças do lugar e maior o incentivo para que os lugares se esforcem para se diferenciar como forma de atrair o capital".[6]

A identidade local é assim conduzida para se transformar em uma representação da diferença que a faça comercializável, isto é, submetida a maquiagens que reforçam seu exotismo e a hibridações que neutralizem suas classes mais conflitivas. Que é a outra face da globalização acelerando as operações de desenraizamento com as quais tenta inscrever as identidades nas lógicas dos fluxos: dispositivo de tradução de todas as diferenças culturais para a linguagem franca do mundo tecnofinanceiro, e volatilização das identidades para que flutuem livremente no esvaziamento moral e na indiferença cultural.

Até pouco tempo, falar de identidade era falar de raízes, isto é, de costumes e território, de tempo longo e de memória simbolicamente densa. Disso e somente disso estava feita a identidade. Mas falar de identidade hoje implica também — se não quisermos condená-la ao limbo de uma tradição desconectada das mutações perceptivas e expressivas do presente — falar de migrações e mobilidades, de redes e de fluxos, de instantaneidade e fluidez. Antropólogos ingleses expressaram essa nova conformação das identidades através da esplêndida imagem das *moving roots*, raízes móveis, ou melhor, de raízes em movimento. No imaginário substancialista e dualista que ainda permeia a antropologia, a sociologia e até a história, essa metáfora será inaceitável, e, no entanto, nela se vislumbra alguma das realidades mais fecundamente desconcertantes do mundo que habitamos: que, como afirma o antropólogo catalão Eduard Delgado, "sem raízes não se pode viver, mas muitas raízes impedem caminhar".

Assim, a diversidade cultural se faz interculturalidade nos territórios e nas memórias, mas também nas redes a diversidade resiste, enfrenta e interage com a globalização, e acabará por transformá-la (L. K. Sosoe). E é a partir daí que hoje se projetam buscas de alternativas, comunitárias e libertárias, capazes, inclusive, de reverter o sentido majoritariamente excludente que as redes tecnológicas têm para as maiorias, transformando-as em potencial de enriquecimento social e pessoal.

2. Globalização: contradições entre identidades e fluxos

Acelerando as operações de desenraizamento, a globalização tende a inscrever as identidades nas lógicas dos fluxos: dispositivo de tradução de todas as diferenças culturais para a linguagem franca do mundo tecnofinanceiro e volatilização das identidades para que flutuem livremente no esvaziamento moral e na indiferença cultural (N. Klein, P. E. Bonin). A complementaridade de movimentos em que se baseia essa falsa tradução não pode ser mais expressiva: enquanto o movimento das imagens e das mercadorias vai do centro à periferia, o dos milhões de emigrantes, objeto de exclusão, vai da periferia ao centro. Com a conseqüente reidentificação — freqüentemente fundamentalista — das culturas de origem que são produzidas nos "enclaves étnicos" das grandes cidades dos países do norte.

A globalização exaspera e alucina as identidades básicas, as identidades que lançam suas raízes nos tempos longos. O que vimos em Sarajevo e Kosovo é isso: uma alucinação das identidades que lutam para ser reconhecidas, mas cujo reconhecimento só é completo quando expulsam de seu território todos os outros, fechando-se em si mesmas. Mas a exasperação das identidades não ocorre só do outro lado do globo, nós a reencontramos também na intolerância com que na Argentina ou no Chile são hoje excluídos pelos próprios setores operários, os migrantes provenientes da Bolívia ou do Paraguai (A. Grimson).

Como se ao caírem as fronteiras, que durante séculos demarcaram os diversos mundos, as diferentes ideologias políticas, os diferentes universos culturais — por ação conjunta da lógica tecnoeconômica e da pressão migratória —, as contradições do discurso universalista, do qual o Ocidente sempre se orgulhou, tivessem ficado a descoberto. E então cada qual, cada país ou comunidade de países, cada grupo social e até cada indivíduo precisarão evitar a ameaça que significa a proximidade do outro, dos outros, em todas suas formas e figuras, restabelecendo a exclusão, agora não mais sob a forma de fronteiras, que seriam obstáculo ao fluxo das mercadorias e das informações, porém de distâncias que voltem a colocar "cada qual em seu lugar".

Mas o *revival* identitário apresenta um caráter especialmente ambíguo e até contraditório, pois nele não é só a revanche de identidades negadas ou não reconhecidas que fala; também aí abre-se caminho às vozes alçadas contra velhas exclusões. E se no início de muitos movimentos identitários o auto-reconhecimento é reação ao isolamento, também o é seu funcionamento como espaço de memória e solidariedade, e como lugar de refúgio no qual os indivíduos encontram uma tradição moral (R. Bellah).

Os nacionalismos, as xenofobias ou os fundamentalismos religiosos não se esgotam no cultural, pois todos eles remetem, em períodos mais ou menos longos de sua história, a exclusões sociais e políticas, a desigualdades e injustiças acumuladas, sedimentadas. Mas o que galvaniza hoje as identidades como motor de luta é inseparável da demanda de reconhecimento e de sentido. Nem um, nem outro são formuláveis em termos meramente econômicos ou políticos, pois ambos se acham referidos ao núcleo próprio da cultura, enquanto mundo do pertencer a, e do compartilhar com. Razão pela qual a identidade se constitui, hoje, na negação mais destrutiva, mas também mais ativa e capaz de introduzir contradições na hegemonia da razão instrumental.

3. O caráter constitutivo das narrativas identitárias

A relação da narração com a identidade é constitutiva: não há identidade cultural que não seja contada (J. M. Marinas, H. Bhabha). Essa relação entre narratividade e reconhecimento da identidade se faz preciosamente visível na polissemia castelhana do verbo contar, quando nos referimos aos direitos das culturas, tanto das minorias quanto dos povos. Pois para que a pluralidade das culturas do mundo seja politicamente levada em conta, é indispensável que a diversidade de identidades nos possa ser contada. Narrada em cada um dos idiomas e ao mesmo tempo na linguagem multimídia em que hoje se realiza o movimento das traduções — do oral ao escrito, ao audiovisual, ao informático —, e nesse outro, ainda mais complexo e ambíguo: o das apropriações e das miscigenações.

Em seu sentido mais denso e desafiante, a idéia de multiculturalidade aponta aí uma interculturalidade na qual as dinâmicas da economia e da cultura-mundo mobilizam não só a heterogeneidade dos grupos e de sua readequação às pressões globais, como também a coexistência no interior de uma mesma sociedade de códigos e relatos muito diferentes, alterando, assim, a experiência que até agora tínhamos de identidade. O que a globalização põe em jogo não é só uma circulação maior de produtos, mas, sim, uma rearticulação profunda das relações entre culturas e entre países, mediante uma descentralização que concentra o poder econômico e uma desterritorialização que hibridiza as culturas.

Essa hibridação penetra também o campo dos relatos, pois a maioria deles sobrevive inscrita no ecossistema discursivo da mídia e colonizada pela racionalidade operativa do dispositivo e saber tecnológicos. É nesse ecossistema e nesses dispositivos que se realiza — faz-se e se desfaz — a diferença entre alguns gêneros cujo estatuto deixou de ser puramente literário para tornar-se cultural, isto é, questão de memória e reconhecimento, diante de alguns formatos nos quais fala o sistema produtivo, as lógicas de uma comunicabilidade crescentemente subordinada à da rentabilidade. Momentos de uma negociação entre as regras de construção do texto e as concorrências do leitor, os gêneros remetem a seu reconhecimento numa e por uma comunidade cultural, pois, mesmo enfraquecidos pelo longo transcurso que os separa dos relatos arquetípicos, os gêneros conservam ainda certa densidade simbólica. Os formatos em mudança funcionam como operadores de uma combinatória sem conteúdo, estratégia puramente sintática.

Mas a subordinação dos gêneros à lógica dos formatos remete, além das condições em que operam as indústrias culturais, ao obscurecimento de uma tradição cujos relatos — e metarrelatos — possibilitam a inserção do presente nas memórias do passado e nos projetos de futuro. Rompido esse impasse, a crise da estética da obra e do autor encontra sua expressão mais certeira na proliferação/fragmentação dos relatos. Como se, extraviada sua fonte, a narração tivesse se estilhaçado em pedaços, assistimos à multiplicação infinita de alguns microrrelatos que são gerados em qualquer lugar e se deslocam de uns meios a outros (V. Sanchez Biosca).

III. Heterogeneidades socioculturais

Se é através da imaginação que hoje o capitalismo disciplina e controla os cidadãos contemporâneos, sobretudo através dos meios de comunicação, é também a imaginação a faculdade através da qual emergem novos padrões coletivos de dissenso, de oposição e questionamento dos padrões impostos à vida cotidiana, através da qual vemos emergir formas sociais novas, não predatórias, como as do capital, formas construtoras de novas convivências humanas (A. Appadurai).

Assim como as identidades implodem fundamentalizando-se, também explodem reinventando-se em projetos de radical renovação da política e da sociedade toda. Refiro-me à crescente presença de estratégias tanto de exclusão quanto, e especialmente, de conscientização exercidas no e desde o âmbito da cultura (A. Appadurai). Estas últimas não só inscrevem as "políticas de identidade" dentro da política de emancipação humana, mas também reformulam a fundo o sentido próprio da política, postulando o surgimento de um novo tipo de sujeito político. Sujeito entrevisto desde que o feminismo subvertera o machismo metafísico das esquerdas com "o pessoal é político", e que nos últimos anos incorporou no mesmo movimento o sentimento de dano/vitimação e o de reconhecimento/ conscientização.

Sentimento, este último, que recupera, para o processo de construção identitária, tanto aquilo que de disputa de poder passa pelo âmbito dos imaginários quanto aquilo que se produz na materialidade das relações sociais. A afirmação de uma subjetividade fraturada e descentrada, bem como a multiplicidade de identidades em luta, aparece pela primeira vez no feminismo, não como postulado teórico, mas, sim, como resultado da exploração da própria experiência da opressão (Ch.Mouffe).

1. Novas figuras de cidadania

As novas figuras cidadãs remetem, de um lado, a políticas do reconhecimento que, segundo Charles Taylor, encontram sua base na modernidade política em que se aloja "a idéia de que o povo conta com uma identidade anterior a alguma estruturação política"[7]. A idéia de reconhecimento se realiza na distinção entre a "honra" tradicional, como conceito e princípio hierárquico, e a "dignidade" moderna, como princípio igualitário. A identidade não é, pois, o que é atribuído a alguém pelo fato de estar aglutinado num grupo — como na sociedade de castas — mas, sim, a expressão daquilo que dá sentido e valor à vida do indivíduo. É, ao tornar-se expressiva, que a identidade depende de um sujeito individual ou coletivo, e portanto vive do reconhecimento dos outros: a identidade se constrói no diálogo e no intercâmbio, já que é aí que indivíduos e grupos se sentem desprezados ou reconhecidos pelos demais.

As identidades/cidadanias modernas — ao contrário daquelas que eram atribuídas a partir de uma estrutura preexistente como a nobreza ou a plebe — constroem-se na negociação do reconhecimento pelos outros. Por outro lado, o que o multiculturalismo coloca em evidência é que as instituições liberal-democráticas ficaram estreitas (Ch. Mouffe, E. Laclau) para acolher as múltiplas figuras da diversidade cultural que tensionam e rompem nossas sociedades, justamente porque não cabem nessa institucionalidade. Ruptura que só pode ser suturada com uma política de extensão dos direitos e valores universais a todos os setores da população que têm vivido fora da aplicação desses direitos, sejam mulheres ou minorias étnicas, evangélicos ou homossexuais.

Estamos em nosso pleno direito ao nos negarmos a ter que escolher entre o universalismo herdado da ilustração, que deixava de lado setores inteiros da população, e um diferencialismo tribal que se afirma na exclusão racista e xenófoba, pois essa disjuntiva é mortal para a democracia (M. Wiewiorka). Diante da cidadania "dos modernos", que se pensava e que se exercia acima das identidades de gênero, de etnia, de raça ou de idade, a democracia está necessitada, hoje, de uma cidadania que se encarregue das identidades e das diferenças. Pois a democracia se transforma hoje em palco da emancipação social e política, quando exige que sustentemos a tensão entre nossa identidade como indivíduos e como cidadãos, pois só a partir dessa tensão será possível sustentar coletivamente a outra, a tensão entre diferença e equivalência (igualdade). E sairemos, assim, da ilusória procura de uma reabsorção da alteridade num todo unificado, seja este a nação, o partido ou a religião.

Emergem então, ou passam ao primeiro plano, direitos de cidadania vinculados às diversas comunidades culturais que conformam uma nação, desde a dupla perspectiva, tanto de sua construção jurídica quanto ética, isto é, desde o novo valor da diferença que articula a universalidade humana dos direitos à particularidade dos vários modos de sua percepção e de expressão. É a linha da ética da comunicação (K.O.Apel, J. Habermas, G. Vattimo) caracterizada por desenvolver-se muito menos em certezas e absolutização de valores do que em possibilidades de encontro e de luta contra a exclusão social, política e cultural, da qual são objeto, em nossos países, tanto as maiorias pobres, quanto as minorias étnicas ou sexuais.

Na experiência de desenraizamento que vivem muitos de nossos povos, a meio caminho entre o universo rural e um mundo urbano cuja racionalidade econômica e informativa dissolve seus saberes e sua moral, desvaloriza sua memória e seus rituais, falar de reconhecimento implica um campo básico, duplo, de direitos a impulsionar: o direito à participação quanto à capacidade das comunidades e dos cidadãos à intervenção nas decisões que afetam seu viver, capacidade que se encontra, hoje, estreitamente relacionada a uma informação veraz e na qual predomine o interesse comum sobre o do negócio; e segundo, o direito à expressão nas mídias de massa e comunitárias de todas aquelas culturas e sensibilidades majoritárias ou minoritárias, através das quais passa a ampla e rica diversidade da qual são feitos nossos países.

2. Reconfigurações do público

A cada vez mais estreita relação entre o público e o comunicável — já presente no sentido inicial do conceito político de publicidade na história traçada por Habermas — realiza-se hoje decisivamente na ambígua e muito questionada mediação das imagens que, passando das mil formas de cartazes e grafites, desemboca na televisão, é quase sempre associada, ou plenamente reduzida a um mal inevitável, a uma incurável doença da política contemporânea, a um vício proveniente da decadente democracia norte-americana, ou a uma concessão à barbárie destes tempos que encobrem com imagens sua falta de idéias. E não é que no uso das imagens que o mercado e a política fazem não haja um pouco de tudo isso; mas o que precisamos compreender vai além da denúncia, em direção a uma compreensão do que a mediação da imagens produz socialmente, único modo de poder intervir sobre esse processo.

Pois essa hegemonia imagética se acha associada ao fato de que hoje o "reconhecimento recíproco" (H. Arendt) desenvolve-se especialmente no direito a ser visto e ouvido, que equivale ao de existir/contar socialmente, tanto no terreno individual quanto no coletivo, no das maiorias quanto no das minorias. Direito que nada tem a ver com o exibicionismo vedetista dos políticos em seu perverso afã de substituir sua capacidade perdida de representar o comum pela quantidade de tempo no vídeo.

O que nas imagens se produz é, em primeiro lugar, a saída flutuante, a emergência da crise que o discurso da representação sofre desde seu próprio interior (P. Flores d'Arcais). Pois se é certo que a crescente presença das imagens no debate, nas campanhas e ainda na ação política espetaculariza esse mundo até confundi-lo com o da farsa, dos reinados de beleza ou das igrejas eletrônicas, também é certo que pelas imagens passa uma construção visual do social, na qual essa visibilidade toma o deslocamento da luta pela representação da demanda de reconhecimento. O que os novos movimentos sociais e as minorias — as etnias e as raças, as mulheres, os jovens ou os homossexuais — demandam não é tanto ser reapresentados, mas, sim, reconhecidos: fazerem-se visíveis socialmente em sua diferença. O que dá lugar a um modo novo de exercerem politicamente seus direitos. E, em segundo lugar, nas imagens se produz um profundo descentramento da política, tanto sobre o sentido da militância quanto do discurso partidário.

Do fundamentalismo sectário que acompanhou, desde o século passado até boa parte do século XX, o exercício da militância tanto nas direitas quanto nas esquerdas, as imagens terminam com o esfriamento da política, aquilo que N. Lechner denomina desativação da rigidez nos pertencimentos, possibilitando fidelidades mais móveis e coletividades mais abertas. E no que diz respeito ao discurso, a nova visibilidade social da política catalisa o deslocamento do discurso doutrinário, de caráter abertamente autoritário, em uma discursividade, se não claramente democrática, feita, pelo menos, de certos tipos de interações e intercâmbios com outros atores sociais. É isso que evidencia a proliferação crescente de observatórios e de inspetorias cidadãs. Resulta bastante significativa esta, mais do que proximidade fonética, articulação semântica entre a visibilidade do social, que possibilita a constitutiva presença das imagens na vida pública, e das inspetorias como forma atual de fiscalização e intervenção dos cidadãos.

Por outro lado, o esvaziamento de utopias que atravessa o âmbito da política se vê preenchido nos últimos anos por um acúmulo de utopias provenientes do campo da tecnologia e da comunicação: "aldeia global", "mundo virtual", "ser digital", etc. E a mais enganosa de todas, a "democracia direta"[8], atribuindo ao poder das redes informáticas a renovação da política e superando rapidamente as "velhas" formas da representação pela expressão viva dos cidadãos, seja votando pela Internet, desde casa, ou emitindo telematicamente sua opinião. Estamos diante da mais enganadora das idealizações, já que em sua celebração do imediatismo e da transparência das redes cibernéticas o que se está minando são os fundamentos próprios "do público", isto é, os processos de deliberação e de crítica, ao mesmo tempo que se cria a ilusão de um processo sem interpretação nem hierarquia, fortalece-se a crença de que o indivíduo pode comunicar-se prescindindo de toda mediação social, além de aumentar a desconfiança de qualquer figura de delegação e representação.

Há, no entanto, em discursos e buscas por uma "democracia direta" via Internet, um fundo libertário que aponta para a desorientação em que vive a cidadania como resultado da ausência de densidade simbólica e da incapacidade de convocação de que padece a política representativa. Fundo libertário que assinala também a frustração que produz, especialmente entre as mulheres e os jovens, a incapacidade de representação da diferença no discurso que denuncia a desigualdade. Desvalorizando o que a nação tem de horizonte cultural comum — por sua própria incapacidade de articular a heterogeneidade, a pluralidade de diferenças das quais está feita —, as mídias e as redes eletrônicas estão se constituindo em mediadores da trama de imaginários que configura a identidade das cidades e das regiões, do espaço local e do bairro, veiculando, assim, a multiculturalidade que faz extrapolar os referentes tradicionais da identidade.

E para os apocalípticos — que tanto abundam hoje — aí estão os usos que muitas minorias e comunidades marginalizadas fazem das tecnologias, introduzindo ruídos nas redes e distorções no discurso do global, através das quais emerge a palavra de outros, de muitos outros. E essa reviravolta evidencia nas grandes cidades o uso das redes eletrônicas para construir grupos que, virtuais em seu nascimento, acabam territorializando-se, passando da conexão ao encontro, e do encontro à ação.

O uso alternativo das tecnologias e de redes informáticas (R. Kroes, S. Finquelevich, J. L. Molina) na reconstrução da esfera pública passa, sem dúvida, por profundas mudanças nos mapas mentais, nas linguagens e nos desenhos de políticas, exigidos, todos eles, pelas novas formas de complexidade que revestem as reconfigurações e hibridações do público e do privado. Começando pela própria complexidade que, a esse respeito, a Internet apresenta: um contato privado entre interlocutores que é, ao mesmo tempo, mediado pelo lugar público que constitui a rede: processo que, por sua vez, introduz uma verdadeira explosão do discurso público, ao mobilizar a mais heterogênea quantidade de comunidades, associações, tribos, que ao mesmo tempo que liberam as narrativas do político, desde as múltiplas lógicas dos mundos de vida, despotencializam o centralismo burocrático da maioria das instituições, potencializando a criatividade social no desenho da participação cidadã.

As tecnologias não são neutras, pois hoje, mais do que nunca, elas constituem grupos de condensação e interação de interesses econômicos e políticos com mediações sociais e conflitos simbólicos. Mas, por isso mesmo, elas são constitutivas dos novos modos de construir opinião pública e das novas formas de cidadania, isto é, das novas condições em que se diz e se faz a política.

3. Novos regimes culturais da tecnicidade

A verdade é que a imagem não é a única coisa que mudou. O que mudou, mais exatamente, são as condições de circulação entre o imaginário individual (por exemplo, os sonhos), o imaginário coletivo (por exemplo, o mito) e a ficção (literária ou artística). Talvez sejam as maneiras de viajar, de olhar, de encontrar-se, que mudaram, o que confirma a hipótese segundo a qual a relação global dos seres humanos com o real se modifica pelo efeito de representações associadas às tecnologias, à globalização e à aceleração da história (Marc Augé).

A convergência da globalização e da revolução tecnológica configura um novo ecossistema de linguagens e escritas. A experiência audiovisual transtornada pela revolução digital marca, por um lado, a constituição de novas temporalidades ligadas à compressão da informação, o surgimento de novas figuras de razão que remetem ao estatuto cognitivo que a digitalização procurou na imagem, e finalmente a emergência de uma visibilidade cultural convertida em palco de uma decisiva batalha política entre a ordem/poder da letra e as oralidades e visualidades culturais que enlaçam as memórias com os imaginários no palimpsesto que, ao mesmo tempo que apaga, lhes permite emergir imprecisamente nas entrelinhas que escrevem o presente. Pois os imaginários da virtualidade e da velocidade dão forma, imprecisa também, ao futuro que as redes do hipertexto tecem.

Destempos e desmemórias

Poucas mudanças são tão desconcertantes como as que afetam a nossa percepção coletiva do tempo. Enquanto uns denunciam exaltadamente a amnésia histórica, outros ostentam a atual "explosão da memória", e outros indicam a complementaridade entre ambas as atitudes e movimentos. É certo também que algumas das denúncias mais apocalípticas do milenarismo escapista o retroalimentam, turvando a atmosfera cultural e intelectual, já por si confusa e obscura, impedindo-nos de analisar a estrutura das mudanças que atravessamos. Diante de escapismos e alarmismos precisamos investigar nossa contraditória percepção das transformações da temporalidade, de modo que nos permita "pensar juntos a amnésia e o *boom* da memória"[9].

Pois se, de um lado, as mídias de massa se transformam em "máquinas de produzir o presente"[10], ou seja, acham-se dedicadas a fabricar esquecimento — o que vale como notícia é o que nos conecta com o presente do que está acontecendo, o que, por sua vez, permite que o tempo em tela de qualquer acontecimento deva ser também instantâneo e equivalente, com o que o presente convertido em atualidade dura cada vez menos —, que é ao que o mercado se dedica em seu conjunto, ao planificar a acelerada obsolescência dos objetos como condição de funcionamento do próprio sistema de produção; por outro lado, a febre de memória é também crescente: desde o crescimento e expansão dos museus nas duas últimas décadas à restauração dos velhos centros urbanos, ao sucesso da novela histórica e relatos biográficos, à moda retrô em arquitetura e vestidos, ao entusiasmo pelas comemorações e ao auge dos antiquários.

Mas, desvelando a ação do mercado e das mídias, não fomos a fundo, há algo ainda mais abaixo: a obsolescência acelerada e o enfraquecimento de nossos pretextos identitários estão gerando um incontrolável desejo de passado, que não se esgota na evasão. Ainda que moldado pelo mercado, esse desejo existe e deve ser levado a sério como sintoma de um profundo mal-estar cultural, em que se expressa a ansiosa indigência, que sentimos, de tempos mais longos e da materialidade de nossos corpos reclamando menos espaço e mais lugar. Tudo o que nos propõe o desafio radical que formulou Huyssens: não opor maniqueisticamente a memória e a amnésia, mas, sim, pensá-las juntas.

Pois se a "febre de história" que Nietzsche denunciara no século XIX funcionava inventando tradições nacionais e imperiais, isto é, dando coesão cultural a sociedades partidas pelas convulsões da revolução industrial, nossa "febre de memória" não tem um foco político nem territorial claro. É expressão da necessidade de ancoragem temporária de algumas sociedades cuja temporalidade é sacudida brutalmente pela revolução informacional que dissolve as coordenadas espaço-territoriais de nossas vidas. E no que se faz manifesta a transformação profunda da "estrutura de temporalidade" que nos legou a modernidade: aquela que, diante da conservadora visão romântica, legitimou já desde o século XVIII a destruição do passado como lastro e fez da novidade a fonte única de legitimidade cultural.

A experiência do progresso moderno, na qual W. Benjamin vira um tempo homogêneo e vazio, é a que G. Vattimo desvela na sociedade atual: a renovação permanente e incessante das coisas, dos produtos, das mercadorias, está "fisiologicamente exigida para assegurar a pura e simples sobrevivência do sistema" (e na qual) "a novidade nada tem de revolucionário nem perturbador"[11]. E num mundo no qual o futuro aparece garantido pelos automatismos do sistema, o que nos resta de tempo humano é "o cuidado dos resíduos, das impressões do vivido, (pois) o que corre o risco de desaparecer é o passado como continuidade da experiência"[12]. Continuidade que não se confunde nem com a uniformização, nem com a nostalgia, pois se trata do mínimo de horizonte histórico que torna possível o diálogo entre gerações e a leitura/tradução entre tradições.

Desordens da razão

A mudança mais desconcertante para o racionalismo com o qual se identificou a primeira modernidade talvez seja a que introduz o novo estatuto cognitivo da imagem. Desde o mito platônico da caverna, e durante séculos, a imagem foi identificada com a aparência e a projeção subjetiva, o que a transformava em obstáculo estrutural do conhecimento. Ligada ao mundo do engano, a imagem foi, de um lado, assemelhada a instrumento de manipulação, de persuasão religiosa ou política, e de outro, expulsa do campo do conhecimento e confinada ao campo da arte. Hoje em dia, novas formas de articular a observação e a abstração de imagens, baseadas no processamento, digitalização e conversão de interface, não só as removem de seu, até agora, irremediável status de "obstáculo epistemológico", mas as converte em componente chave de um novo tipo de relação entre a simulação e a experimentação científicas (P. Lévy).

A atual revalorização cognitiva da imagem passa paradoxalmente pela crise da representação tematizada por M. Foucault (1966) a partir da trama significante que as figuras e os discursos (as imagens e as palavras) tecem, e da eficácia operatória dos modelos que tornam possível esse saber que hoje denominamos ciências humanas. E é justamente no cruzamento dos dois dispositivos apontados por Foucault — economia discursiva e operatividade lógica — que se situa a nova discursividade constitutiva da visibilidade e a nova identidade lógico-numérica da imagem.

Estamos diante da emergência de uma "nova figura de razão" (A. Renaud) que exige pensar a imagem, por um lado, desde sua nova configuração sociotécnica — o computador inaugurando um tipo de tecnicidade que possibilita o processamento de informações, e cuja matéria prima são abstrações e símbolos — e, por outro, a emergência de um novo paradigma do pensamento, que refaz as relações entre a ordem do discursivo (a lógica) e do visível (a forma), da inteligibilidade e a sensibilidade. O novo estatuto cognitivo da imagem se produz a partir de sua informatização, isto é, de sua inscrição na ordem do numerável, que é a ordem do cálculo e suas mediações lógicas: número, código, modelo. Inscrição que remete, no entanto, não só a uma economia informacional (G. Chartron), mas também a uma ironia do figurativo (M. Levin, T. Lenain), nas quais a imagem deixa de ter como lastro sua errância estética e sua cumplicidade com a sedução.

O processo que aí chega entrelaça um duplo movimento. O que prossegue e radicaliza o projeto da ciência moderna (Galileu, Newton), de traduzir/substituir o mundo qualitativo das percepções sensíveis pela quantificação e abstração lógico-numérica, e o que reincorpora ao processo científico o valor informativo do sensível e do visível.

Uma nova *epistème* qualitativa abre a investigação à intervenção constituinte da imagem no processo do saber: arrancando-a da suspeita racionalista, a imagem é percebida pela nova *epistème* como possibilidade de experimentação/simulação que potencializa a velocidade do cálculo e permite inéditos jogos de interface, isto é, arquiteturas de linguagens.

P. Virilio denomina "logística visual" a remoção que as imagens informáticas fazem dos limites e funções tradicionalmente atribuídos à discursividade e à visibilidade, à dimensão operatória (controle, cálculo e previsibilidade), à potência interativa (jogos de interface) e à eficácia metafórica (translação do dado quantitativo a uma forma perceptível: visual, sonora, táctil). A visibilidade da imagem converte-se em legibilidade (G. Lascaut), permitindo passar do estatuto de "obstáculo epistemológico" ao de mediação discursiva da fluidez (fluxo) da informação e do poder virtual do mental.

Mudanças e relocalizações da letra

Assim como o computador nos coloca diante de um novo tipo de tecnicidade, deparamo-nos, também, com um tipo de textualidade que não se esgota no computador, o texto eletrônico se desdobra numa multiplicidade de suportes e escritas que, da televisão ao videoclipe e da multimídia aos *videogames*, encontram uma complexa e crescente cumplicidade entre a oralidade e a visualidade dos mais jovens.

É nas novas gerações que essa cumplicidade opera mais fortemente, não porque os jovens não saibam ler ou leiam pouco, mas, sim, porque sua leitura já não tem o livro como eixo e centro da cultura. Deste modo é a própria noção de leitura que está em questão, obrigando-nos a pensar a desordem estética que as escritas eletrônicas e a experiência audiovisual introduzem. Pois a visualidade eletrônica passou a fazer parte constitutiva da visibilidade cultural, essa que é ao mesmo tempo meio tecnológico e novo imaginário "capaz de falar culturalmente — e não só de manipular tecnologicamente —, de abrir novos espaços e tempos para uma nova era do sensível."[12]

Um dos mais claros sinais da profundidade das mutações que atravessamos encontra-se na reintegração cultural da dimensão separada e desvalorizada pela racionalidade dominante no Ocidente, desde a invenção da escrita e do discurso lógico, isto é, a do mundo dos sons e das imagens relegado ao âmbito das emoções e das expressões. Ao trabalhar interativamente com sons, imagens e textos escritos, o hipertexto (G. Landow, R. Laufer) hibridiza a densidade simbólica com a abstração numérica, fazendo as duas partes do cérebro, até agora "opostas", reencontrarem-se.

Daí que, de mediador universal do saber, o número esteja passando a ser mediação técnica do fazer estético, o que por sua vez revela a passagem da primazia sensório-motriz à sensório-simbólica. É dessa reintegração e desse trânsito que fala a mudança que hoje permeia a arte. A aproximação entre experimentação tecnológica e estética faz emergir, neste desencantado começo de século, um novo parâmetro de avaliação da técnica, diferente do de sua mera instrumentalidade econômica ou de sua funcionalidade política: o de sua capacidade de comunicar, isto é, de significar as mais profundas transformações de época que experimenta nossa sociedade, e o de desviar/subverter a fatalidade destrutiva de uma revolução tecnológica prioritariamente dedicada, direta ou indiretamente, a aumentar o poderio militar.

A gramática de construção dos novos relatos se alimenta do *zapping* e desemboca no hipertexto, o que implica um movimento duplo e muito diferente, que a reflexão crítica tende a confundir, anulando as contradições que os unem. A gramática narrativa predominante dita uma clara redução dos componentes propriamente narrativos (V. Sanchez Biosca) — ausência ou enfraquecimento da trama, encurtamento das seqüências, desarticulação e amálgama —, a prevalência do ritmo sobre qualquer outro elemento com a conseqüente perda de espessura das personagens, o pastiche das lógicas internas de um gênero com as de outros — como os da estética publicitária ou a do videoclipe — e a hegemonia da experimentação tecnológica, quando não a da sofisticação dos efeitos, sobre o próprio desenvolvimento da história.

A ruptura da narração e a preeminência do fluxo de imagens que aí se produzem encontram sua expressão mais certeira no *zapping* com o qual o telespectador, ao mesmo tempo que multiplica a fragmentação da narração, constrói com seus pedaços um outro relato, um duplo, puramente subjetivo, intransferível, uma experiência incomunicável. Estaríamos aproximando-nos do final do percurso que W. Benjamin vislumbrou ao ler no declive da narração a progressiva incapacidade dos homens para compartilhar experiências.

Mas esse movimento de ruptura e fragmentação desemboca também na potenciação de outro movimento, no qual o mesmo Benjamin observou o surgimento daquela narrativa à qual tendia o novo *sensorium* da dispersão e da imagem múltipla: o da montagem cinematográfica precursora, como a montagem textual do *Ulisses* de Joyce, da narrativa hipertextual (P. Delany/ G. Landow): "A linha de cultura se rompeu, e também com ela, a ordem temporal sucessiva. A simultaneidade e a mesclagem ganharam o jogo: os canais se intercambiam, as manifestações cultas, as populares e as de massas dialogam e não o fazem em regime de sucessão, mas, sim, sob a forma de um cruzamento que acaba por torná-las confusas."[13]

A ruptura da ordem linear sucessiva alimenta um novo tipo de fluxo, que conecta a estrutura reticular do mundo urbano com a do texto eletrônico e do hipertexto. Na assunção de tecnicidade midiática como dimensão estratégica da cultura, nossa sociedade pode interagir com os novos campos de experiência em que hoje se processam as mudanças: desterritorialização/relocalização das identidades, hibridações da ciência e da arte, dos escritos literários, audiovisuais e digitais, a reorganização dos saberes desde os fluxos e redes, pelos quais hoje se mobilizam não só a informação, mas também o trabalho e a criatividade, o intercâmbio e a aposta em comum de projetos políticos, de pesquisas científicas e experimentações estéticas. Nossa sociedade pode interagir tanto com as novas figuras e modalidades de profissão quanto com as novas formas de participação cidadã que se abrem especialmente à vida local.

Notas

1. B. Sarlo, *Ya nada será igual, Punto de Vista* n° 70, p. 28, Buenos Aires, 2001.
2. M. Castells, *La era de la información*, vol.1, 119, Madri: Alianza, 1997.
3. N. Lechner, "América Latina: la visión de los cientistas sociales", nº 139, *Nueva Sociedad*, Caracas, 1995, p. 133 e ss.
4. J. Habermas, *El discurso filosófico de la modernidad*, Madri: Taurus, 1989, p. 424.
5. Stuat Hall, *A identidade cultural na pós-modernidade*, Rio de Janeiro: DP&A, 1999, p. 16.
6. D. Harvey, "The experience of space and time", in *The condition of Postmodernity*, Cambridge: Basil Blackwell, 1989, p. 296.
7. Ch. Taylor, *Multiculturalismo. Lotte per il riconoscimento*, Milão: Feltrinelli, 1998; ver também: N. Fraser, "Redistribución y reconocimiento", in *Justitia interrupta. Reflexiones críticas desde la posición postsocialista*, Bogotá: Siglo del Hombre, 1998.
8. O. Mongin, *Face au scepticisme*, Paris: Hachette-Pluriel, Paris, 1996, ps. 303-321.

9. A. Huyssen, *Memórias do modernismo*, Rio de Janeiro: Editora UFRJ,1996. Do mesmo autor: "La cultura de la memoria: medios, política, amnesia", *Revista de Crítica Cultural*, n° 18, Santiago de Chile, 1999, ps. 8-15.

10. O. Monguin, *Una memoria sin historia*, *Punto de Vista*, nº 49, Buenos Aires, 1994, p. 24.

11. G. Vattimo, *El fin de la modernidad. Nihilismo y hermenéutica en la cultura postmoderna*, Barcelona: Gedisa, 1986.

12. G. Vattimo, *Más allá del sujeto. Nietzsche, Heidegger y la hermenéutica*, Barcelona: Paidos, 1989, p. 12 e ss.

13. A. Renaud, "L'image: de l'économie informationelle à la pensée visuelle", in *Réseaux*, nº 74, Paris, 1995, p. 14 e ss.

Bibliografia

APPADURAI, A. *La modernidad desbordada. Dimensiones culturales de la globalización*. Buenos Aires: Fondo de Cultura Económica/Trilce, 2001.

ARENDT, H. *La condición humana*. Barcelona: Paidós, 1993.

BAUMAN, Z. *La globalización. Consecuencias humanas*. Buenos Aires: Fondo de Cultura Económica, 1998.

BHABHA, H (ed.). *Nation and narration*. London: Routledge, 1990.

BONIN, P.Y. (dir.). *Mondialisation: perspectives philosophiques*. Paris: L'Harmattan/ Les Presses Université de Laval, 2001.

BRAGANÇA, J.A. e Torres, M.T. (orgs.) *Crítica das ligações na Era da Técnica*. Porto: Tropismos, 2001.

BECK, U. *Un nuevo mundo feliz. La precariedad del trabajo en la era de la globalización*. Barcelona: Paidos, 2000.

BELLAH, R. *Habits of the heart*. Berkeley: University of California Press, 1985.

BRONCANO, F. *Filosofía del cambio tecnológico*. Barcelona: Paidos/UNAM, 2000.

CASTELLS, M. *La era de la información* (3 Vols.). Madri: Alianza, 1997.

CHARTRON, G. (dir.) *Pour une nouvelle économie du savoir*. Presses Univ. de Rennes, 1994.

DELANY, P.; LANDOW, G. (ed.). *Hypermedia and literary studies*. Cambridge: MIT, 1991.

DRUCKER, P. *La sociedad postcapitalista*. Buenos Aires: Sudamericana, 1999.

DUBAR, C. *La crise des identités: interprétation d'une mutation*. Paris: PUF, 2000.

ECHEVERRÍA, J. *Los señores del aire: Telépolis y el Tercer Entorno*. Barcelona: Destino, 1999.

______________.*Ciencia y valores*. Barcelona: Destino, 2002.

FINQUELEVICH, S. *¡Ciudadanos a la red! Los vínculos sociales en el ciberespacio*. Buenos Aires: Ciccus/ La Crujía, 2000.

FISCHER, H. *Le choc numérique. A l'aube d'une nouvelle civilisation*. Montreal: VlbEditor, 2001.

FLICHY, P. *L'imaginaire d'Internet*. Paris: La Découverte, 2001.

FLORES D'ARCAIS, P. *El individuo libertario. Recorridos de filosofía moral y política en el horizonte de lo finito*. Barcelona: Seix Barral, 2001.

FOUCAULT, M. *Les mots et les choses*. Paris: Gallimard, 1966.

GIDDENS, A. *Consecuencias de la modernidad*. Madri: Alianza, 1993.

GOMBRICH, E. *Lo que nos dice la imagen*. Bogotá: Norma, 1993.

GRIMSON, A. (comp.). *Fronteras, naciones e identidades*. Buenos Aires: Ciccus/ La Crujía, 2000.

HABERMAS, J. *El discurso filosófico de la modernidad*. Madri: Taurus, 1990.

HARVEY, D. *The condition of Postmodernity*. Cambridge: Basil Blackwell, 1989.

HUYSSEN, A. (1996) *Memórias do modernismo*. Rio de Janeiro: Editora UFRJ, 1996.

KLEIN, N. *No Logo. El poder de las marcas*. Barcelona: Paidós, 2001.

KROES, R. *Ciudadanía y globalización*. Valencia: Cátedra, 2000.

KYMLICA, W. *Ciudadanía multicultural*. Barcelona: Paidos, 1996.

LACLAU, E. *Emancipación y diferencia*. Buenos Aires: Ariel, 1996.

LANDOW, G. *Hipertexto*. Barcelona: Paidos, 1996.

LASCAUT, G. e outros. *Voir, entendre*. Paris: U.G.E, 1996.

LAUFER, R. *Texte, hypertexte, hypermedia*. Paris: PUF, 1995.

LENAIN, T. (coord.) *L'image. Deleuze, Foucault, Lyotard*. Paris: Vrin, 1995.

LEVI, P. *Les technologies de l'intelligence*. Paris: La Découverte, 1990.

__________.*Ciberculture*. Paris : Odile Jacob, 1997.

__________. *Ciberdémocratie*. Paris: Odile Jacob, 2002.

LEVIN, M. (ed.) *Modernity and hegemony of vision*. Berkeley: Univ. of California Press, 2002.

LOTMAN, J. *Semiótica de la cultura*. Madri: Cátedra, 1999.

MAFFESOLI, M. *La contemplation du monde. Figures de style comunitaire*. Paris: Grasset, 1993.

MARINAS, J. M. e outros. *Destinos del relato al fin del milenio*. Archivos de la Filmoteca de Valencia, 1999.

MARRAMAO, G. *Potere e secolarizzazione. Le categorie del tempo.* Milão: Editori Reuniti, 1983.

MEYROWITZ, J. No *sens of place.* New York: Oxford University Press, 1995.

MOLINA, J.L. *El análisis de redes sociales: una introducción.* Barcelona: Bellaterra, 2001.

MONGIN, O. *Face au scepticisme.* Paris: Hachette-Pluriel, 1996.

MOUFFE, Ch. *"Por una pollítica de la identidad nómada", Debate Feminista,* México, vol. 14. 3-15, 1996.

____________. *El retorno de lo político. Comunidad, ciudadanía, pluralismo.* Barcelona: Paidos, 1999.

RENAUD, A. *Videoculturas de fin de siglo.* Madri: Cátedra, 1990.

___________. *L'image: de l'économie informationelle à la pensée visuelle, Réseaux,* nº 74, Paris, 1995.

RIFTIN, J. *La era del acceso.* Barcelona: Paidos, 2000

SANCHEZ BIOSCA, V. *La cultura de la fragmentación.* Valencia: Filmoteca, 1995.

SENNETT, R. *Corrosão do caráter. Conseqüências pessoais do trabalho no novo capitalismo.* Rio de Janeiro: Record, 2000.

SESOE, L. K. (dir.) *Diversité humaine. Démocratie, multiculturalisme et citoyenneté.* L'Harmattan/Presses Université Laval, 2002.

TAYLOR, Ch. *Multiculturalismo. Lotte per il riconoscimento.* Milão: Feltrinelli, 1998.

TOURAINE, A. *Critique de la modernité.* Paris: Fayard, 1992.

VARELA, F. J.; THOMPSON, E.; ROSCCH, E. *De cuerpo presente. Las ciencias cognitivas y la experiencia humana.* Barcelona: Gedisa, 1997.

VATTIMO, G. *La sociedad transparente.* Barcelona: Paidos, 1990.

VIDAL BENEYTO, J. (dir.) *La ventana global. Ciberespacio, esfera pública mundial y universo mediático.* Madri: Taurus/Unesco, 2002.

VIRILIO, P. *La máquina de visión.* Madri: Cátedra, 1989.

__________. *L'art du moteur.* Paris: Galilée, 1993.

WIEWIORKA, M. *Une société fragmentée? Le multiculturalisme en débat.* Paris: La Découverte, 1997.

Comunicação social e mudança tecnológica: um cenário de múltiplos desordenamentos

GUILLERMO OROZCO GÓMEZ

Introdução

Por encontrar-me como pesquisador no lado da recepção e das audiências televisivas e procurar transformar suas interações midiáticas a partir da exploração e posterior intervenção pedagógica de seus processos comunicativos e das mediações e contextos que os circundam, minhas incursões no amplo campo da comunicação (e agora em particular vinculado com a mudança tecnológica no contexto da sociedade do conhecimento) implicaram sempre uma forte tensão entre duas perspectivas. De um lado, a perspectiva que dá um grande peso específico à transmissão e, portanto, aos referentes midiáticos nos efeitos que provocam; por conseguinte, uma perspectiva que dá primazia à tecnologia como motor principal das transformações que estamos presenciando e ainda da revolução que (muitos sustentam) estamos experimentando; uma perspectiva tecnocêntrica, dominante hoje em dia no pensamento comunicacional. E de outra parte, aquela perspectiva que privilegia uma compreensão da comunicação e da produção de conhecimentos a partir das re-produções que realizam os atores sociais com base nos referentes informativos com os quais interagem. Re-produções sempre situadas e culturalmente contextualizadas. Mas, sobretudo, re-produções sempre mediadas por várias fontes macro e microestruturais (incluídas certamente – mas somente como uma fonte a mais – as das mesmas referências informativas e a tecnologia). Esta seria uma perspectiva sociocêntrica, mais culturalista, nutrida também de algumas outras disciplinas humanísticas.

A tensão leva-me, então, a questionar suposições e idéias que são habitualmente tomadas como referências, em função de meu permanente desejo de problematizar o debate e as certezas.

É no mínimo polêmico que a contraposição entre ambas perspectivas – tecnocêntrica e sociocêntrica – tenda a ser vista hoje em dia por alguns autores, como Castells (1998), como algo em extinção, enquanto que na sociedade do conhecimento – segundo sustenta – diluir-se-iam os produtores e os usuários daquilo que é produzido, já que todos poderiam fazer os mesmos papéis indistintamente. Embora idealmente se manifeste, na realidade – pelo menos hoje em dia – esse entendimento não se sustentaria. Não, na medida em que o que estamos presenciando ao vivo no âmbito da comunicação não é tanto a dissolução dos papéis sociais dos usuários diante da tecnologia de informação, que, não obstante as possibilidades oferecidas, continuam refletindo inércias e padrões tradicionais; nem a dissolução, pelo menos não ainda, das condições objetivas frente ao conhecimento, que também continuam refletindo autoritarismos e imposições. O que vemos é a dissolução de alguns dos critérios, tanto de produção quanto de circulação e consumo, que enquadram o conhecimento. Sobretudo dos critérios cognoscitivos e de legitimidade e autoridade que se encontram perturbados.

Com a exuberância tecnológica contemporânea, mais que a ampliação concomitante do poder de produzir e difundir conhecimentos – o que, para alguns, seria uma democracia cibernética, e certamente, para todos, poderia ser um grande objetivo a se alcançar –, parece-me que hoje assistimos a um crescente despoder social que aumenta geometricamente em sociedades como as latino-americanas, justamente por meio ou através da tecnologia de informação. Um despoder particularmente comunicacional, que desafia as tentativas de fortalecer as cidadanias e tornar possível o desenvolvimento da democracia. Um despoder que há de se entender em sua complexidade para não sermos idealistas com as grandes coisas que a tecnologia promete.

Como afirma Martín-Barbero (2000), confrontamo-nos agora com novas condições do conhecimento, principalmente com novas "figuras de razão", em que algumas fronteiras se dissolvem ao mesmo tempo que se erigem outras. Em frente ao computador não estamos mais somente diante de uma máquina, mas, sim, em uma relação com uma "tecnicidade" diferenciadora, distinta de todas as anteriores, pela qual se torna possível uma vinculação direta entre informação e cérebro, e independentemente de si, a linguagem é sonora, visual, escrita ou multimídia. Isto – nas palavras do próprio Martín-Barbero (p. 2) – "inaugura uma nova combinação entre cérebro e informação, que substitui a tradicional relação do corpo com a máquina.....(ademais) as redes informáticas, ao transformarem nossa relação com o espaço e o lugar, mobilizam figuras de um saber que escapam à razão dualista com que estamos habituados a pensar a técnica, pois se trata ao mesmo tempo de movimentos que são de integração e de exclusão, de desterritorialização e relocalização, nicho no qual interagem e se misturam lógicas e temporalidades tão diversas como as que se entrelaçam no hipertexto, as sonoridades do relato oral com as intertextualidades da escrita e as intermodalidades do audiovisual".

Estes outros processos e esta outra racionalidade (ou figura de razão) se diferenciam mais das anteriores por se basearem em lógicas distintas, que no campo da comunicação social se mostram mais sensoriais que racionais e que incluem sobretudo a primazia dos sentidos da audição e da visão como redutos de legitimidade daquilo que se percebe cada vez mais virtual e multissensorialmente, mas que supõe uma distância. E quanto mais distância, mais mediações.

No contexto de "desordenamentos", minha intenção aqui é simplesmente refletir sobre algumas das mudanças e rupturas, transições e/ou recomposições que experimentamos no âmbito da comunicação social, motivadas tanto pelo que considero sem precedentes, como por outras mediações que, entrelaçadas com a tecnológica, estão contribuindo de maneira contundente para que vivamos mais que em uma época de grandes mudanças, numa grande mudança de época (Rey e Martín-Barbero, 2000).

Minha exposição está estruturada em três partes. Na primeira, trato de situar o contexto de partida, explicitando reconhecimentos importantes, que atualmente parecem estar sendo perdidos de vista. Na segunda parte, abordo com mais detalhes alguns dos des-ordenamentos, desde os atores sociais e suas práticas comunicativas. Na última parte, tratarei de calibrar estes des-ordenamentos em relação aos seus efeitos no campo da educação, dentro do novo ecossistema comunicativo.

Se alguma tese sustento nesta discussão seria a de que muitas mudanças que estamos presenciando, e que seguiremos presenciando no futuro imediato, no âmbito da comunicação social, não se devem porém ao potencial tecnológico mais recente, que se depreenderia das últimas tecnologias ou da racionalidade tecnoinformática como tal, mas, sim, à extensa presença das mídias e tecnologias nascidas na modernidade. São mudanças, como a do trânsito de um paradigma da literalidade a um da imagem, que estão principalmente prefigurando as transformações futuras possíveis, o que exige entendê-las para não cair no terreno das especulações ou nos futurismos idealistas ou otimistas.

A nova centralidade do midiático na sociedade do conhecimento

Em primeiro lugar, gostaria de partir de um reconhecimento (que alude a uma mediação geopolítica, que na América Latina fica quase óbvia, mas que aqui pode se prestar a certa polêmica). Crer que as mídias e tecnologias de informação geradas ao amparo da modernidade e inseridas socialmente durante o século passado – como a televisão aberta ou a televisão paga em suas diversas modalidades de recepção – perderam relevância diante da mudança ou conjunto de mudanças tecnológicas mais recentes (Piscitelli, 1996) – ou até morreram, como afirmariam alguns (Pérez de Silva, 2000) –, parece uma miragem tecnocrática. E, como tal, insustentável para aqueles que não aceitam esse evolucionismo tecnológico reducionista que automaticamente vai tornando obsoletas as tecnologias anteriores.

A emergência de um complexo ecossistema comunicativo

O que eu penso é que todos os meios, velhos e novos, assim como as diversas tecnologias videoeletrônicas e digitais que os tornam possíveis, coexistem, conformando ou não convergências em sentido estrito, porém constituindo ecossistemas comunicativos cada vez mais complexos.

A chegada de um novo meio ou tecnologia não supõe necessariamente, nem tampouco imediatamente, a suplantação do anterior. E isto por várias razões. Primeiro, porque cada meio ou tecnologia é muito mais que isso. Sua transformação então envolve outros fatores, além dos estritamente técnicos ou instrumentais.

Segundo, porque cada tecnologia demanda um tempo de aprendizagem e apropriação por parte dos usuários. No momento de sua introdução e inicial aceitação, em geral, é usada de maneira parcial, desperdiçando seu cabal potencial e até sua principal contribuição. O conhecido caso dos computadores que são simplesmente usados como máquinas de escrever, permitindo maior produtividade e eficiência, é um clássico exemplo deste fenômeno.

Terceiro, porque as tecnologias demandam uma atenção diversificada para gratificar seus usuários. Nem mesmo em países onde o uso sistemático e doméstico do computador está muito ampliado, como é o caso dos Estados Unidos, diminuíram significativamente as horas dedicadas à televisão (Orozco, 1996). Continua havendo telespectadores que permanecem vendo muita televisão e desfrutando de seus programas noticiosos e de ficção, ao mesmo tempo que incursionam nas navegações cibernéticas.

Quarto, porque cada tecnologia atende melhor à satisfação de uma ou mais necessidades que as anteriores, mas não de todas. Assim, as velhas tecnologias sempre conservam um grau de distinção insubstituível. E quinto, porque cada nova tecnologia provoca outras mudanças subseqüentes, que também requerem reajustes e reacomodações variados por parte dos usuários. E falando de sociedades onde os recursos são muito limitados e as maiorias empobreceram de maneira crescente e alarmante, o sexto motivo que atrasa as mudanças é óbvio: simplesmente não há poder aquisitivo para acompanhar o desenvolvimento tecnológico que é oferecido no mercado.

Tudo o que implica ao mesmo tempo uma síndrome de recomposição – não só de des-ordenamento – das agendas cotidianas dos atores sociais, um período de apropriação ou de acomodação (que pode se prolongar por extensos períodos) às últimas tecnologias, bem pode ser conceituado como "migração digital" (Vilches, 2001). Cada vez mais setores vão sendo incorporados e, incorporando outras tecnologias, vão passando de um ambiente a outro, mas sem abandonar completamente o ponto de partida. Em todo este trânsito, cheio de hibridações e motivado pelas mudanças tecnológicas, há de se destacar que os resultados não são imediatos; demoram a se manifestar, justamente porque não só o instrumental está envolvido neles, mas sobretudo o sociocultural, e no caso que nos interessa, também e especialmente, o perceptivo.

Multiplicação dos destempos

A rapidez do desenvolvimento tecnológico não acompanha sua assimilação cultural, nem perceptiva, nem tampouco política, mas, sim, mercadológica, já que, como afirmava Raymond Williams, nenhuma tecnologia chega a constituir-se como tal se não for rentável no mercado (1983).

Uma mudança (sócio) cultural supõe então uma mudança de sedimentações na produção simbólica (que requer seu tempo). O que nesta direção estamos experimentando no âmbito da comunicação social, aliás, é uma série de destempos que correm atropeladamente ao longo da vida cotidiana. Destempos que supõem ajustes e processos de aprendizagem substantivos por parte dos atores sociais, e que quase sempre acabam inconclusos. Da parte dos Estados e das instituições, requerem uma formulação adequada de políticas públicas (que quase sempre não ocorrem) que permitam a todos ir transitando de um meio a outro, de uma tecnologia a outra, de uma ritualidade a outra.

Um exemplo de destempo é aquele que se manifesta entre o ecossistema comunicativo – e particularmente entre as mudanças tecnológicas no âmbito da informação – e a escola, os sistemas educativos e a educação em geral, que vão ficando para trás. Outro exemplo de destempo é o caso dos Zapatistas no sul do México, que através da Internet fizeram o mundo conhecer suas reivindicações ancestrais por saúde, alimentação e reconhecimento básico de direitos, negados ao longo de quinhentos anos de solidão.

As superposições de temporalidades, modernas, pré-modernas e pós-modernas, subsistem e coexistem nutrindo, de fato, o dia-a-dia de milhões de atores sociais; ao mesmo tempo que indicam o sentido das mudanças, definem sua adaptação a elas e contextualizam sua vinculação a outros processos sociais e à produção da cultura. Essa cultura da colagem, feita de pedaços de elementos próprios de diferentes etapas, é talvez uma manifestação muito visível das interações, adaptações e fusões que diversos setores sociais fazem do novo, o velho, o imprevisível.

As práticas comunicativas

É importante enfatizar que se as mudanças tecnológicas trouxeram somente mudanças instrumentais na comunicação, talvez fosse mais fácil e rápida sua assimilação e até poderiam ser vistas, com clareza, as relações de causa-efeito. Mas as mudanças tecnológicas, ademais, supõem transformações substantivas nas práticas sociais que geram, dentro das quais logo têm lugar. Estas práticas comunicativas contêm alguns componentes dos quais se destacam dois: a socialidade e a ritualidade (Martín-Barbero, 1990).

Por socialidade deve-se entender o conjunto de negociações que os atores sociais realizam entre os referentes e os outros atores no processo comunicativo e de gestação de significados. A predominância de algumas comunidades interpretativas diante das outras, as habilidades comunicativas dos atores, desenvolvidas de modo diferenciado, assim como as circunstâncias ou situações específicas mais ou menos favoráveis (ou desfavoráveis) à produção simbólica, misturam-se em circuitos e ações de resistência e confrontação, passividade e aceitação, proposição e debate.

Esta socialidade pode ser afetada também, e de maneira importante, por uma mudança na tecnologia ou no meio de referência. De fato, numa grande mudança de época como a atual, a tendência vigente é a de afetar desde o tecnológico até quase todas as demais dimensões da vida individual e coletiva. O que eu prefiro chamar "mediação tecnológica" impacta claramente de variadas formas tudo aquilo que toca. Não se trata de negar nem de diminuir ou simplesmente relativizar esse impacto. Trata-se de vê-lo como um impacto importante, mas que necessariamente compete com outros, em situações diversas, em diferentes cenários cujas conseqüências não são só causadas por ele.

Não obstante, interessa-me destacar que é precisamente a socialidade que está sendo mais afetada com as determinações introduzidas pelas mudanças tecnológicas, já que, como afirma Echeverría (1999), os novos serviços *on line* pressupõem novas dependências dos usuários. Para exercerem com liberdade suas diversas "interatividades" eles têm de se conectar às grandes redes e infra-estruturas, as quais não administram nem controlam, nem tampouco criam. Assim, a assimetria que já caracterizava as dependências anteriores entre os usuários das velhas mídias, como os telespectadores, e os donos da indústria da televisão agora muda de cor e de estilo, mas não desaparece. Pelo contrário, amplia-se, dissolvendo-se em inúmeros atos que aparentemente refletem total liberdade. Atos que finalmente se baseiam em uma camada superficial de opções sobre as quais quem decide parece ter controle.

O paradoxo aqui é que quanto mais se amplia um leque de opções, as outras camadas mais profundas ficam cada vez mais centralizadas. Fenômeno que se vive já em relação aos velhos meios, nos quais se verifica uma crescente tendência de proliferação homogeneizante e que prefigura sua extensão no futuro, dadas as ainda mais centralizadas forças que controlam as novas tecnologias (Wolton, 1999).

As práticas comunicativas geram hábitos e promovem regularidades que os atores sociais desenvolvem, às vezes até de maneira automatizada, na medida em que interiorizaram comportamentos e modelos ou padrões de reação diante das referências comunicativas. Às vezes, o mais difícil de modificar são precisamente esses costumes coletivos e individuais frente às referências informativas, midiáticas e não-midiáticas, que são as que sustentam o que aqui entendo como a ritualidade comunicativa. Esta ritualidade, gerada tanto em relação a meios quanto a gêneros programáticos, e certamente em relação à tecnologia, é a que em todo caso vai refletindo graus de apropriação ou de abandono dessas referências. Processos que supõem familiaridade e tempo.

A explosão das mediações

Originalmente, o conceito de mediação no âmbito da comunicação social foi apresentado como propriedade exclusiva dos meios (Martín Serrano, 1982). Em inglês ou francês é mais simples ver esta derivação de mídia: "media-tion". Posteriormente, Martín-Barbero (1987) usou o conceito com outra intenção e para significar a descentralização da comunicação das mídias, o que ele chamou de midiacentrismo neste campo de estudos. A cultura, então, veio a ser assumida como a mediação principal ou "mediação com maiúsculas" e posteriormente derivou em diversas mediações mais específicas (Orozco, 1991).

Entender o jogo atual da mediação pressupõe como ponto de partida abandonar a idéia de que mediações vêm só de meios e são de certa maneira sua extensão. Estou entendendo as mediações como processos estruturantes que provêm de diversas fontes, incidindo nos processos de comunicação e formando as interações comunicativas dos atores sociais.

Com este entendimento sobre as mediações, o que atualmente estamos presenciando é um jogo diferente de seus pesos específicos na comunicação social. Se antes as mediações institucionais próprias das diversas instituições sociais, às quais as audiências pertenciam, eram muito importantes na definição e orientação das produções de sentido, como a escola ou o Estado, por exemplo, agora essas instituições típicas da modernidade e do século passado perderam força. Que tenha sido a globalização ou o mercado, ou a etapa específica do capitalismo, não importa tanto neste ponto da discussão, já que o que se desordena é justamente o ordenamento tradicional de mediações. Neste jogo, a mediação tecnológica adquire uma importância talvez desmedida, ao mesmo tempo que outras mediações quase desaparecem, ou se entrincheiram em fundamentalismos de onde procuram ter alguma oportunidade de incidência no intercâmbio societário em seu conjunto.

As mediações cognoscitivas, como a própria capacidade de percepção, são alteradas devido às possibilidades tecnológicas de transmissão e consumo de informação e principalmente de imagens. Com a tecnologia audiovisual e a convergência tecnológica entre o digital e o televisivo, a percepção adquire dimensões insólitas, que inclusive transtornam o próprio sistema nervoso e as habilidades visomotoras. Desde o caso dos efeitos de epilepsia em crianças que no Japão viram programas de Pokemon em 1997, até o paroxismo que envolve a visão em telas líquidas ou em telas de três dimensões, a percepção está no centro das transformações presentes e futuras, no âmbito da comunicação, cada vez mais estimulada pela mediação tecnológica.

Junto com o perceptivo, outro dos maiores des-ordenamentos comunicativos vigentes é a autolegitimação da imagem, e em particular da imagem em movimento, da imagem que constitui essa visualidade tecnificada, já que está se transformando em princípio ou critério essencial de autoridade, através da enorme verossimilhança que alcança com as mais recentes tecnologias. As simulações de realidade, que, às vezes, são até mais reais do que a própria realidade que simulam, exemplificam a explosão do que podemos considerar a mediação visual nas crenças dos usuários e nos critérios de verdade (Levis, 1999).

A audiência como cenário e estímulo à emergente formação de redes

Primeiro foi o povo, logo a massa e depois da modernidade são, talvez, as redes as estruturas através das quais as sociedades contemporâneas se organizam e interagem. Pelo menos isto é o que profetizam vários autores. Mas me parece que, no âmbito específico da comunicação, está-se passando da massa às redes através da "audienciação", que é talvez o fenômeno ou tendência contemporânea mais generalizada, inclusive em sociedades de primeiro mundo. A audienciação, que é em si uma instância, não só o passo em direção a um status diferente, confere status concreto aos sujeitos que a configuram. Entender esta característica me parece, então, fundamental para poder compreender posteriores mudanças socioculturais estimuladas pela mediação tecnológica.

Na medida em que se realizou uma midiatização sem precedentes do intercâmbio societário em seu conjunto – que alguns chamam de "massmidiatização" –, processo que caracterizou a segunda metade do século XX e ainda continua neste século, foi-se gerando paralelamente uma audiência massiva nas sociedades. Isto significa que um dos atributos que melhor caracterizam as sociedades atuais é justamente o de terem conquistado audiências variadas e simultâneas de diversos meios e logo de diferentes tipos de referências midiáticas e de tecnologias.

Pelo menos na América Latina, a audiência alcançou seu pleno apogeu com a chegada de alguns serviços de comunicação, como a televisão paga, em suas diferentes modalidades. E não obstante as transformações midiáticas que teoricamente são possíveis ou se prognosticam num curto prazo, as interações midiáticas com os velhos meios continuam e continuarão sendo as interações dominantes em amplos setores da maioria dos países, pelo que se faz necessário entendê-las melhor em tudo o que implicam.

Ser audiência hoje – e começar a ser rede ou chegar a ser rede amanhã – significa para os atores sociais pelo menos três coisas. Em primeiro lugar, significa uma transformação substancial de sua estruturação. Sua coesão e divisões estatutárias tradicionais, antes definidas por critérios como gênero, idade, classe social e etnia, ou por critérios mais situacionais, como tipo e lugar de trabalho, nível educacional, orientação política ou religiosa, cada vez mais são definidas dentro de uma espiral de mediações que faz extrapolar seus limites, privilegiando o critério transversal de segmentação midiática ("diga-me o que vês e escutas e te direi o que gostas e sente") e, logo, o de segmentação tecnológica ("diga-me onde navegas e com quem conversas e saberei como estás e quem és"). Estes critérios, ao mesmo tempo que inauguram e diferenciam segmentos a partir de interações midiáticas e informacionais específicas, enfatizam o jogo de subjetividades e de modos de percepção e reconhecimento, localizados no âmbito do simbólico (sempre tecnificado).

Em segundo lugar, ser audiência também modifica o vínculo fundamental entre os atores sociais, por um lado, com o seu ambiente e com os acontecimentos e fontes tradicionais de informação: bairro, amigos, família, companheiros de trabalho ou de jogo, e, por outro, com as fontes institucionalizadas, como o governo ou a iniciativa privada. As janelas das casas vão sendo suplantadas pelas telas dos televisores e dos computadores, e as praças públicas e ruas, outrora lugares de encontros coletivos, para um número crescente de pessoas vão sendo trocadas pelos *chats* e incursões nos *sites* na rede (Maldonado, 1998). Os encontros pessoais diminuem, e aumentam os contatos virtuais e as experiências vicárias (através das telas e a tecnologia). Mas, sobretudo, a participação possível dos sujeitos se traduz e se reduz a meras exclamações ou reclamações ao acaso, ou em compulsivos *zappings*.

Em contrapartida, a representação midiática e a virtualidade continuam seu crescimento vertiginoso e se consolidam duplamente como produtos e processos, ao mesmo tempo como mediações privilegiadas para conhecer, sentir e gostar. A mediação videotecnológica apóia-se nas "virtudes" implícitas que a televisão possui como meio, de instantaneidade, verossimilhança e alta fidelidade, que conferem veracidade à evidência visual, ao mesmo tempo que a colocam "diante dos próprios olhos do telespectador", ancorando sua naturalização e legitimidade em sua ancestral (e bíblica) confiança no que vêem. A mediação informacional (digital) baseia-se na interatividade que parece diluir as fronteiras entre produtores e consumidores de conhecimento ao oferecer a sensação de serem não só receptores, como também emissores do conhecimento construído.

E aqui realmente eu tenho uma grande dúvida. Será que a nova tecnologia de fato nos permitirá modificar substancialmente as condições de produção de conhecimento que queremos, ou só nos facultará certas categorias de liberdade e criatividade maiores, mas sempre enquadrados em condições que não foram nem de nossa produção nem de nossa escolha? Estas mediações (visuais e digitais) invadem e desgastam os modos ilustrados, orais e escritos de percepção, apropriação, produção e circulação de saberes, conhecimentos, juízos, opiniões e noções, incidindo também numa transformação desenfreada de alguns usos sociais do percebido, apropriado e (re)produzido pelos atores sociais.

Em terceiro lugar, o estar-sendo audiência transtorna também os limites espaço-temporais do intercâmbio societário e deslocaliza, ao mesmo tempo, a participação real dos atores. Sem um claro sentido do lugar (Meyrowitz, 1985), as audiências não só se encontram à deriva, como também suas ancoragens no real se tornam difusas, movediças, bastante imprevisíveis, o que provoca um processo inflacionário de dispersão-reencontro com ligações momentâneas a "não lugares" que deslocalizam e tornam móvel sua reinserção no devir cotidiano. As diásporas e os nomadismos das audiências encontram sossegos precários nas gratificações midiáticas e tecnológicas que, não obstante sua precariedade, podem ser reconfortantes e conciliatórias com seus ímpetos legítimos de se manifestarem como cidadãos além da sala de TV ou do quarto onde está o computador. Depois de tudo, onde, como, quando encaminhar suas demandas e protestos diante do que vêem e não gostam, frente ao que experimentam e lhes causa mal-estar, quando suas inconformidades são mais produto de suas emoções e de suas experiências virtuais do que de sua racionalidade?

Participação deslocalizada

Num tempo marcado por uma exuberante midiatização e uma audienciação galopante dos sujeitos sociais, por uma tendência crescente de migração digital, os referentes tecnificados da comunicação se multiplicam juntamente com as apropriações midiatizadas do temporal-histórico e do espacial-situacional, inibindo outras maneiras de participação e inserção cidadã dos atores sociais. Estes, enquanto audiências, começam a experimentar de maneira insólita o fenômeno tecnológico que os divide em fragmentos ainda mais entrecruzados dentro de suas novas e já por si entrecruzadas segmentações. Fragmentos de audiência nos quais é possível encontrar os ricos que também choram e vêem novelas, as crianças que desfrutam e perguntam sobre o que vêem na programação catalogada para adultos, as mães que seguram seu pranto diante de certas notícias para "chorar à vontade" com o próximo capítulo da novela, os piedosos que, já sem sentimentos de culpa e sem sair de casa, reverberam os ofícios religiosos na tela, ou os "cidadãos" que saciam suas ânsias de novidade e sensacionalismo acompanhando com o *Big Brother* ou sentem preenchidas suas responsabilidades cívicas com o "estar informado e em dia" com o que acontece à sua volta, depois de ver e escutar o programa diário de notícias.

As muitas vezes implosivas tentativas de participação das audiências, seus posicionamentos efêmeros frente ao que consomem das mídias, suas buscas insatisfeitas de prazer, embriagadas com as gratificações voláteis que obtêm das telas, suas permanências passageiras mas repetitivas em diferentes grupos perceptivos e emocionais, suas críticas às vezes devastadoras mas improdutivas e imobilizadoras, que não obstante permitem evidenciar seus mal-estares midiáticos e tecnológicos, parecem atirar ao infinito suas interações e reclassificações segmentativas, que, contudo, se mostram sempre limitadas e com altas doses de reação diante de referenciais televisivos que nunca decidiram (Orozco, 2001).

Transformações identitárias

A erosao das identidades tradicionais é uma conseqüência do jogo de mediações, entre as quais se destacam a midiática e a tecnológica. Se na pré-modernidade as identidades se definiam mais por aspectos físicos e materiais, aliás naturais, e posteriormente, na modernidade, pelo acréscimo de certos atributos menos tangíveis ou naturais, no trânsito para esse "terceiro entorno" que Echeverría (1999) nos narra as identidades são menos essencialistas e mais amalgamadoras (Martín-Barbero, 1996) e vão sendo constituídas de mestiçagens e hibridações sedimentadas em manifestações e representações, sobretudo visuais. Embora guardem remanescentes próprios de outras etapas e modelos identitários, os gostos e as sensações que a visualidade tecnificada proporciona, as gratificações midiáticas e tecnológicas obtidas pelos atores vão enquadrando e prefigurando suas identidades emergentes.

Talvez um dos fenômenos mais característicos desta mudança de época, em relação às identidades, não seja nem sua fragmentação nem sua volatilidade, mas, sim, justamente sua centralidade no reconhecimento e, conseqüentemente, sua cada vez maior dependência dele. Reconhecimento que só é possível graças à tecnologia midiática que permite ter visibilidade em telas e que cada vez mais se torna sinônimo dela.

Os movimentos sociais, reivindicatórios, de diferentes índoles e níveis, lutam atualmente para ser reconhecidos em suas singularidades, manifestas e ampliadas audiovisualmente. E é nessa dimensão de visibilidades tecnificadas que também a política e os políticos lutam por popularidade, medida cada vez mais usada como objeto de *rating*, e não necessariamente de liderança real. Ter acesso ao microfone e à câmera de vídeo se transforma em objetivo primordial para os movimentos e as organizações sociais que preconizam o acesso à Internet, a divulgação em *websites* e a aceitação nos *chats* como estratégias imprescindíveis de reconhecimento dos sujeitos-audiência em seu trânsito para se tornarem sujeitos-rede.

O resultado na vida cotidiana é uma crescente dependência da tecnologia, em particular, da midiática e digital. Dependência que, no entanto, está sendo explorada e enquadrada não por razões de desenvolvimento humano, mas, sim, essencialmente, por razões mercantilistas. Os valores de eficiência e competitividade mercantil sustentam ou direcionam muitos dos avanços tecnológicos contemporâneos.

Desordenamentos educativos

Se, no âmbito da comunicação social, a visão atual sobre a incorporação do audiovisual-informático à educação traz uma alta dose de miopismo e perversidade, do ponto de vista das interações dos usuários com a tecnologia de informação, a educação possível e desejável dos sujeitos-audiência comporta um alto grau de incerteza

Uma fonte de incerteza encontra-se nos destempos que salpicam e influenciam o devir cotidiano dos sujeitos-audiência. Um primeiro destempo reside em que a televisão (e talvez mais o computador, na medida em que se generalize seu uso) hoje transforma o acontecer em presente efêmero, sobretudo através da programação de notícias. A instantaneidade das transmissões televisivas, ao mesmo tempo que transforma a informação em novidade, a esvazia de historicidade. O resultado é um fluxo constante, sem princípio nem fim, intermitente, que transmite um presente contínuo como oferta e que prossegue nas reiteradas visões das audiências. O que aconteceu ontem, sem adquirir história, pode voltar a ser visto hoje ou amanhã, sem que volte a acontecer, mas sempre em presente, não em passado, até que volte a encontrar um novo presente midiático (virtual) no real.

A dinâmica midiática em sua voraz perseguição de *ratings* altera a história, que, em imagens em movimento, aparece em suas telas, e cuja seqüência não corresponde necessariamente à seqüência real de seus acontecimentos. O desencontro temporal das audiências faz com que o tempo novo, introduzido midiaticamente, não corresponda aos seus tempos reais, contribuindo para se perceber a oferta programática como ficção. Uma ficção que comporta referentes reais, e que pode parecer inclusive mais real que a própria realidade, mas sem ancoragens no tempo, só na fantasia.

A visão de um "tempo móvel", possibilitado pela tecnologia, submerge as audiências em um mar de sensações sem projeção temporal, onde parece dar no mesmo observar a realidade transmitida e ver uma novela, um filme ou um "documentário" (ficcionalizado, claro) sobre a vida dos dinossauros no Discovery Channel! Pedagogicamente, esta situação tem repercussões, não só para apreender a história, o futuro e a própria inserção no mundo dos sujeitos-audiência, mas, sim, sobretudo, entre as crianças, cuja compreensão do tempo implica um esforço específico, nada simples, mas que parecem superar diante da televisão, tanto que se mostram convencidas de que os que morrem na tela sempre podem ressuscitar ou ter evoluções, "à la Pokemon". Depois, custa-lhes muito entender o modo de vida e a morte reais.

Nas telas pode acontecer praticamente tudo, no momento que se quer e o que aconteceu antes ou muito antes, como os dinossauros que recobram vida numa simulação cênica dotada de uma enorme verossimilhança. E, além disso, com o computador, inclui-se a participação dos próprios usuários através de processos mais interativos.

Mas os destempos educativos dos atores, sujeitos-audiência, também se manifestam na comparação com a vida escolar. A escola e a universidade têm horários fixos, turnos determinados, lugares certos. Em certa medida, mantêm-se como redutos da instruçao e da preservação da cultura e das tradições autóctones. Voltada ao passado e resistente a olhar todo o presente, a escola (pública) atual vê ameaçado seu futuro e "explode" diante do sempre presente midiático-informático, inovador e sem horários, fato possível pelas mais recentes tecnologias da informação. A esse referencial pode-se ter acesso em qualquer momento e quase de qualquer lugar, não tendo de se fazer deslocamentos físicos.

Mudanças educativas

Outra fonte de incerteza encontra-se nas mudanças educativas provocadas pelas mídias e as novas tecnologias. Entre as mudanças que introduzem na educação, é talvez a da autoridade a mais importante, pois envolve diversas facetas. Uma é a própria mudança da aprendizagem na escola e na vida, por influência das telas.

O quarto em que se usa o computador e/ou se vê televisão se torna o cenário de várias vivências e experiências; embora sejam vicárias e virtuais, transformam-se em "lições" para a vida. O que se aprende aí resulta muitas vezes mais relevante do que aquilo que se aprende em instituições educativas formais. A mera exposição das audiências à imagem nas diferentes e possíveis telas supera quantitativamente sua exposição aos quadros-negros e às figuras dos professores nas salas de aula. O mero contato com o saber e os saberes, com os conhecimentos legitimados, reduz-se cada vez mais nas instituições educativas, bombardeadas pelas ausências de professores, os feriados, as reivindicações sindicais dos docentes, as políticas dos ministros da educação da vez, etc., e aumenta geometricamente diante da proliferação de ofertas midiáticas e cibernéticas.

Outra faceta da mudança diz respeito às fontes legitimadoras das aprendizagens. Antes, o livro que o professor trabalhava na sala de aula tinha a "última palavra". Agora, a última imagem está na tela e a última palavra quem tem são os sujeitos-audiência, e seus olhos: "Se vejo na tela, acredito, é verídico; se não vejo, posso duvidar e desconfiar". A visão, então, torna-se legitimadora do que passa por ela, sem se importar se isso é verídico, valioso, inteligível, estruturado ou simplesmente banal, falso, manipulador ou distorcido enquanto produto necessário de representações. Desde as interações midiáticas, os sujeitos-educandos questionam o professor, questionam seus saberes enciclopédicos esvaziados de significado, diante da abundância representacional e policromática dos ecossistemas comunicativos.

As salas de TV e de navegação instituídas em "escolas sem licença"; as mídias transformadas em protagonistas, não só em mediadoras ou reprodutoras do acontecer social; os sentidos, e não a razão, transformados nos últimos legitimadores do verossímil, são apenas algumas das facetas que permitem apreciar as dimensões variadas, mas profundas, do deslocamento da autoridade nas sociedades-audiência contemporâneas.

Para uma mudança de paradigma

O processo de aprendizagem, próprio do paradigma que possibilita a tecnologia informacional, ocorre por descobrimento (exploração), não por imitação (reprodução), como foi o caso predominante até agora em muitas culturas e na própria educação escolar.

Este paradigma do descobrimento, então, não é novo como tal, mas sua novidade se apóia no fato de que agora será o predominante, de uma forma ou de outra. Os descobrimentos que são possíveis com a tecnologia da informação – e, portanto, o conhecimento que se constrói –, uma vez alcançados, servem de base para novos descobrimentos, o que estabelece não uma cadeia, nem uma série, mas, antes, uma árvore ao mesmo tempo imprevisível em seu crescimento subseqüente e vinculada com "nós" (como Castells (1998) enfatiza no modelo de estruturação das redes).

Independentemente das vantagens que um processo cognoscitivo desta natureza traga, agora e no futuro, ele embute uma ameaça múltipla e abre uma séria confrontação que, por sua vez, provoca reações desajustadas. Sobretudo dos educadores, embora não somente deles.

Hoje, vêem-se sacudidas e confrontadas as já por si desgastadas – pela visualidade tecnificada das mídias – figuras de razão e autoridade tradicionais, desde o saber-acervo estabelecido e zelosamente custodiado em bibliotecas e instituições até o saber-memória do professor que se gabava de seus dotes enciclopédicos, e claro, o livro, meio por excelência do saber-modelo que sustentou o paradigma hegemônico até agora da repetição e reprodução de conhecimentos, assim como tantas outras instituições que durante séculos contribuíram para legitimar certos conhecimentos e certas metodologias.

Os docentes manifestam um temor profundo de serem substituídos pelas novas tecnologias de informação colocadas a serviço de objetivos de aprendizagem. E as instituições educativas acabam por não compreender a magnitude da mudança, e insistem teimosamente em continuar com uma visão reducionista que só repara no aspecto instrumental, tanto de mídias quanto de tecnologias. Não é equipar de máquinas as escolas a única alternativa para abreviar o desafio, como insistiram muitos ministérios de educação latino-americanos. Na verdade, debater e repensar os motivos da educação e da comunicação em uma grande mudança de época como a atual é o que necessitamos continuar fazendo.

Bibliografia

CASTELLS, Manuel. *La Era de la Información*. Madri: Alianza Editorial, 1998.

ECHEVERRÍA, Javier. *Los Señores del Aire: Telépolis y el Tercer Entorno*. Barcelona: Destino, 1999.

FUENTES, Raúl. *Educación y Telemática*. Buenos Aires: Norma, 2001.

LEVIS, Diego. *La Pantalla Ubicua, comunicación en la sociedad digital*. Tucumán, Argentina: Ciccus, 1999.

MALDONADO, Tomás. *Crítica a la Razón Informática*. Barcelona: Paidós, 1998.

MARTÍN-BARBERO, Jesús. *Ejes Estratégicos de Investigación en el Campo de los Estudios Socioculturales*. Manuscrito Interno del Departamento de Estudios Socioculturales, ITESO, 2000.

MARTÍN-BARBERO, Jesús; REY, Germán. "*Fin de Siglo*", *Revista de Estudios Sociales*, Fundación Social, Bogotá, janeiro de 2000.

MARTÍN-BARBERO, Jesús: "De los medios a las prácticas", en La Comunicación desde las Practicas Sociales, *Cuadernos del PROIICOM*, nº 1, Universidad Iberoamericana, México, D.F. 1990.

MARTÍN SERRANO, Manuel. "La Comunicación Social", *Cuadernos del CONEICC*, ITESO, Guadalajara, 1982.

MEYROWYTS, Joshua. *No Sense of Place, the impact of electronic media on social behavior*. Nova Iorque: Oxford University Press, 1985.

OROZCO GÓMEZ, Guillermo. *Televisión y Audiencias*. Madri: Ediciones de la Torre/Universidad Iberoamericana, 1996.

OROZCO GÓMEZ, Guillermo. *Televisión, Audiencias, Educación*. Buenos Aires: Norma, 2001.

PEREZ DA SILVA, Javier. *La televisión ha muerto*. Barcelona: Gedisa, 2000.

PISCITELLI, Alejandro. *La Post-Televisión, liberando a la información de la tiranía del texto*, Plenarias del V Congreso ALAIC 2000, Universidad Diego Portales, abril de 2000.

PISCITELLI, Alejandro. "Paleo, Neo y Post-Televisión", en La Metamórfisis de la TV, *Cuadernos del PROIICOM*, nº 8, Universidad Iberoamericana, México, D.F. 1995.

VILCHES, Lorenzo. *La Migración Digital*. Barcelona: Gedisa, 2001.

WILLIAMS, Raymond. *The Year 2000*. Nova Iorque: Pantheon Books, 1983.

WOLTON, Dominique. *Internet y después?* Barcelona: Gedisa, 2000.

Sobremodernidade: do mundo tecnológico de hoje ao desafio essencial do amanhã

MARC AUGÉ

Partiremos, se me permitem, da constatação de dois paradoxos. O primeiro diz respeito a todos nós. Continuamente escutamos falar de globalização, de uniformização, até de homogeneização; e de fato a interdependência dos mercados, a velocidade cada dia maior dos meios de transporte, a rapidez das comunicações pelo telefone, fax, correio eletrônico, a velocidade da informação e, também, no âmbito cultural, a onipresença das mesmas imagens, ou, no âmbito ecológico, a chamada de atenção sobre a elevação da temperatura da Terra ou a camada de ozônio podem nos dar a impressão de que o planeta se tornou nosso ponto de referência em comum.

Esta planetarização pode, segundo os âmbitos que ela afete e a opinião dos observadores, aparecer como algo bom, um mal menor ou um horror, mas é, de qualquer maneira, um fato. Por um lado, no entanto, vemos multiplicarem-se as reivindicações de identidade local com formas e em escalas muito diferentes entre umas e outras: o menor de nossos povoados ilumina sua igreja do século XVI e exalta suas especialidades (Thiers, capital das facas; Janzé, berço do frango de granja); ou então os idiomas regionais retomam sua importância. Na Europa e em outras partes do mundo, os nacionalismos renascem ou voltam a ser inventados. Os ressurgimentos religiosos se fundam em um passado recuperado ou reconstruído (a religião maia, o movimento da mexicanidade na América Central, o neoxamanismo na Coréia do Sul). Os integrismos são gerados, com mais ou menor vigor, no seio de religiões baseadas em textos sagrados. Estas reivindicações de singularidade com freqüência estão relacionadas (relação antagonista) com a mundialização do mercado e talvez assistamos, hoje em dia, na Rússia, na América Latina ou na Ásia, a fenômenos que não são signos exclusivos de lógicas monetárias, das bolsas ou, inclusive, econômicas. Aqui, outra vez, as opiniões podem diferir, mas no conjunto cada um pode constatar felizmente que o mundo não está definitivamente sob o signo da uniformidade e, ao mesmo tempo, inquietar-se diante das desordens e das violências geradas pela loucura identitária.

O segundo paradoxo me parece mais pessoal, aliás, tem a ver com a disciplina à qual pertenço. Os etnólogos são por tradição especialistas em sociedades longínquas e exóticas, para a visão ocidental, ou especialistas nos setores mais arcaicos das sociedades modernas. Portanto, legitimamente podemos nos perguntar se estão melhor situados para estudar as complexidades do mundo atual, se seu terreno de pesquisa não está sendo reduzido, desaparecendo. Não creio; creio inclusive no contrário. E é talvez ao justificar esta afirmação paradoxal que poderei contribuir para explicitar o grande paradoxo que diz respeito a todos nós: o paradoxo do mundo contemporâneo, ao mesmo tempo unificado e dividido, uniformizado e diverso, ao mesmo tempo (já voltarei a estes termos) desencantado e reencantado.

Meu argumento principal será que as mudanças aceleradas do mundo atual (mas também suas lentidões e suas cargas) constituem um desafio para o enfoque etnológico, mas um desafio que não é tomado totalmente de improviso, por razões que gostaria de assinalar brevemente, antes de chegar ao tema principal do debate. O método etnológico não tem como objetivo final o indivíduo (como o dos psicólogos), nem a coletividade (como o dos sociólogos), mas, sim, a relação que permite passar de um ao outro. As relações (relações de parentesco, econômicas, de poder) devem ser, em um dado conjunto cultural, concebíveis e gerenciáveis. Concebíveis, já que têm uma certa evidência aos olhos dos que se reconhecem numa mesma coletividade; neste sentido são simbólicas (diz-se, por exemplo, que a bandeira simboliza a pátria, mas a simboliza só se um certo número de indivíduos se reconhecem nela, ou através dela, se reconhecem nela o nexo que os une: é esse nexo que é o simbólico). Gerenciáveis, porque tomam corpo em instituições que as executam (a família, o Estado, a Igreja e muitas outras em diferentes escalas).

A observação antropológica sempre está contextualizada. A observação e o estudo de um grupo só têm sentido num dado contexto e, além disso, pode-se comentar a pertinência de tal ou tal contexto: chefatura, reino, etnia, área cultural, rede de intercâmbios econômicos, etc. Pois bem, hoje em dia, inclusive nos grupos mais isolados, o contexto, no final das contas, sempre é planetário. Esse contexto está presente na consciência de todos, interfere desigualmente, mas em todos os lugares, de maneira sensível nas configurações locais, modificando as condições de observação.

É para a análise desta mudança que os convido agora. Podemos localizá-la, parece-me, a partir de três movimentos complementares:

a) o passar da modernidade, que chamarei de sobremodernidade; b) o passar dos lugares, que chamarei de não-lugares; c) o passar do real ao virtual.

Esses três movimentos não são, propriamente dito, distintos uns dos outros. Mas privilegiam pontos de vista diferentes: o primeiro dá ênfase ao tempo; o segundo, ao espaço; e o terceiro, à imagem. Baudelaire, no princípio de suas *Tableaux parisiens* [Retratos parisienses] evoca Paris como um exemplo de cidade moderna. O poeta, debruçado em sua janela, olha "...a oficina que canta e que conversa; Os tubos, os campanários, estes mastros da cidade, E os grandes céus que fazem sonhar com a eternidade."

Os tubos são as chaminés das fábricas

Jean Starobinski fez notar que é esta acumulação, a adição das distintas temporalidades, que configura a modernidade do lugar. Este ideal de acumulação corresponde a certo desejo de escrever ou de ler o tempo no espaço: o tempo passado que não apaga do todo o tempo presente, e o tempo futuro que já se perfila. Benjamim, sabemos disto, via, na arquitetura das passagens parisienses, uma prefiguração da cidade do século XX. Resumindo, por acúmulo, essa imagem do espaço corresponde a uma progressão, a uma imagem do tempo como progresso.

Max Weber, para evocar a modernidade, falará do desencanto do mundo. A modernidade em termos de desencanto pode ser definida por três características: o desaparecimento dos mitos de origem, dos mitos de fundação, de todos os sistemas de crença que procuram o sentido do presente da sociedade em seu passado; o desaparecimento de todas as representações e crenças que, vinculadas a esta presença [*prégnance*] do passado, submetiam a existência e, inclusive, a definição do indivíduo de seu meio; o homem do Século das Luzes é o indivíduo dono de si mesmo, de quem a Razão corta os laços supersticiosos com os deuses, com a terra, com sua família; é o indivíduo que afronta o porvir e se nega a interpretar o presente em termos de magia e de bruxaria. Mas a modernidade é também o aparecimento de novos mitos que agora não são mais mitos do passado, mas, sim, mitos do futuro, escatológicos, utopias sociais que trazem do porvir (a sociedade sem classe, um futuro promissor) o sentido do presente. Este movimento de substituição dos mitos do passado pelos do futuro é analisado minuciosamente por Vincent Descombes em seu livro *Philosophie par gros temps* (1984).

Eis aqui o progresso tal e qual se concebia, digamos, até os anos cinqüenta, concepção evidentemente sustentada pelas conquistas da ciência e da técnica e, no mundo ocidental, pela certeza de que com o final da Segunda Guerra Mundial as forças do bem tinham vencido definitivamente as forças do mal.

Mas esta idéia de progresso, diretamente surgida dos séculos XVIII e XIX, vai-se descompondo na segunda metade do século XX. As evidências da História e as desilusões da atualidade chegarão ao que poderíamos chamar de um segundo desencanto do mundo, que se manifesta em três versões ao mesmo tempo, contrastadas e complementares.

Na primeira versão, constatamos que os mitos do futuro, estes também eram ilusões. O fracasso político, econômico e moral dos países comunistas autoriza uma leitura retrospectiva e pessimista da história do século e desacredita as teorias que pretendem extrapolar o futuro. O filósofo Jean-Francois Lyotard se referiu ao tema como o "fim dos grandes relatos".

A segunda versão é mais triunfalista. Corresponde ao primeiro termo do paradoxo que evocava o princípio. É o tema da "aldeia global", segundo o termo de McLuhan, uma aldeia global atravessada por uma mesma rede econômica, onde se fala o mesmo idioma, o inglês, e dentro da qual as pessoas se comunicam facilmente graças ao desenvolvimento da tecnologia. Mais recentemente, este tema conseguiu uma tradução política com a noção de "fim da História", desenvolvida pelo americano Fukuyama. Este não sustenta, evidentemente, que a história de eventos esteja acabada, nem que todos os países tenham chegado ao mesmo estado de desenvolvimento, mas afirma que o acordo é geral quanto à fórmula que associa a economia de mercado e a democracia representativa a um maior bem-estar da humanidade. Esta combinação é apresentada, de certo modo, como indiscutível, e se marca o fim da História, para Fukuyama, é porque ele identifica a História com o que tradicionalmente se denomina a história das idéias.

Sem discutir a filosofia que sustenta esta teoria, podemos, não obstante, constatar que, desde a sua primeira formulação, condenava a pensar a história atual de uma grande parte do planeta como signos de exceção ou de atraso. No plano cultural, os antropólogos americanos da corrente pós-modernista, ao contrário, ajudaram a observar que hoje em dia assistimos a uma multiplicidade de reivindicações culturais singulares, ao desdobramento de um verdadeiro *patchwork* mundial em que cada pedaço está ocupado por uma etnia ou um grupo específico. E de fato, no continente americano, para fazer somente referência a este, as reivindicações das populações ameríndias, muitas vezes num grande estado de pobreza, passam pela afirmação de sua própria cultura e de sua própria história, inclusive no caso de Chiapas e de muitas outras regiões da América Central e do Sul, quando recorrem, episodicamente ou de maneira continuada, à violência armada.

A antropologia chamada pós-moderna propõe uma ideologia da fragmentação (o mundo é diverso e não há mais o que dizer). Sem dúvida, subestima os estereótipos que relativizam a originalidade das reivindicações culturais particulares e sua integração no sistema da comunidade mundial (Chiapas é conhecida hoje em dia pela opinião pública mundial, já que seu animador, o subcomandante Marcos, domina a utilização dos meios de comunicação e do ciberespaço). A antropologia pós-moderna tem pelo menos o mérito de mostrar, no âmbito cultural, os limites das teorias da uniformização. Mas ao ficar somente no plano cultural, talvez indevidamente separada do resto, descuida de todas as manipulações políticas, de todas as violências integristas ou outras que constituem à sua maneira um rechaço contra a aldeia global liberal, e, além disso, também proclama um certo final da História: o fim, pela fragmentação, dentro da polifonia cultural, do movimento que dava um sentido, uma direção a esta história.

Os teóricos da uniformização, como os da polifonia pós-moderna, abordam fatos reais, mas o fazem mal, parece-me, ao inscreverem suas análises sob o signo do fim ou da morte: fim da História, para uns; fim da modernidade, para outros; fim das ideologias, para todos.

Talvez seja o contrário, e hoje em dia soframos de um excesso de modernidade; mais exatamente, e ao fazer abstração de todo juízo de valor, quiçá possamos ser induzidos a pensar que o paradoxo do mundo contemporâneo é signo não de um fim ou de um apagamento, mas, sim, de uma multiplicação e de uma aceleração dos fatores constitutivos da modernidade, de uma sobredeterminação no sentido de Freud, e, depois dele, de Althusser, termo que utilizaram para designar os efeitos, imprevisíveis e difíceis de analisar, de uma superabundância de causas.

A noção de sobremodernidade

Neologismo por neologismo, proporei a vocês o termo sobremodernidade para tentar pensar conjuntamente os dois termos de nosso paradoxo inicial, a coexistência das correntes de uniformização e dos particularismos. A situação sobremoderna amplia e diversifica o movimento da modernidade; é signo de uma lógica do excesso e eu estaria tentado a mensurá-la a partir de três excessos: o excesso de informação, o excesso de imagens e o excesso de individualismo; além disso, cada um destes excessos está vinculado aos outros dois.

O excesso de informação nos dá a sensação de que a História se acelera. Cada dia somos informados do que acontece nos quatro cantos do mundo. Naturalmente esta informação sempre é parcial e talvez tendenciosa: mas junto com a evidência de que um acontecimento longínquo pode nos trazer conseqüências, reforça-nos cada dia o sentimento de estarmos dentro da História, ou, mais exatamente, de tê-la por perto, para voltarmos a ser alcançados por ela durante o noticiário das oito ou durante as notícias da manhã.

O corolário desta superabundância de informação é evidentemente nossa capacidade de esquecer, necessária, sem dúvida, à nossa saúde e para evitar os efeitos de saturação que até os computadores conhecem, mas que dá um ritmo sincopado à História como resultado. Tal acontecimento, que tinha chamado nossa atenção durante alguns dias, desaparece de repente de nossas telas, logo de nossas memórias, até o dia em que ressurge repentinamente por razões que nos escapam e que nos são expostas rapidamente. Um certo número de acontecimentos tem, assim, uma existência eclíptica, esquecidos, familiares e surpreendentes ao mesmo tempo, tal como a guerra do Golfo, a crise irlandesa, os atentados no País Basco ou as matanças na Argélia. Não sabemos muito bem por onde vamos, mas vamos e cada vez mais rápido.

A velocidade dos meios de transporte e o desenvolvimento das tecnologias de comunicação nos dão a sensação de que o planeta se encolhe. O aparecimento do ciberespaço marca a prioridade do tempo sobre o espaço. Estamos na idade do imediatismo e do instantâneo. A comunicação se produz na velocidade da luz. Assim, pois, nosso domínio do tempo reduz nosso espaço. Nosso "pequeno mundo" basta apenas para a expansão das grandes empresas econômicas, e o planeta se transforma de maneira relativamente natural em um desafio de todos os intentos "imperiais".

O urbanista e filósofo Paul Virilio, em muitos de seus livros, preocupou-se com as ameaças que podiam pesar sobre a democracia, em razão da ubiqüidade e da instantaneidade que caracterizam o ciberespaço. Ele sugere que algumas grandes cidades internacionais, algumas grandes empresas interconectadas, em pouco tempo, poderão decidir o porvir do mundo. Sem necessariamente levar tão longe o pessimismo, podemos ser sensíveis ao fato de que, no âmbito político, também os episódios locais são apresentados cada vez mais como assuntos "internos", que eventualmente competem ao "direito de ingerência". Fica claro que o estreitamento do planeta (conseqüência do desenvolvimento dos meios de transporte, das comunicações e da indústria espacial) torna, a cada dia, mais crível (e aos olhos dos mais poderosos, mais sedutora) a idéia de um governo mundial. *Le Monde Diplomatique* comentou, sob a autoria, na verdade, muito crítica de um professor americano da Universidade de San Diego, as perspectivas para o século que vem, traçadas por David Rothkopf, diretor da firma de consultorias de Henri Kissinger. As palavras de David Rothkopf no *Foreign Policy* falam por si próprias:

"Compete ao interesse econômico e político dos Estados Unidos o zelar para que, se o mundo optar por um idioma único, que seja este o inglês; se for orientado por normas comuns, tratando-se de comunicação, de segurança ou de qualidade, que sejam sob as normas americanas; se as diferentes partes se unem através da televisão, rádio e música, que sejam com programas americanos; e se forem elaborados valores comuns, que estes sejam valores nos quais os americanos se reconheçam."

Na realidade, não há aqui nada de extraordinário, já que as tentações imperiais não datam de hoje nem mesmo de ontem, mas o fato notável é que o domínio imaginado agora é planetário e que os meios de comunicação constituem sua arma principal.

Pois bem, o terceiro termo pelo qual poderíamos definir a sobremodernidade consiste na individualização passiva, muito diferente do individualismo conquistador do ideal moderno: uma individualização de consumidores cujo aparecimento tem a ver, sem nenhuma dúvida, com o desenvolvimento dos meios de comunicação. Durkheim, no princípio deste século, lamentava já a debilitação do que chamava "corpos intermediários": englobava sob este termo as instituições mediadoras e criadoras do que chamaríamos hoje em dia "nexo social", tais como a escola, os sindicatos, a família, etc. Uma observação do mesmo tipo poderia ser formulada com mais insistência hoje, mas sem dúvida poderíamos precisar que são os meios de comunicação que substituem as mediações institucionais.

A relação com os meios de comunicação pode gerar uma forma de passividade, na medida em que expõe cotidianamente os indivíduos ao espetáculo de uma atualidade efêmera; uma forma de solidão, na medida em que os convida à navegação solitária e na qual toda telecomunicação abstrai a relação com o outro, substituindo com o som ou a imagem o corpo a corpo e o cara a cara; enfim, uma forma de ilusão, na medida em que deixa a critério de cada um a elaboração de pontos de vista, opiniões em geral bastante induzidas, mas percebidas como pessoais.

É claro que não estou descrevendo aqui uma fatalidade, uma regra inelutável, mas, sim, um conjunto de riscos, de tentações e inclusive de tendências. Há algum tempo, a imprensa escreveu sobre uma parte da juventude japonesa, a qual, através dos meios de comunicação, chegava até o isolamento absoluto. Despolitizados, pouco informados sobre a história do Japão, naturalmente opostos à bomba atômica e tentados a fugir no mundo virtual, os *otaku* (assim chamados) ficam em casa entre sua televisão, seus vídeos e seus computadores, dedicando-se a uma paixão monomaníaca com um fundo de música incessante. Um relatório americano muito fundamentado revelou recentemente como o sentimento de solidão invade a maioria dos internautas.

Quanto à individualização dos destinos ou dos itinerários, e à ilusão de livre escolha individual, que às vezes a acompanha, estas se desenvolvem a partir do momento em que se debilitam as cosmologias, as ideologias e as obrigações intelectuais com as quais estão vinculadas: o mercado ideológico se equipara então a um *self-service*, no qual cada indivíduo pode prover-se com peças soltas para ensamblar sua própria cosmologia e ter a sensação de pensar por si próprio.

Passividade, solidão e individualização voltam a se encontrar também na expansão que conhecem certos movimentos religiosos que supostamente desenvolvem a meditação individual; ou inclusive em certos movimentos sectários. Significativamente, parece-me, as seitas podem ser definidas por seu duplo fracasso de socialização: em ruptura com a sociedade dentro da qual se encontram (o que basta para distingui-las de outros movimentos religiosos), fracassam também na hora de criar uma socialização interna, já que a adesão fascinada por um guru a substitui e se revela, com freqüência, incapaz de assegurar de forma duradoura, na reunião de alguns indivíduos, aliás, agregação que toma a aparência de reunião, um mínimo de coesão. O suicídio coletivo, nessa perspectiva, é uma saída previsível: o indivíduo que rejeita o nexo social, a relação com o outro, já está simbolicamente morto.

Os não-lugares

Passo agora ao segundo movimento anunciado, paralelo ao primeiro: o passar dos lugares aos não-lugares. Para a antropologia, o lugar é um espaço fortemente simbolizado, ou seja, é um espaço no qual podemos ler, em parte ou em sua totalidade, a identidade dos que o ocupam, as relações que mantêm e a história que compartilham. Temos todos uma idéia, uma intuição ou uma lembrança do lugar entendido desta maneira. É, por exemplo, a lembrança do povoado familiar onde passávamos as férias ou também uma lembrança literária. Penso em Combray (Combray-Iliers) de Proust e no conhecimento que Françoise, a empregada da família do narrador, tem de todos os seus habitantes: depois de uma minuciosa observação dos espaços praticamente reservados a cada um no espaço aldeão, e até na igreja, ela dá um sentido ao mais ínfimo movimento de qualquer um. O lugar, nesse sentido, para usar uma expressão do filósofo Vincente Descombes em seu livro sobre Proust, é também um "território retórico", ou seja, um espaço onde cada um se reconhece no idioma do outro, e até nos silêncios: onde nos entendemos com meias palavras. É, em resumo, um universo de reconhecimento, onde cada um conhece seu lugar e o dos outros, um conjunto de pontos de referências espaciais, sociais e históricos: todos os que se reconhecem neles têm algo em comum, compartilham algo, independentemente da desigualdade de suas respectivas situações. A vida, a vida individual, não é necessariamente fácil num lugar tal; tem sentido, mas carece da liberdade, e por isso é concebível que em diferentes países e em diferentes épocas o passar da aldeia à cidade tenha podido ser vivido como uma liberação.

Os antropólogos estudaram tais lugares. "Desde o aparecimento da linguagem, escreveu Lévy-Straus, foi necessário que o universo significasse". Foi necessário, em outros termos, reconhecer-se no universo antes de conhecer algo, ordenar e simbolizar o espaço e o tempo para dominar as relações humanas. Entre parênteses, e apesar dos progressos fantásticos da ciência, este diálogo entre sentido e conhecimento, entre simbolismo e saber, não está a ponto de desaparecer, já que as relações entre humanos não podem depender inteiramente da ciência ou do saber. Assim, pois, os antropólogos estudaram, nas sociedades que chamamos tradicionais, como a identidade, as relações sociais e a história se inscreviam no espaço.

Na África, como na Ásia, na Oceania ou na América, nem a distribuição das aldeias, nem os modelos de residência, nem tampouco as fronteiras entre o profano e o sagrado estão deixados ao acaso. Não nascemos em qualquer parte, não vivemos em qualquer lugar (e inventamos palavras cultas para nos referirmos à residência na casa do pai, da mãe, do tio, do marido ou da mulher: patrilocalidade, matrilocalidade, avuncolocalidade, virilocalidade ou uxorilocalidade). Inclusive as populações nômades têm uma relação muito codificada com o espaço. Assim, os Tuaregs não só têm, naturalmente, itinerários fixos e marcados, mas também, em cada uma de suas paradas, as barracas de acampamento são distribuídas em uma ordem determinada. Esta preocupação por dar sentido ao espaço em termos sociais pode também ser aplicada à casa. Jean-Pierre Vernant nos lembrou que os gregos da época clássica distinguiam o lar, centro da morada e assento feminino de Hestia, do umbral, espaço de Hermes, zona masculina e aberta ao exterior. O corpo em si em algumas culturas é considerado como um receptáculo de certas presenças ancestrais e se divide (é o caso em certas culturas do Sul do Togo e de Benin) em zonas, objeto de curas especiais ou de oferendas específicas.

Assim, ao definir o lugar como um espaço em que se podem ler a identidade, a relação e a história, propus chamar de não-lugares os espaços onde esta leitura não fosse possível. Estes espaços, cada dia mais numerosos, são:

- Os espaços de circulação: auto-estradas, áreas de serviços nos postos de gasolina, aeroportos, vias aéreas...
- Os espaços de consumo: super e hipermercados, cadeias hoteleiras.
- Os espaços da comunicação: telas, cabos, ondas com aparência às vezes imateriais.

Podemos pensar, pelo menos em um primeiro nível de análise, que esses novos espaços não são lugares onde se inscrevem relações sociais duradouras. Seria, por exemplo, muito difícil fazer uma análise em termos durkheimianos de uma sala de espera de Roissy: salvo exceção, sempre que possível, os indivíduos se movimentam sem se relacionar, ou negociar nada, mas obedecem a um certo número de pautas e de códigos que lhes permitem guiar-se, cada um por si.

Estes não-lugares se justapõem, encaixam-se e por isso tendem a se parecer: os aeroportos se parecem com os supermercados, vemos televisão nos aviões, escutamos as notícias enchendo o tanque de nosso carro nos postos de gasolina que também estão cada vez mais parecidos com os supermercados. Meu cartão de crédito me proporciona pontos que posso converter em passagem de avião, etc. Na solidão dos não-lugares posso me sentir por um instante livre do peso das relações, no caso de ter esquecido o telefone celular. Este parêntese tem um perfume de inocência (em francês pode-se brincar com a palavra "não-lugares"), mas não imaginamos que possa prolongar-se mais do que algumas horas. A versão negra dos não-lugares seriam os espaços de trânsito onde nos eternizamos, os campos de refugiados, todos estes campos de forma que recebem uma assistência humanitária, e onde os lugares tentam se recompor.

Os não-lugares, então, têm uma existência empírica e alguns geógrafos, demógrafos, urbanistas ou arquitetos descrevem a extensão urbana atual como suscitando espaços que, retida a definição proposta, são verdadeiros não-lugares. Hervé Le Bras, em seu livro *La planète au village* [O planeta na aldeia], destaca que vivemos uma era de extensão urbana tão desenvolvida que extrapola os limites da antiga cidade: uma malha mais ou menos desorganizada se estende ao longo das vias de comunicação, dos rios e das costas. Fala neste contexto de "filamentos urbanos" e pega como exemplo a rede urbana que se estende sem interrupção de Manchester à planície do Pó, e à qual os geógrafos deram o nome de "banana azul" para descrever a dispersão tão peculiar que se vê nas fotografias tomadas de noite pelos satélites. Augustin Berque, em seu livro *Du geste à la cité* [Do gesto à cidade], demonstrou como a cidade de Tóquio perdeu sua inscrição na paisagem, enquanto desapareciam também seus lugares de sociabilidade interna. Até pouco tempo, um dos elementos da grande paisagem (o Monte Fuji ou o mar) era percebido sempre de qualquer rua. Mas a construção de grandes edifícios suprimiu estes pontos da vista. Por outro lado, as últimas ruelas ou becos sem saída que criavam lugares de encontro, de intercâmbio e de conversas, ao redor das oficinas e de restaurantes, desapareciam sob o efeito da mesma transformação.

O arquiteto Rem Koolhaas propôs a expressão "cidade genérica" para designar o modelo uniforme das cidades que se encontram hoje em dia em qualquer parte do planeta. A cidade genérica, escreve ele, "é o que fica depois que vastas secções de vida urbana tenham passado pelo ciberespaço. Um lugar onde as sensações fortes estão enfraquecidas e difusas, as emoções escassas, um lugar discreto e misterioso como um vasto espaço iluminado por uma luz de cabeceira". E acrescenta: "...o aeroporto é hoje em dia um dos elementos que caracteriza mais distintivamente a Cidade Genérica [...] É, por outro lado, um imperativo, já que o aeroporto é mais ou menos tudo o que um indivíduo médio tem como oportunidade de conhecer da maioria das cidades [...] o aeroporto é um condensado ao mesmo tempo do hiperlocal e do hipermundial: hipermundial porque propõe mercadorias que nem se encontram na cidade, hiperlocal porque nele se encontram produtos que não existem em nenhuma outra parte".

É necessário esclarecer que a oposição entre lugares e não-lugares é relativa. Varia segundo os momentos, as funções e os usos. Segundo os momentos: um estádio, um monumento histórico, um parque, certos bairros de Paris não têm nem a mesma fisionomia, nem o mesmo significado de dia ou de noite, nas horas de abertura e quando estão quase desertos. É óbvio. Mas observamos também que os espaços construídos com uma finalidade concreta podem ter suas funções trocadas ou adaptadas. Alguns grandes centros comerciais das periferias urbanas, por exemplo, converteram-se em pontos de encontro para os jovens que foram atraídos, sem dúvida, pelos tipos de produtos que se podem ver (televisão, computadores, etc., que são o meio de acesso atual ao vasto mundo); mais ainda, empurrados pela força do costume e a necessidade de voltar a encontrar-se em um lugar onde se reconheçam. Finalmente, está claro que é também o uso o que faz o lugar ou o não-lugar: o viajante passageiro não tem a mesma relação com o espaço do aeroporto que o empregado que trabalha ali todo dia, que encontra seus colegas e passa nele uma parte importante de sua vida.

A definição do espaço está, portanto, em função dos que vivem nele. Em uma tese que deu lugar a um livro, *Coeur de Banlieue* [Coração de subúrbio], um de meus antigos alunos descreveu como em Courneuve, os mais jovens (entre 10 e 16 anos) constituíam bandos que se apropriavam de um território em sua cidade, o defendiam eventualmente contra outros bandos e faziam os novos membros cumprir alguns ritos iniciáticos que sempre estavam relacionados com o domínio lúdico e simbólico do lugar. Neste caso, deveríamos falar, aliás, de superlocalização. Na televisão, ao vivo, até vimos adultos chorarem diante do espetáculo da derrubada das "barras" (grandes edifícios dos subúrbios), nas quais haviam morado. Embora estes grandes conjuntos habitacionais pudessem parecer deploráveis aos observadores de fora, para outros tinham sido, de qualquer maneira, um lugar de vida.

A superlocalização pode ser vinculada a fenômenos de exclusão ou de marginalização. Sabemos que os jovens dos subúrbios "se precipitam" por Paris sábado à noite, e mais precisamente em certos bairros: Bastille, Forum des Halles, Champs Elysées, que, sem dúvida, lhes parecem condensar a quinta-essência do "espetáculo" urbano e onde têm a oportunidade de ver e, eventualmente, de experimentar os aparelhos que dão acesso ao mundo da informação e da imagem. Talvez possamos hoje em dia ver das vitrines das lojas de televisores e de computadores, como podíamos antes, em meu povoado bretão, à margem do mar, para sonhar com partidas e viagens. O "fora do lugar" de uma cidade, a capital, da qual só são captados, por definição, seus reflexos, seria a contrapartida do "superlugar" da metrópole.

Ao falar do espaço estamos naturalmente induzidos a falar da visão, não sem identificar, a este respeito, um perigo, um risco. Toda superlocalização comporta o perigo de ignorar os outros, os do exterior imediato, de dessimbolizar, neste sentido, a relação social, e, mais ainda, de obviá-la por só ter acesso, através das imagens, a um mundo sonhado ou fantasiado. Longe de reservar este risco só a nossos subúrbios, acho que o risco é de todos em diferentes graus. Mas o aparecimento em algumas unidades de bairros privados, até cidades privadas, e em todas as grandes cidades do mundo de edifícios superprotegidos com suas pontes levadiças eletrônicas, demonstra que, para muitos, o que chamamos de planetarização corresponde a uma tentativa contraditória, e em certos aspectos um pouco irrisória, de conciliar a retirada do corpo ao abrigo de fronteiras estreitas e o vagabundear do olhar através das imagens do mundo ou o mundo das imagens: não é, depois de tudo, a atitude do que dorme no vazio de sua cama para sonhar com o vivido no dia anterior?

Do real ao virtual

Alcançamos aqui, parece-me, o ponto central de nosso tema. Além de nossos interrogantes quanto às mutações do tempo e do espaço, trata-se da relação que mantemos com o real, concebido ele mesmo como problemático, já que nos atrevemos a falar da passagem do real ao virtual.

Em primeiro lugar, duas observações:

O termo "virtual" é utilizado hoje em dia de maneira pouco clara. As imagens chamadas virtuais não o são em qualidade de imagens. Por esta razão, são eminentemente atuais, e algumas realidades que representam são também, ademais, atuais. Ao contrário, todas as ficções às quais dão forma, todos os "mundos" que representam (como nos *videogames*) não são forçosamente "virtuais" se não têm nenhuma oportunidade, nenhuma possibilidade de se fazerem "atuais" ou de se realizarem, enquanto não forem realidades "em potencial" (pensamos aqui na definição do *Littré*. Virtual: "Que acaba só em potencial e sem efeito atual"). Pelo contrário, o que é virtual, e poderia ser uma ameaça, é o efeito da fascinação absoluta, de devolução recíproca da imagem à visão e da visão à imagem que o desenvolvimento das tecnologias da imagem pode gerar.

Neste ponto, uma segunda observação talvez seja necessária. Não tenho nenhuma intenção de dissertar contra a imagem e as tecnologias da comunicação (isto não teria sentido). Sublinhar os perigos que comportam a alienação progressiva a uma tecnologia, as confusões induzidas pelo peso da preguiça e do costume, tentar reconhecer a força e os efeitos da ilusão, é, na verdade, lembrar que a imagem, por mais sofisticada que possa ser, só é uma imagem, ou seja, um meio de ilustração, às vezes de exploração, freqüentemente de comunicação ou também de distração. Marx dizia que as relações com a natureza correspondiam em última instância a relações entre os homens; poderíamos mais evidentemente, e com mais razão, dizer o mesmo das relações com as imagens.

Queria então enumerar rapidamente todas as ambigüidades de nossa relação com a imagem, antes de sugerir em que condições pode não ser um obstáculo à livre construção de nossas identidades individuais e coletivas. Porque é aqui, creio eu, onde reside o desafio essencial de nosso futuro. A imagem recebida ou percebida, sobretudo a que nossos televisores difundem, tem várias características:

◆ Iguala acontecimentos: milhões de mortos no Afeganistão; novo fracasso do Paris Saint-Germain.

◆ Iguala pessoas: as figuras da política, as estrelas do espetáculo, do esporte e da própria televisão, mas também os bonecos e outros fantoches que encarnam nos que são caricaturiazados, ou, inclusive, os personagens fictícios de algumas novelas que parecem mais reais que os atores. Este igualar não é inocente na medida em que desenha os contornos de um novo Olimpo, próximo, mas inacessível como uma miragem do que reconhecemos, dos heróis e dos deuses sem realmente conhecê-los.

◆ Torna incerta a distinção entre o real e a ficção. Os acontecimentos são concebidos e encenados para serem vistos na televisão. O que víamos da guerra do Golfo tinha a aparência de um videogame. O desembarque na Somália foi feito na hora anunciada, como qualquer outro espetáculo, diante de centenas de jornalistas. Se a vida política internacional, hoje, com freqüência tem aspectos de "novelas", é sem dúvida porque deve ser levada à tela, por várias razões, nas quais intervêm tanto os cálculos táticos dos atores quanto as expectativas ou costumes dos espectadores.

As mediações políticas estão submetidas assim ao exercício midiático. Alguns vêem na televisão de hoje o equivalente à ágora grega, mas talvez subestimem a passividade que comporta a definição do cidadão como espectador.

Outro efeito deletério da poderosa presença [*prégnance*] da imagem bem poderia ser equiparado com o que, a propósito de outras drogas levianas, chamamos dependência. A dependência à imagem isola o indivíduo e lhe propõe simulações do próximo. Quanto mais estou na imagem, menos invisto na atividade de negociação com o próximo, que é, na reciprocidade, constitutiva de minha identidade. A relação simbólica da que falava no início, e que em todas as sociedades é ao mesmo tempo objeto e desafio da atividade ritual, implica esta dupla atividade de reconhecimento do próximo e da reconstrução de si mesmo.

As imagens, nesta atividade eminentemente social, podem ter um papel decisivo, um papel mediador, por isso foram utilizadas nas companhias de conquista e de colonização cuja história nos proporciona muitos exemplos. Assim as ordens mendicantes, e logo os jesuítas, para converter os índios do México começaram a substituir suas imagens, as de uma tradição asteca muito rica neste âmbito, pelas do barroco cristão e castelhano. Esta "guerra de imagens", para tomar o título do livro do especialista em história do México Serge Gruzinski, durou séculos, e ainda hoje em dia não está de todo acabada quando, desde alguns anos, o evangelismo protestante, de origem norte-americana, começa, não sem êxito, a erradicar toda referência às imagens católicas ou pagãs, e conduz, com menos barulho, a uma nova guerra de religião que se estende a todos os continentes, sobretudo com telas superpostas, porque, apesar de denunciarem a imaginária católica ou os fetiches pagãos, os evangelistas não odeiam nem o espetáculo, nem a tela.

O fato novo hoje em dia, e aqui reside o problema, é que com freqüência a imagem já não representa um papel de mediação com o outro, mas, sim, se identifica com ele. A tela não é um mediador entre mim e os que me são apresentados por ela. Não cria reciprocidade entre eles e eu. Vejo-os, mas eles não me vêem. Esta mediação, naturalmente, pode existir em outro caso; posso ter um nexo familiar, político, amistoso ou intelectual com os que vejo na tela. O incômodo começa quando o simulado se instala, quando a ficção faz as vezes de real, quando tudo acontece como se não houvesse outra realidade além da imagem.

Pois bem, este fenômeno de substituição da realidade pela imagem, que inicialmente supunha representar ou ilustrá-la, é muito generalizado hoje em dia, e darei, para concluir, um exemplo disso que não é diretamente ou estritamente nem político nem midiático. O mundo é percorrido hoje em dia por fluxos de populações que essencialmente vão em sentidos contrários: os imigrantes com suas dificuldades econômicas lançam-se a um mundo ocidental, que tendem a mitificar; os turistas, com o olho grudado em suas câmeras e encantados, percorrem os países que, com freqüência, são aqueles de onde partem os imigrantes. Não é algo certo que, percorrendo o mundo, fotografando-o e filmando-o, não encontremos essencialmente em nossas viagens, como no famoso albergue espanhol, o que nós mesmos havíamos levado ali: imagens e sonhos.

Pouco tempo atrás, a Disney Corporation ganhou um concurso organizado pela Prefeitura e o Estado de Nova Iorque para a construção de um hotel, um centro comercial e de lazer na Times Square, assim como a remodelação do bairro. O que mais se destaca no projeto dos arquitetos da Disney é que se instala o mundo do Superman, com sua arquitetura caótica e atravessada por raios galácticos, no coração da cidade, como componente normal dela. Alguns jornalistas notaram que a nova Times Square era fiel à estética dos centros de lazer já instalados nos Estados Unidos. Fora dos debates sofisticados sobre o sentido da obra, o efeito Disney é levado a sério e se constitui em auto-referência para o futuro. Complica-se muito assim: de um estado no qual a ficção se nutria da transformação imaginária do real, passamos a um estado no qual o real se esforça em reproduzir a ficção. Sob este dilúvio de imagens, ainda fica lugar para a imaginação?

Há de se concluir, e talvez matizar ou corrigir, o sentimento de pessimismo um pouco distante que possa ser advertido em minhas palavras. Não me sinto, propriamente dito, nem distante, nem pessimista; queria convencê-los formulando duas observações e contando-lhes uma anedota.

A primeira observação é que a sociologia real, ou, se preferirmos, a sociedade real, é mais complexa que os modelos que tentam dar conta dela. Digamos que, na realidade concreta, os elementos que justificam ou dirigem a elaboração de modelos interpretativos não se excluem, mas, sim, se sobreadicionam. Na realidade, tal como podemos observar concretamente, nunca houve desencanto do mundo, nunca houve morte do Homem, fim de grandes relatos ou fim da História, mas houve evoluções, inflexões, mudanças e novas idéias, ao mesmo tempo em que reflexos e motores de mudanças. Não se deve confundir a história das idéias nem a das técnicas com a História em si. Estejamos tranqüilos: a História continua. Talvez, inclusive, por um lado (se prestarmos atenção ao fato de que desde agora seu horizonte é o planeta em sua totalidade), possamos adiantar que é só agora que começa, que só agora sai da Pré-história.

Se a realidade de hoje tem com freqüência a aparência de um espetáculo, de um filme ou de um show, se podemos ter a sensação de que pela extensão dos espaços de anonimato, dos espaços da imagem e da comunicação, a história condena muitos humanos à solidão, e pela globalização da economia muitos também (com freqüência são os mesmos) à exclusão. Contudo, podemos sem dúvida tirar proveito de uma lição que autoriza, parece-me, a experiência antropológica: o indivíduo só é inimaginável e sua existência impossível. Salvo algumas exceções, os humanos não se perderão na cintilação dos meios de comunicação. E ainda por cima se confirma o sentimento de déficit simbólico, de debilidade social que nos invade às vezes (mas já Durkheim...), podemos estar certos de que algumas recomposições simbólicas e sociais operarão por vias múltiplas e invisíveis. Sim, para o melhor e para o pior, a História continua.

Sem dúvida, a história de amanhã, como já a de hoje, será percorrida por uma dupla tensão, entre sentido e ciência, por um lado, solidão e solidariedade, pelo outro. A ciência, ao contrário do mito e da ideologia, não tem nada para nos tranqüilizar: avança deslocando as fronteiras do desconhecido, e é claro que hoje em dia ressuscita vertigens pascalinas ao descobrir na intimidade do indivíduo a soma de seus determinantes (estamos cartografando o genoma humano), justo no momento em que a astrofísica volta a atualizar a idéia do infinitamente grande.

Não estamos mais na época do totemismo e dos símbolos elementares, na época em que a natureza proporcionava facilmente uma linguagem para a organização dos homens. Mas há de se viver, continuar "cultivando nossa horta", como dizia Voltaire, e para isso afrontar a necessidade do social, pensar o cotidiano a uma escala humana, ou seja, em algum lugar entre o indivíduo e o infinito: não reelaborar o social.

A História de agora em diante (e é um fato sem precedentes) será conscientemente a do planeta percebido como planeta, como minúsculo elemento de um sistema entre uma infinidade de outros sistemas. Mas por esta mesma razão, a aventura, amanhã, continuará sendo uma aventura identitária: a relação entre uns e outros será mais que nunca um desafio.

Faz algum tempo tive a sorte de lidar muito com um grupo de índios *yaruro-pumé* na fronteira da Venezuela e Colômbia. Isolados, quase sem recursos, estes índios celebravam quase toda noite uma cerimônia, o *Tôhé*, durante a qual um xamã viaja sonhando à casa dos deuses. De manhã conta sua viagem, que com freqüência tem um objetivo concreto (pedir a opinião de um deus, recuperar a alma roubada de um homem ou de uma mulher doentes, ter notícias de um morto), e descreve o país dos deuses.

Este país é uma cidade onde circulam carros silenciosos entre as altas construções iluminadas. Nos cruzamentos, a comida e as bebidas são entregues à vontade. E daí? Este mundo de deuses é uma imagem magnificada de Caracas, onde estes *pumé* nunca foram, mas da qual recolheram alguns ecos ou algumas imagens interrogando visitantes ou folheando revistas encontradas.

Assim, nossas cidades invadiram o imaginário destes índios. Mas são cidades de sonhos, em seu duplo sentido. Na realidade, quando alguns destes *pumé* deixam seu acampamento, acabam nas portas da cidade, nas favelas onde as televisões lhes propõem, o tempo todo, substitutos para as imagens de seus sonhos, ficções abandonadas por seus deuses. O sonho e a realidade se degradam conjuntamente. As cidades dos sonhos dos índios não são mais reais que os índios dos sonhos ocidentais e juntos se desvanecem. Mas este duplo mal-entendido demonstra, à sua maneira, que nos transformamos todos (tragicamente, desigualmente, mas inelutavelmente) em contemporâneos. É a história desta contemporaneidade, rica em esperanças e carregada de contradições, a que hoje começa.

Cultura da mídia e triunfo do espetáculo

DOUGLAS KELLNER

Durante as últimas décadas, as indústrias culturais possibilitaram a multiplicação dos espetáculos nos novos espaços midiáticos e em *sites*, e o espetáculo em si tornou-se um dos princípios organizacionais da economia, da política, da sociedade e da vida cotidiana. Uma economia baseada na Internet vem utilizando a alta tecnologia como um meio de promoção, reprodução, assim como de circulação e venda de produtos, usando a multimídia e tecnologias avançadas para impressionar os consumidores. A cultura da mídia promove espetáculos cada vez mais sofisticados para conquistar audiências e aumentar o poder e o lucro da indústria cultural. As formas de entretenimento permeiam notícias e dados, e uma cultura de *infoentretenimento tabloidizada* está cada vez mais popular. A multimídia emergente, que sintetiza formas de rádio, cinema, noticiários de TV e programas de entretenimento, e o domínio crescente do ciberespaço tornaram-se espetáculos da tecnocultura, gerando *sites* de informação e entretenimento, enquanto intensificam a forma-espetáculo.

A vida político-social também é moldada pelo espetáculo. Os conflitos sociais e políticos são crescentemente afastados das telas, que mostram assassinatos surpreendentes, ataques terroristas, escândalos sexuais de celebridades e políticos e a violência explosiva do cotidiano. A cultura da mídia não aborda apenas grandes momentos da experiência contemporânea, mas também oferece material para fantasia e sonho, modelando pensamento e comportamento, assim como construindo identidades. Seus rituais como as Olimpíadas, a Copa do Mundo, eventos esportivos de entretenimento, como o Oscar e Emmy, celebram os valores dominantes e validam uma sociedade baseada na competição e na vitória.

É claro que existem espetáculos desde os tempos pré-modernos. A Grécia Clássica teve suas Olimpíadas e festivais de teatro e de poesia, suas batalhas retóricas públicas e suas guerras violentas e sangrentas. A Roma Antiga teve suas ofertas públicas de pão e circo, suas orgias, suas batalhas titânicas, e o espetáculo do império com paradas e monumentos para Césares triunfantes e seus exércitos. Essas extravagâncias foram mostradas no filme *Gladiador*, de 2000. Como nos lembra o historiador cultural holandês Johan Huizinga (1986 e 1997), a vida medieval igualmente teve seus momentos importantes de exibição e espetáculo.

O Oriente também. Em 2003, a exibição de *Genghis Khan e seu Legado* no Los Angeles County Art Museum mostrou como Genghis Khan usou o espetáculo do poderio militar para conquistar grandes partes do que agora enxergamos como a região oriental do mundo e como seus quatro filhos fundaram o império chinês, a atual Rússia, a civilização iraniana e a área dos atuais "Istãos" (Paquistão, Afeganistão, entre outros). Estes impérios de Genghis Khan usaram o espetáculo militar para aumentar seu poder e exibiram grandes tendas cerimoniais, objetos de arte, festividades religiosas e eventos políticos para demonstrar supremacia.

Realmente, a própria globalização se expandiu através do espetáculo militar e do império. A história pré-moderna engloba a ascensão e queda do império romano, a expansão dos impérios de Genghis Khan, a disseminação e o triunfo do Cristianismo e do Islamismo, e a ascensão dos Estados-nações modernos e da Europa Ocidental e, por fim, dos Estados Unidos. No início do período moderno, Maquiavel aconselhou seu "príncipe" sobre o uso produtivo do espetáculo para o controle governamental e social, e os imperadores e reis dos Estados modernos cultivaram-no como parte de seus rituais de governo e poder.

O entretenimento popular há muito tem suas raízes no espetáculo, enquanto a guerra, a religião, os esportes e outros domínios da vida pública foram terrenos férteis para a propagação do espetáculo por séculos. Agora, com o desenvolvimento de novas tecnologias de informação e multimídia, os tecnoespetáculos vêm moldando decisivamente os contornos e trajetórias das sociedades e culturas atuais, ao menos nos países capitalistas avançados. O espetáculo midiático também se tornou um elemento determinante numa era de terrorismo e guerra.

Neste estudo, apresentarei um panorama da disseminação do espetáculo através dos principais campos da economia, política, sociedade, cultura e cotidiano, indicando a abordagem teórica que defendo. Isso requer uma breve apresentação das influentes análises de Guy Debord e a Internacional Situacionista, e como me situo e divirjo dessa abordagem, seguido por um panorama da cultura do espetáculo contemporânea, tentando esboçar contornos de uma teoria crítica do momento atual.

Guy Debord e a sociedade do espetáculo

O conceito de "sociedade do espetáculo", desenvolvido pelo teórico francês Guy Debord e seus companheiros da Internacional Situacionista, teve grande impacto em diversas teorias contemporâneas de sociedade e cultura.[1] Para Debord, o espetáculo "unifica e explica uma grande diversidade de fenômenos aparentes" (Debord, 1967: 10). O conceito de Debord, primeiramente desenvolvido nos anos de 1960, continua a circular pela Internet em *sites* acadêmicos e culturais. Ele descreve uma mídia e uma sociedade de consumo organizadas em torno da produção e consumo de imagens, mercadorias e eventos culturais.

Para Debord, o espetáculo constitui um conceito abrangente para descrever a mídia e a sociedade de consumo, incluindo produção, promoção, exibição de mercadorias e produção, e seus efeitos. Usando o termo "espetáculo", eu foco principalmente nas diversas formas de produções construídas tecnologicamente que são produzidas e disseminadas através da assim chamada mídia de massa, indo do rádio e televisão à Internet e às mais recentes engenhocas *wireless*. Todo meio, da música à televisão, das notícias à publicidade, tem suas inúmeras formas de espetáculo, envolvendo elementos, por exemplo, no reino da música, como os espetáculos da música clássica, da ópera, do rock e, mais recentemente, o *hip hop*. As formas de espetáculo evoluem com o tempo e a multiplicidade de avanços tecnológicos.

Meu interesse principal em *Media Spectacle* (Kellner, 2003), porém, está na forma pela qual determinados espetáculos tornam-se fenômenos e eventos marcantes que definem suas eras. Eles incluem desde espetáculos comerciais, como os do McDonald's ou Nike, até megaespetáculos políticos que caracterizam um determinado período, como a Guerra do

Golfo de 1991, o julgamento de O. J. Simpson, os escândalos sexuais e a tentativa de *impeachment* de Clinton ou a guerra contra o terror atual.

Existem, portanto, muitos níveis e categorias de espetáculos. Os megaespetáculos são definidos quantitativa e qualitativamente, e dominam as manchetes, o jornalismo e a agitação da Internet. São destacados e enquadrados como eventos-chave de uma era, como o foram, por exemplo, o casamento, a morte e o funeral da princesa Diana, as extremamente disputadas eleições americanas de 2000 e os subseqüentes 36 dias de batalha pela Casa Branca, ou os ataques terroristas de 11 de setembro e suas conseqüências violentas, incluindo a invasão e a ocupação do Iraque. Os megaespetáculos são aqueles fenômenos que dramatizam controvérsias e embates, assim como os modos de resolução de conflitos. Incluem coberturas exageradas de eventos esportivos e políticos e outros acontecimentos. A própria produção de notícias também está sujeita à lógica do espetáculo, em uma época de sensacionalismo, tabloidização, escândalos e contestações políticas. Megaespetáculos, como o julgamento de O. J. Simpson, os escândalos sexuais de Clinton e a guerra contra o terrorismo, dominam eras inteiras e sintetizam seus conflitos e contradições básicas.

Na minha concepção, o espetáculo envolve os meios e instrumentos que incorporam os valores básicos da sociedade contemporânea e servem para doutrinar o estilo de vida dos indivíduos (Kellner, 2003). Então, enquanto Debord apresenta uma noção geral e abstrata do espetáculo, eu emprego exemplos específicos de como os espetáculos são produzidos, construídos e divulgados. À medida que avançamos no novo milênio, a mídia se torna tecnologicamente mais exuberante e está assumindo um papel cada vez maior na vida cotidiana. Sob a influência da cultura multimídia, os espetáculos sedutores fascinam os habitantes da sociedade de consumo e os envolvem nas semióticas do mundo do entretenimento, da informação e do consumo, influenciando profundamente o pensamento e a ação. Nas palavras de Debord: "Quando o mundo real transforma-se em simples imagens, estas tornam-se seres reais e motivações eficientes de um comportamento hipnótico. O espetáculo como uma tendência de fazer alguém enxergar o mundo através de diversas mediações especializadas (ele não pode ser mais acessado diretamente) naturalmente revela a visão como o sentido privilegiado do ser humano, como o tato foi privilegiado em outras épocas" (p.18). De acordo com Debord, "o sentido mais abstrato, mais sujeito a mistificações, corresponde à abstração generalizada da sociedade atual" (*ibid*).

A experiência e a vida cotidiana são moldadas e mediadas pelos espetáculos. Para Debord, o espetáculo é um instrumento para a pacificação e a despolitização; é uma "guerra do ópio permanente" (p. 44) que choca os sujeitos sociais e os distrai da tarefa mais urgente da vida real – recuperar a plenitude dos poderes humanos através da prática criativa. O conceito de Debord está integralmente ligado ao conceito de alienação e passividade, pois, ao consumir submissamente espetáculos, o indivíduo se afasta de uma vida produtiva. A sociedade capitalista separa os trabalhadores dos produtos do seu esforço, assim como a arte da vida e, por fim, o consumo das necessidades humanas e suas atividades em benefício próprio, já que os indivíduos inerentemente observam os espetáculos na vida social da privacidade de suas casas (p. 25 e p. 26). O projeto Situacionista, por outro lado, propõe uma superação de todas as formas de alienação, em que os indivíduos produziriam diretamente suas próprias vidas, modos de atividade individuais e produção coletiva.

O correlativo ao espetáculo para Debord é então o espectador, o espectador reativo e consumidor de um sistema social baseado na submissão, no conformismo e no cultivo da diferença rentável. O conceito do espetáculo, portanto, envolve uma distinção entre a passividade e a atividade, consumo e produção, condenando o consumo inconsciente do espetáculo como uma alienação do potencial para a criatividade e a imaginação. A sociedade espetacular espalha seus bens principalmente através de mecanismos culturais de lazer e consumo, serviços e entretenimento, governados pelos ditames da publicidade e de uma cultura mercantilizada.

Essa mudança estrutural para uma sociedade do espetáculo envolve uma mercantilização de setores ainda não-colonizados da vida social e a extensão do controle burocrático aos reinos do prazer, do desejo e do cotidiano. Paralelamente à concepção da Escola de Frankfurt sobre uma sociedade "totalmente administrada" ou "unidimensional" (Horkheimer e Adorno 1972; Marcuse, 1964), Debord afirma que "o espetáculo é o momento em que o consumo atingiu a ocupação total da vida social" (p. 42). Aqui a exploração é elevada ao nível psicológico; a privação física básica é aumentada pela "privação enriquecida" de pseudonecessidades; a alienação é generalizada, o consumo alienado torna-se "um dever suplementar à produção alienada" (p. 42).

Economia e política do espetáculo

Desde as teorias de Debord nos anos de 1960 e 1970, a cultura do espetáculo se expandiu em todos os aspectos da vida. Nela, empreendimentos comerciais precisam ser interessantes para prosperar e, como afirma Michael J. Wolf (1999), numa "economia de entretenimento" os negócios e a diversão se fundem. O chamado fator -e está se tornando um item importante do negócio. Através da "entretenização" da economia, televisão, filmes, parques temáticos, videogames, cassinos, entre outros, tornam-se setores importantes da economia nacional. Nos EUA, a indústria do entretenimento movimenta US$ 480 bilhões, e os consumidores gastam mais em divertimento do que em roupas ou planos de saúde (Wolf, 1999: 4).

A cultura da mídia global está dominada por megacorporações que combinam entretenimento, informação e uma vasta seleção de produtos comercializáveis. Durante os anos 1980 e 1990, as redes de televisão nos Estados Unidos se juntaram com outros setores importantes das indústrias culturais e do capital empresarial, incluindo fusões entre CBS e Westinghouse; MCA e Seagram's; Time Warner e Turner Communications; ABC, Capital Cities, e Disney; e NBC, General Electric, e Microsoft. Em 1999, a CBS se juntou com o colosso do entretenimento Viacom em uma megafusão de US$ 38 bilhões. Ultrapassando todas as combinações de corporações de informação/entretenimento, a Time Warner e a America On-Line (AOL) propuseram uma fusão de US$ 163.4 bilhões em janeiro de 2000, que foi aprovada no ano seguinte. Essa união entre duas grandes corporações envolvidas com TV, filmes, revistas, jornais, livros, bases de dados de informação, computadores e outros veículos sugere uma síntese futura de mídia, computador, entretenimento e informação em uma nova sociedade de *infoentretenimento*.

O fato de o provedor e portal AOL ser o acionista majoritário nesse negócio parecia apontar para o triunfo da ascendente cultura da Internet sobre a velha cultura da mídia. A fusão em si chamou a atenção para a sinergia crescente entre as indústrias de informação e entretenimento e entre a velha e a nova mídias na forma de uma economia de rede e cibercultura. Ainda assim, o declínio dramático das ações da AOL/Time Warner e as batalhas pelo controle da corporação gigante ilustraram as tensões entre as mídias e as instabilidades e incertezas no coração do capitalismo global. A retomada do domínio pelas forças da Time Warner, em 2003, parece minimizar parte da preocupação quanto à "nova mídia" e a "nova economia" (veja Kellner, 2003a).

Na Europa também ocorreram fusões de corporações de mídia, e a ascensão e o declínio de gigantes como Vivendi e Bertelsmann, bem como o surgimento de novos conglomerados para tomar o lugar dos impérios decadentes. Na França, o grupo Dassault, chefiado por um político de direita que já possuía um império de mídia, assumiu o semanário *L'Express* e comandou outras 14 aquisições, enquanto outro grupo de direita liderado por Jean-Luc Lagardère, um aliado de Jacques Chirac, é o maior editor do país, controla o mercado de revistas e está tentando se expandir para as telecomunicações (Ramonet, 2002). Na Itália, Silvio Berlusconi é dono dos três principais canais de televisão privada e, como primeiro-ministro, também controla a TV estatal. Na Espanha, o grupo Prisa controla os principais jornais e outras publicações, assim como redes de rádio e televisão.

Esses amálgamas reúnem corporações envolvidas com TV, filmes, revistas, jornais, livros, bases de dados, computadores e outros veículos, sugerindo uma junção de mídia, computador, entretenimento e informação em uma nova sociedade de *infoentretenimento*, multimídia e rede. Ocorreram fusões maciças na indústria de telecomunicação, assim como entre indústrias de cabo e satélites com grandes conglomerados de entretenimento. Até 2002, dez corporações multinacionais gigantes, incluindo AOL Time Warner, Disney-ABC, General Electric-NBC, Viacom-CBS, News Corporation, Vivendi, Sony, Bertelsmann, AT&T e Liberty Media, controlavam a maior parte da produção de informação e entretenimento em todo o mundo.[2] O resultado é menos competição e diversidade, mais controle corporativo dos jornais e do jornalismo, da televisão, rádio, filmes e outras mídias.

Para vencer no mercado global ultracompetitivo, as corporações precisam fazer circular suas imagem e marca para que negócios e publicidade se combinem na promoção de espetáculos midiáticos. Promoções infinitas circulam com os arcos dourados do McDonald's, a logomarca da Nike ou os símbolos da Apple, Intel ou Microsoft. Na guerra das marcas de produtos, as corporações precisam tornar seus logotipos um símbolo familiar. Elas os colocam em produtos, anúncios, espaços do cotidiano, eventos esportivos, shows de TV, *merchandising* em filmes e onde quer que possam atrair a visão do consumidor potencial. Conseqüentemente, anúncios, marketing, relações públicas e promoção são uma parte essencial do espetáculo global.

Na cultura da mídia globalizada, as celebridades são as divindades fabricadas e administradas. São ícones midiáticos, e deuses e deusas da vida cotidiana. Para se tornar uma celebridade, é necessário o reconhecimento como uma estrela no campo do espetáculo, seja com esportes, entretenimento, negócios ou política. As celebridades possuem assessores e agentes de imagem para garantir que continuem a ser vistas e percebidas positivamente pelo público. Assim como as marcas de corporações, celebridades como Madonna, Michael Jordan, Tom Cruise ou Jennifer Lopez se tornaram produtos para vender suas mercadorias e imagens. Na cultura da mídia, porém, as celebridades estão sempre sujeitas ao escândalo e então devem ter à sua disposição um dispositivo completo de relações públicas para administrar seus espetáculos milionários, a fim de assegurar que seus clientes não apenas se mantenham em audiência cativa, mas que também projetem uma imagem positiva. É claro que, dentro de limites, transgressões também vendem, e então espetáculos sempre contêm dramas de celebridades que atraem a atenção do público e que podem até mesmo definir uma época, como quando o julgamento por assassinato de O.J. Simpson e os escândalos sexuais de Bill Clinton dominaram a mídia no meio e final dos anos 1990.

Realmente, a política contemporânea é controlada pela lógica do espetáculo. A Guerra do Golfo, de 1991, foi indubitavelmente o primeiro evento da aldeia global em que o mundo inteiro assistiu à preparação da guerra e a dramática ação militar em tempo real contra o Iraque, depois que este invadiu o Kuwait no verão de 1990 (veja Kellner, 1992). A era Clinton foi marcada pelos espetáculos de sexo e *impeachment* e culminou no maior espetáculo eleitoral da história dos EUA, quando Al Gore e George W. Bush se encontraram empatados na noite da eleição, que primeiro tendia para Gore e depois para Bush. A indefinição favoreceu um espetáculo na guerra da recontagem de 35 dias na Flórida, até que a Corte Suprema declarou um vencedor numa eleição que muitos viram como ilegítima e roubada (Kellner, 2001). O torpor de Bush na presidência foi interrompido com os ataques terroristas de 11 de setembro de 2001 e as subseqüentes guerras no Afeganistão e Iraque (Kellner, 2003b).

Em outras partes do mundo, o espetáculo midiático se provou um fato decisivo, como na Espanha nas eleições de 2004, em que o candidato do partido socialista irritou o primeiro-ministro do partido conservador ao prever uma vitória fácil, quando o país e a aldeia global experimentavam horror diante do espetáculo das bombas terroristas que mataram 200 pessoas dias antes do pleito. A princípio, o governo insistia que o grupo separatista basco ETA era o responsável, mas vazou a informação de que as bombas tinham, na verdade, a chancela da Al Qaeda e que as investigações apontavam para essa direção. Internet, celulares, transmissão de mensagens e outros modos de comunicação foram utilizados para levar as pessoas às ruas em demonstrações maciças contra o governo e as supostas mentiras do poder vigente, deste que, na mente de muitos, tornou a Espanha um alvo do terrorismo islâmico com o apoio à invasão do Iraque. O espetáculo de um governo mentiroso, multidões protestando contra isso e o uso de formas alternativas de informação e comunicação aumentaram o apoio ao candidato de oposição. Milhões de jovens e outros que nunca votaram foram às urnas, e o espetáculo emergiu de um grande descontentamento político. A reação abalou os planos de ocupação de George W. Bush, já que o novo primeiro-ministro espanhol retirou as tropas de seu país depois que espetáculos de violência e caos demonstraram os perigos para os ocidentais no Iraque, vistos como forças de opressão por boa parte da população.

Na mesma época, final de março de 2004, em Taiwan, outro espetáculo bizarro eclodiu em uma eleição presidencial. Dois dias antes do pleito, aparentemente, ocorreu uma tentativa de assassinato contra o presidente de Taiwan, Che Shui-Bian, que era o porta-voz da independência do país frente à China e estava atrás nas pesquisas. Depois da vitória de Chen, os líderes da oposição afirmaram que ele forjara a ameaça de assassinato. Lembraram que, em outra eleição que disputara, Chen já havia afirmado que seus oponentes o tinham envenenado, e que então tinha ido a um hospital privado supostamente preparado para recebê-lo e fornecer fotos convincentes de seu ferimento, operação e tratamento médico. Os oponentes questionaram por que Chen não fora para um hospital público mais próximo ao atentado a tiro, um local onde seria mais difícil encobrir sua falsa tentativa de assassinato.[3]

Durante as eleições presidenciais de 2004, o espetáculo midiático foi um fato determinante para a campanha. A cobertura negativa da mídia sobre a administração de Bush durante as comissões de inquérito do 11/9, o escândalo de Abu Ghraib e os desastres diários no Iraque afetaram a imagem de Bush, fatos que a campanha de Kerry explorou para liderar a maioria das pesquisas até o período da convenção republicana em agosto, quando o próprio Kerry foi bombardeado por uma onda de anúncios negativos do *Swift Boat Veterans* e pelos ataques dos republicanos durante toda a semana. Kerry se recuperou no que foi considerada uma vitória importante no primeiro debate presidencial. Em todo o período eleitoral, a força da campanha foi ligada à mídia e resta saber se os grandes espetáculos contribuíram decisivamente para definir a eleição a favor de Bush, ou se o trabalho meticuloso de organização política e os esforços para conseguir o voto foram decisivos.

Na sociedade atual, o entretenimento e o espetáculo entraram nos domínios da economia, da política e do cotidiano, de novas e importantes maneiras. As formas contemporâneas de entretenimento, da televisão ao palco, estão incorporando a cultura do espetáculo aos negócios, transformando filmes, televisão, música, teatro e outros domínios da cultura, assim como produzindo formas espetaculares no ciberespaço, na multimídia e na realidade virtual.

A cultura do espetáculo

Os esportes há muito têm sido propícios ao espetáculo, com eventos como as Olimpíadas, World Series, Super Bowl, a Copa do Mundo e os campeonatos de basquete da NBA atraindo audiências maciças e gerando anúncios a preços astronômicos. Esses rituais culturais celebram os valores mais profundos da sociedade (por exemplo, a competição, o sucesso e o dinheiro), e as empresas estão dispostas a investir vultosas verbas para que seus produtos se associem a tais eventos. Realmente, parece que a lógica da mercadoria do espetáculo está tão inexoravelmente entranhada nos esportes profissionais que não podem mais existir sem o acompanhamento de torcidas animadas, mascotes gigantes que brincam com os jogadores e espectadores, sorteios, promoções e competições envolvendo os produtos de diversos patrocinadores.

Os próprios estádios possuem telas que reproduzem eletronicamente as jogadas, assim como anúncios gigantes de produtos que se alternam até a máxima saturação para incrementar o espetáculo de consumo. Arenas como o United Center em Chicago, America West Arena em Fênix, ou Enron Field em Houston têm os nomes de seus patrocinadores. É claro que depois de grandes escândalos empresariais ou falências, como o da Enron, os campos precisam ser renomeados!

O cinema tem sido um terreno fértil para o espetáculo, com Hollywood insinuando um mundo de *glamour*, publicidade, moda e excessos. O cinema hollywoodiano tem exibido grandes palácios cinematográficos, estréias espetaculares com holofotes e inúmeros *paparazzi* ávidos por furos de reportagem, Oscares glamourosos e feéricos filmes de alta tecnologia. Enquanto o espetáculo épico era o gênero dominante em Hollywood nos anos 1960, das primeiras versões de *Dez Mandamentos* até *Cleópatra* e *2001*, o cinema contemporâneo incorporou os mecanismos do espetáculo em sua forma, estilo e efeitos especiais. Os filmes são anunciados através de anúncios e *trailers* cada vez mais barulhentos, esplendorosos e agitados. Alguns dos filmes mais populares do final dos anos 1990 foram grandes espetáculos, incluindo *Titanic*, *Star Wars – A Ameaça Fantasma*, *Três Reis* e *Austin Powers – 000 um Agente Nada Discreto*, uma paródia que se tornou uma das maiores bilheterias do verão de 1999.

O Oscar de 2000 foi dominado por *Gladiador*, um filme medíocre cujos prêmios de melhor filme e ator para Russell Crowe demonstram o quão a lógica do espetáculo prepondera atualmente. Alguns dos filmes mais famosos e aclamados pela crítica de 2001 também foram produções de alta tecnologia, como *Moulin Rouge – Amor em Vermelho*, um filme que é em si uma ode delirante ao espetáculo, do cabaré e bordel ao *can-can*, ópera, comédia musical, dança, teatro, música popular e cinema. Um pastiche pós-moderno de diversos *hits* musicais populares, o filme usou músicas variando de Madonna e os Beatles a Dolly Parton e Kiss.

De 2002 a 2004, uma série de espetáculos com heróis de histórias em quadrinhos esteve entre os filmes de maior sucesso. *Homem-Aranha* (2002) foi uma das produções mais populares já feitas e gerou uma continuação em 2004. Um ciclo de filmes apresentou heróis de quadrinhos como *Hulk* e a série dos *X-Men*, com o estilo de quadrinhos como *Matrix Reloaded*, *Exterminador do Futuro 3* e *As Panteras Detonando*. Os filmes de super-heróis incorporam fantasias de poderes que permitem aos protagonistas derrotar seus inimigos e prevalecer num ambiente de alta tecnologia. Essas produções cinematográficas são expressão de uma cultura que cria visões cada vez mais fantásticas, à medida que a tecnologia e a sociedade do espetáculo continuam a desenvolver-se de formas inovadoras e algumas vezes assustadoras.

A televisão, desde sua estréia nos anos 1940, tem promovido o espetáculo do consumo, vendendo carros, modas, utensílios para o lar e outras mercadorias acompanhadas de valores e estilos de vida. Ela também abriga eventos esportivos como o *Super Bowl* ou o *World Series*, espetáculos políticos como as eleições (ou, mais recentemente, os escândalos), espetáculos de entretenimento como o Oscar ou Grammy, e seus próprios programas como noticiários exclusivos ou eventos especiais. Seguindo a lógica do entretenimento, a televisão contemporânea exibe efeitos de alta tecnologia, edições mais espalhafatosas e agitadas, simulações feitas por computador. A televisão por satélite e a cabo transmite uma gama fantástica de programas ou gêneros.

A TV é hoje um meio para programas espetaculares como *Os Arquivos X* ou *Buffy, a caça vampiros*, e espetáculos de vida cotidiana como o *The Real World* e *Road Rules,* da MTV, ou os programas em âmbito global populares como *Survivor* (o *No Limite* brasileiro) e *Big Brother*. De 2002 a 2004, ocorreu uma proliferação de *reality shows* competitivos nos EUA envolvendo sexo, namoro e casamento, como *The Bachelor* e *The Bachelorette*, *Cupid*, e o de vida curta *Are You Hot?* Nestes programas, homens e mulheres se humilham, enfrentando o desprezo e a rejeição, enquanto competem pela estima sexual dos participantes e pelos poucos momentos de glória e recompensa. O *reality show* mais popular da TV americana de 2004, *The Apprentice*, apresenta o supercapitalista Donald Trump demitindo jovens executivos de companhias numa dura competição darwiniana para trabalhar com um magnata obcecado por poder e dinheiro (o próprio Donald). E o entretenimento encontra seu ápice no *American Idol*, a sensação do verão de 2002 que continua a ser um campeão de audiência, recompensando jovens talentosos que interpretam canções pop bem conhecidas, ao mesmo tempo que humilha os perdedores.

O teatro é um terreno propício ao espetáculo. Peças como *Bring in 'Da Noise, Bring in da Funk, Smokey Joe's Cafe, Fosse, Swing!* e *Contact* abordam a história do espetáculo musical, trazendo alguns dos momentos mais espetaculares e tradicionais do *jazz, funk, blues, swing, country, rock* e outras formas de entretenimento pop. Muitas das peças mais populares dos últimos anos em escala global foram espetáculos, incluindo *Les Misérables, O Fantasma da Ópera, Rent, O Rei Leão, Mama Mia, La Bohème* e *The Producers*, um musical estonteante que satiriza os nazistas e o *show business*. Essas produções são geralmente uma paródia de algum livro, ópera, filme ou peça e estimulam o desejo de participação da platéia em extravagâncias de todos os tipos.

A moda é historicamente um aspecto central do espetáculo, e os produtores e modelos de hoje, assim como os próprios produtos da indústria, constituem um setor atraente da cultura da mídia. Estilistas de moda são celebridades, como o falecido Gianni Versace, cujo assassinato por um ex-amante homossexual em 1997 se transformou no principal espetáculo daquela temporada. Versace uniu os mundos da moda, do *design*, do rock, do entretenimento e da realeza em seus desfiles e produtos. Quando Yves Saint-Laurent se aposentou em 2002, ocorreu um considerável frenesi de mídia para celebrar sua contribuição à moda, que incluía trazer a estética e imagens de arte moderna e satisfazer as demandas das mulheres modernas emancipadas ao criar novas formas de estilo e costura.

Na moda atual, indiscutivelmente um espetáculo de consumo, shows de *lasers*, apresentações de personalidades do rock e pop, superestrelas e exageros intermináveis anunciam as coleções da cada estação, gerando desfiles extremamente elaborados e roupas espetaculares, que determinam o que está ou não em evidência, se é chique ou brega, no agitado mundo de estilos e tendências. As estrelas da indústria do entretenimento tornam-se ícones da moda e modelos a serem imitados e seguidos. Na cultura da imagem pós-moderna, o estilo e a aparência tornam-se parâmetros cada vez mais importantes de identidade e apresentação de si mesmo no cotidiano, e os espetáculos midiáticos mostram e dizem às pessoas como elas devem aparecer e se comportar.

Trazendo o espetáculo para o mundo da arte, Thomas Krens, do Guggenheim Museum, organizou uma retrospectiva sobre Giorgio Armani, o estilista de moda italiano. Anteriormente, Krens produzira uma exibição de motos no museu e tem planos de abrir uma galeria do Guggenheim dentro do Venetian Resort Hotel Casino em Las Vegas, num prédio de sete andares. Para não ficar atrás, em outubro de 2000, o Los Angeles County Art Museum realizou o maior evento de sua história, o megaespetáculo "Feito na Califórnia: Arte, Imagem e Identidade, 1900-2000", com exibições multimídias variadas, desde fotografias e pinturas canônicas às capas dos discos de Jefferson Airplane, pranchas de surf e uma revista *Playboy* de 1998 com "As Gatas de Baywatch" na capa. Em 2001, o Los Angeles County Art Museum anunciou que se tornaria, ele mesmo, um grande espetáculo, aceitando o projeto de Rem Koolhaas, que criaria uma nova e espetacular cobertura para o complexo do museu. Como descrito pelo crítico de arquitetura do *Los Angeles Times*, "o *design* é um templo para a era móvel e pós-industrial... Coberta por um telhado orgânico em forma de tenda, sua forma monumental servirá tanto para abrigar eventos públicos vibrantes quanto para ser um local para se admirar arte" (7/12/ 2001).

A excelente arquitetura contemporânea também é regida pela lógica do espetáculo e os críticos perceberam como os museus de arte estão traindo as coleções de arte ao tornarem o edifício e o cenário mais espetaculares do que elas.[4] O Frank Gehry Guggenheim Museum em Bilbao, Espanha, o Richard Meier Getty Center em Los Angeles, a poderosa fábrica que se tornou o Tate Modern em Londres, o prédio da Tadao Ando's Pulitzer Foundation em Saint Louis e o Frank Gehrey's Disney Music Hall em Los Angeles oferecem ambientes espetaculares para exibir suas obras de arte. Grandiosos projetos arquitetônicos para corporações e cidades costumam oferecer um espetáculo pós-moderno em que as estruturas de vidro e aço do alto modernismo são substituídas por edifícios e espaços adornados com símbolos da sociedade de consumo e estruturas complexas que atestam o poder crescente do comércio e do tecnocapitalismo.

A música popular também é influenciada pelo espetáculo. A *Music-Video Television* (MTV) tornou-se uma grande fornecedora de música, trazendo o espetáculo para o cerne da produção e distribuição musical. Madonna e Michael Jackson jamais se tornariam superestrelas mundiais da música pop sem a produção espetacular de seus videoclipes e apresentações muito bem trabalhadas. Ambos também moldaram suas vidas como espetáculos, gerando o máximo de publicidade e atenção (nem sempre positivas!). Michael Jackson chamou a atenção em 2001 num espetáculo de TV em que supostamente pagou centenas de milhares de dólares para refazer digitalmente a seqüência de um concerto em que aparecia. Jackson teve suas imagens retocadas para eliminar o suor e parecer mais escuro do que a imagem "real", combinando a sua imagem com a dos membros de sua família que se apresentavam com ele. Queria parecer um negro boa-praça para seus fãs. E ninguém pode compreender totalmente o fenômeno Madonna sem analisar suas estratégias de marketing e publicidade, sua exploração do espetáculo e sua habilidade em tornar-se uma celebridade espetacular do mais alto nível (Kellner, 1995).

As apresentações musicais são cada vez mais espetaculares (e caras!) e jovens estrelas da música pop como Mariah Carey, Britney Spears, Jennifer Lopez ou Destiny's Child utilizam as ferramentas da indústria do *glamour* e do espetáculo para tornarem-se ícones de moda, beleza, estilo e sexualidade, assim como fornecedoras de música. Cantores pop como Ricky Martin poderiam atuar como modelos de moda, e grupos masculinos como N' Sync utilizam shows de alta tecnologia, videoclipes e relações públicas para vender seus produtos. Além disso, a cultura *hip-hop* tem recorrido a uma linha completa de espetáculos, desde extravagâncias musicais até o cultivo do estilo de vida e de guerras criminosas na vida real de suas estrelas.

O erotismo tem invadido freqüentemente os espetáculos da cultura ocidental e é apresentado com destaque no cinema de Hollywood, assim como em outras formas populares como a burlesca, o *vaudeville* e a pornografia. Um dos grandes atrativos da publicidade, a sexualidade erotizada tem sido usada para vender todo tipo de produto. O espetáculo do sexo também é um dos elementos principais da cultura da mídia, permeando todas as formas culturais e criando seus próprios gêneros na pornografia, um dos domínios mais lucrativos. Na cultura do espetáculo, o sexo torna-se surpreendentemente exótico e diversificado, através de vídeos e DVDs pornôs e *sites* que fornecem de tudo, desde sexo entre animais e ninfetas às orgias mais extravagantes. As tecnologias de reprodução cultural, como videocassetes e computadores, tornam o sexo mais disponível no recesso privado do lar. Hoje o espetáculo do sexo atinge formas cada vez mais exóticas com o sexo multimídia e multissensorial, previsto por Huxley em *Admirável Mundo Novo*.

O espetáculo dos jogos de computador e dos videogames tem sido uma grande fonte de entretenimento juvenil e de lucros. Em 2001, a indústria do videogame bateu o recorde de US$ 9 bilhões em vendas e espera se sair ainda melhor nos próximos anos (*Los Angeles Times*, 1/1/2002). Há décadas, os jogos de computador e os videogames vêm atraindo grupos de jovens e proporcionando o desenvolvimento das habilidades necessárias para a economia de alta tecnologia baseada nas *ponto.com*, assim como para as lutas no mundo pós-moderno. Estes jogos são altamente competitivos, violentos e oferecem alegorias para a vida sob o capitalismo empresarial e o militarismo da guerra ao terror. No jogo Pacman, assim como na selva corporativa, é comer ou ser comido. *Grand Theft Auto 3* e *State of Emergency* foram dois dos jogos mais populares de 2002, com o primeiro envolvendo perseguições de carro em alta velocidade pelas selvas urbanas e o segundo sobre desordens políticas e repressão do Estado! Apesar de algumas mulheres e produtores tentarem desenvolver jogos menos violentos e mais inteligentes, os mais vendidos são espetáculos do capitalismo predatório e do militarismo machista, e não os de um mundo mais pacífico, amistoso e cooperativo.

Os exemplos oferecidos sugerem que o espetáculo está invadindo todos os campos da experiência, desde a economia e a cultura até a vida cotidiana, a política e a guerra. Cada vez mais a cultura do espetáculo está se movendo para os novos domínios do ciberespaço, o que ajudará a criar futuros espetáculos multimídias e sociedades ligadas em rede de infoentretenimentos. Meus estudos sobre o espetáculo buscam contribuir para iluminar esses desenvolvimentos e elaborar uma teoria crítica do momento atual.

Debord e o espetáculo: uma abordagem crítica

Ao usar o conceito de espetáculo, eu estou obviamente em débito com a *Sociedade do Espetáculo* de Guy Debord e com as idéias da Internacional Situacionista. Reconhecendo o débito, assinalo que existem três diferenças principais entre minha abordagem do conceito e o modelo de Debord. Primeiro, enquanto Debord desenvolve um conceito mais geral e monolítico da sociedade do espetáculo, eu abordo espetáculos específicos como o do McDonald's e o espetáculo do consumo, os escândalos sexuais de Clinton e o espetáculo do *impeachment*, ou os ataques de 11/9 e o espetáculo da guerra ao terror (Kellner, 2003a e 2003b).

Também reconheço que faço uma leitura da produção, do texto e dos efeitos de diversos espetáculos do ponto de vista da sociedade norte-americana, e numa tentativa de teorizar a sociedade e cultura americanas e, mais amplamente, a globalização e a cultura global, enquanto Debord analisa um estágio específico da sociedade capitalista, no qual a mídia e a sociedade de consumo se organizam em torno do espetáculo. Além disso, Debord mostra uma perspectiva intelectual neomarxista francesa radical, enquanto eu trabalho com variáveis como classe, raça, gênero e região e desenvolvo um modelo multiperspectivo, usando a teoria crítica da Escola de Frankfurt, os estudos culturais britânicos, as teorias pós-modernas francesas e outras perspectivas (Kellner, 1995, 2003a e 2003b).

Segundo, minha abordagem para esses espetáculos específicos é interpretativa e investigativa. Ou seja, eu tento perguntar o que os principais espetáculos midiáticos nos dizem da sociedade americana e global contemporâneas; o que Michael Jordan e o espetáculo da Nike nos mostram sobre o espetáculo esportivo e a interseção entre esporte, entretenimento, publicidade e *commoditização* nas sociedades atuais; o que o caso O. J. Simpson nos fala sobre raça, classe, celebridade, mídia, esportes, gênero, polícia e sistema judiciário nos EUA, e o que o foco obsessivo nesse evento, por meses a fio, nos revela sobre a mídia americana e a sociedade de consumo.

Em meus estudos, eu desenvolvo estudos culturais como crítica sintomática, lendo e interpretando diversos espetáculos, para verificar o que eles nos dizem sobre a atualidade, enquanto Debord está mais interessado numa crítica do capitalismo e em apresentar alternativas revolucionárias. O "popular" geralmente apresenta diversas emoções, idéias, experiências e conflitos de uma época, assim como indica que corporações estão anunciando. Um estudo cultural crítico pode então ajudar a decifrar as tendências de uma era e contribuir para desenvolver teorias críticas da contemporaneidade (Kellner, 1995 e 2003a; Best e Kellner, 2001).

Terceiro, eu analiso as contradições e reveses do espetáculo, enquanto Debord tem uma noção triunfante e homogênea da sociedade do espetáculo, apesar de ele e seus companheiros terem esboçado diversos modelos de oposição e luta e, na verdade, inspiraram, em parte, os espetaculares eventos de maio de 1968 na França. Para um exemplo do reverso do espetáculo, ou pelo menos de suas contradições e contestações, analisemos o caso do McDonald's. Quando comecei meus estudos da mídia do espetáculo nos anos de 1990, o McDonald's era um símbolo do capitalismo triunfante. A rede estava em franco crescimento nos EUA e globalmente; seus lucros eram altos; e foi considerado um paradigma do sucesso dos Estados Unidos e do capitalismo global. O livro de George Ritzer, *The McDonaldization of Society* (1993, 1996), usou a cadeia de lanchonetes como um modelo para analisar a produção e o consumo contemporâneos, enquanto livros como *Golden Arches East* (Watson *et. al.*, 1997) valorizaram o McDonald's como o arauto da modernidade em diversas partes do mundo como a Rússia e China, e foi louvado por seus métodos eficientes de produção, sua limpeza e ordem, por levar comida de qualidade, rápida e conveniente às massas.

Subitamente, porém, o McDonald's se tornou o maior alvo simbólico para protestos do movimento anticorporativo mundial. O McDonald's tinha processado alguns ativistas do Greenspeace britânico por produzirem um panfleto atacando sua comida não-saudável, suas práticas de trabalho, seu impacto ambiental negativo, e por convocarem protestos e boicotes. A campanha anti-McDonald's surgiu no site McSpotlight, que se tornou o mais acessado da história; protestos locais e globais ocorreram; e sempre que acontecia uma manifestação antiglobalização, uma loja era atacada. Em pouco tempo, então, a expansão do McDonald's foi interrompida, seus lucros caíram mundialmente pela primeira vez e novos McDonald's foram bloqueados por protestos locais. Além disso, nos EUA e em todos os lugares, ocorreram ações judiciais contra a publicidade enganosa, contra a presença de substâncias que causavam dependência e contra comida estragada, que resultaram em publicidade negativa e na queda de lucros que assombra a empresa até hoje.

Finalmente, estou ciente de que a concepção de Debord sobre a sociedade do espetáculo sobrepuja minha própria análise sobre as contradições do espetáculo. Um debordiano poderia argumentar que, apesar das vicissitudes do espetáculo do McDonald's, do espetáculo da Nike acerca de suas práticas de trabalho, e outras contradições e contestações dos espetáculos dentro das sociedades capitalistas contemporâneas, ainda assim o capitalismo continua a existir mais poderoso do que nunca, que a sociedade de consumo e a mídia continuam a se reproduzir através do espetáculo, e que uma sociedade de mercado floresce a partir das vicissitudes do espetáculo e dos altos e baixos de diversas corporações, personalidades e celebridades.

Apesar desse argumento ser difícil de rebater diante da contínua hegemonia global do capital, acho que é útil analisar as contradições e contestações do espetáculo dentro de sociedades específicas para esclarecer a noção de que os espetáculos políticos são todo-poderosos e avassaladores. Por exemplo, tenho um estudo sobre como o partido republicano americano tentou criar o espetáculo do escândalo sexual, como o *impeachment* falhou e como Clinton sobreviveu às tentativas dos republicanos de removê-lo da presidência através de políticas negativas de mídia (*Media Spetacle*, capítulo 6).

Existem, acredito, diversas razões para Clinton ter sobrevivido ao espetáculo do escândalo sexual e do *impeachment*. Estudos culturais britânicas há muito afirmaram que uma audiência ativa não é totalmente manipulada pela mídia e parece que havia um certo respeito pelo presidente, por isso muitos não admitiram e resistiram aos ataques ao presidente Clinton e à exposição em rede nacional de sua vida privada. Além disso, ocorrem guerras culturais nos EUA desde os anos de 1960 e o espetáculo do *impeachment* foi encarado por muitos, corretamente acho eu, como um ataque da direita para derrubar um presidente eleito. Portanto, quando os republicanos atacaram Clinton, os liberais e outros viram isso como uma tentativa ilícita de usar a mídia para depor um presidente eleito, resistiram ao espetáculo e apoiaram Clinton.

Ocorreram, certamente, efeitos bem contraditórios ao espetáculo de Clinton. O ataque republicano ao presidente gerou simpatia e apoio para o sitiado Clinton, mas permitiu também que os republicanos concentrassem sua atenção nas falhas do presidente. Eles também foram capazes de bloquear sua agenda política e então realçar os problemas do governo Clinton/Gore nas eleições de 2000, o que tornou difícil para Gore enfatizar a inigualável paz e prosperidade dos últimos oito anos. Os pontos positivos logo viraram negativos em função da política econômica e externa altamente destrutiva e incompetente da administração Bush.

Ainda assim, de algumas maneiras, o espetáculo do *impeachment* falhou, provando que, como defendo, as políticas do espetáculo são imprevisíveis e os espetáculos nem sempre conseguem manipular o público e podem falhar. As celebridades, também, já experimentaram o reverso do espetáculo. Michael Jackson é famoso por suas ascensões e quedas no terreno do espetáculo. Depois de se tornar um dos astros mais bem-sucedidos da história, em parte por seus videoclipes espetaculares e apresentações impressionantes, apoiados por uma azeitada máquina de publicidade, ele foi acusado nos anos 1990 de pedofilia. Na entrevista que concedeu à BBC, em 2003, para ajudar a orquestrar sua volta, fez mais revelações condenáveis sobre jovens dormindo em seu rancho. Pouco tempo depois, foi atingido por acusações de molestar sexualmente um garoto, um espetáculo negativo que poderia acabar com sua carreira (apesar do espetáculo ser imprevisível, os que prosperam com ele também podem ser destruídos por ele; o renascimento é sempre possível numa cultura das celebridades).

Apesar de a maioria dos exemplos que dei serem americanos – abordo os que conheço melhor –, muitos desses espetáculos tiveram efeito global. Na verdade, o espetáculo em si está se tornando cada vez mais global. Por exemplo, no verão de 2003 o fenômeno Harry Potter foi um impressionante show literário global, com os livros mais vendidos da história, uma série de filmes, e a Pottermania não pára de crescer. Alguns anos atrás, o espetáculo da princesa Diana foi provavelmente o caso mais intrigante dos estudos culturais globais. Na primavera e verão de 2003, a mortal doença SARS e o medo de uma epidemia global foi o espetáculo principal na mídia, especialmente nas áreas afetadas. E no verão de 2003, o espetáculo de David Beckham tornou-se global quando o jogador mudou do Manchester United para o Real Madri, e naquele verão saiu o filme, popular em todo o mundo, *Bend It Like Beckham*. Durante o período, o espetáculo de Beckham e Posh foi exibido em toda a mídia, estrelando Beckham e sua esposa-celebridade Posh, ex-integrante da banda Spice Girls, que é supostamente especialista em moda e devota da publicidade. O caso Beckham-Posh combina cultura da mídia, moda, esporte e espetáculo global, apesar de o espetáculo ter parado nos tablóides em 2004, quando Beckham foi acusado de ter casos amorosos bem documentados.

Em termos de espetáculo global, de forma mais angustiante, há o espetáculo do terrorismo global da Al Qaeda, que é um tópico do meu livro

From September 11 to Terror War: The Dangers of the Bush Legacy (Kellner, 2003b). O espetáculo do terror de outono de 2001 revelou que itens da vida cotidiana, como aviões e correspondências, podiam ser transformados em instrumentos de terror espetacular. O seqüestro de aviões pela Al Qaeda transformou meros meios de transporte em armas, quando as aeronaves atingiram as torres do World Trade Center e o Pentágono em 11 de setembro de 2001. O correio tornou-se um distribuidor de doenças, terror e morte, com o medo do anthrax no outono e inverno de 2001 transformando cartas comuns em objetos ameaçadores. E rumores espalham que a rede terrorista está buscando instrumentos de destruição em massa, como armas químicas, biológicas e nucleares, para criar espetáculos de terror numa escala jamais vista.

Durante 2004, a sangrenta invasão e ocupação do Iraque pelo governo Bush produziu uma crescente violência e um espetáculo caótico que atordoaram os aliados dos EUA, criaram inúmeros inimigos e ameaçaram a reeleição do próprio Bush. A cobertura televisiva do 11 de setembro, seguida por *best-sellers* questionando a política antiterrorismo e a guerra do Iraque, criou espetáculos negativos do péssimo trabalho da administração Bush, depois de um período em que o presidente recebia geralmente avaliações positivas da mídia, em um surto de patriotismo depois de 11 de setembro.

O desenrolar de imagens sobre o abuso de prisioneiros iraquianos pelos EUA e a busca por responsáveis entre os soldados, militares de alta patente e autoridades políticas, em maio de 2004, tornaram-se um dos mais intensos espetáculos do jornalismo contemporâneo. Evocando a reprovação e a repugnância universais, as imagens de jovens soldados americanos humilhando iraquianos circularam com a velocidade dos satélites por canais de notícias, Internet e mídia impressa, e podem se converter em algumas das imagens mais influentes de todos os tempos.

Apesar de as fotografias denotarem a presença constante do espetáculo, seu impacto poderoso deve ser considerado. Ao obter mais de mil fotos digitalizadas depois do ciclo inicial de imagens divulgadas pela CBS e pelo *The New Yorker*, o *Washington Post* observou, em 7 de maio de 2004, que, apesar de muitas revelarem poses chocantes de abusos a prisioneiros, outras imagens mostravam cenas mundanas da vida cotidiana no Iraque. Isto porque o arquivo digital não era de responsabilidade de fotojornalistas, mas de jovens soldados americanos. Foi como se uma geração que cresceu junto à mídia e de posse de câmeras digitais e filmadoras portáteis documentasse naturalmente sua própria vida, como se participasse de um *reality show* ou documentário político.

Apesar de relatos de que as imagens foram feitas para intimidar novos prisioneiros iraquianos e assim "amolecê-los" para o interrogatório[5], as fotos têm a ver com a fascinação de documentar digitalmente o cotidiano. Elas também revelaram a velocidade com que tais imagens podem deixar, através da Internet, um país estrangeiro sob o controle do exército americano e circular rapidamente por todo o mundo. O Pentágono indicou, em 6 de maio, nos inquéritos do Senado e da Câmara sobre o escândalo no Iraque, que existem muitas outras fotos e vídeos que provavelmente circulariam depois.

Apesar de os EUA terem censurado imagens e textos no sistema de pesquisa criado para a Guerra do Golfo de 1991 e estabelecido diretrizes rígidas e mecanismos para controlar repórteres na intervenção no Iraque em 2003, a era digital tornou praticamente impossível esconder os lados negros da atual ocupação daquele país. O amplo uso de câmaras digitais e a facilidade com que essas imagens podem ser produzidas e disseminadas, incluindo conexões *wireless*, demonstraram como o espetáculo midiático pode burlar o controle militar americano e difundir representações altamente danosas sobre abusos contra iraquianos. Como sentenciou Donald Rumsfeld durante os inquéritos sobre o abuso a prisioneiros, em 7 de maio: "As pessoas andam com câmaras digitais e tiram essas fotos inacreditáveis e remetem-nas, contra a lei, para a mídia, para nossa surpresa, quando ainda nem chegaram ao Pentágono."

O papel das imagens midiáticas na guerra e o novo papel do espetáculo digital foram dramatizados ainda mais em 11 de maio de 2004, quando a imagem chocante da decapitação do americano Nick Berg foi disponibilizada para a mídia global. As cenas terríveis rapidamente circularam e deixaram claro que a tecnologia digital era um instrumento asséptico de guerra que qualquer um dos lados poderia usar para direcionar a opinião pública e para confrontar os horrores. Também ficou claro que a intervenção de Bush no Iraque era um show de horrores que continuaria a chocar e impressionar as audiências globais num futuro próximo.

Ainda assim, revelações feitas na mesma semana, de que as fotos de um suposto abuso a prisioneiros iraquianos por soldados britânicos eram falsas e a subseqüente confirmação de que realmente o eram, também mostraram a natureza frágil da imagem digital, que pode ser alterada e falsificada, e que é difícil diferenciar a imagem real da simulação digital. O grande volume e a brutalidade das imagens sobre o abuso contra prisioneiros geraram reflexões epistemológicas sobre as próprias imagens e não atraíram tanta atenção sobre a catástrofe da Guerra do Iraque em si, nem sobre as conseqüências que o conflito está causando tanto aos iraquianos quanto às forças de ocupação.

O racismo profundamente enraizado está por trás disso e alimenta o abuso contra prisioneiros, já que os soldados e o público americano enxergam os iraquianos e árabes com menos humanidade desde a Guerra do Golfo de 1991. Ambos os povos foram mostrados como vilões em incontáveis filmes de Hollywood e programas de TV, e o racismo contra árabes e mulçumanos se intensificou depois dos ataques de 11 de setembro. Na primeira Guerra do Golfo, os soldados americanos praticaram um "tiro ao alvo", massacrando centenas de iraquianos que fugiam da Cidade do Kuwait perto do fim da guerra. Durante a atual guerra do Iraque, os atiradores de elite americanos falavam de "ninho de ratos" ao se referir às tropas iraquianas e comemoravam quando eliminavam os "vermes". O arquiteto americano da invasão fracassada do Iraque, Paul Wolfowitz, fala de "cobras" e "drenar os pântanos" nas "partes não civilizadas do mundo".

Tais percepções racistas e desumanas facilitam a redução de prisioneiros iraquianos a animais ou a bárbaros, como quando a agora notória Lyndee English amarrou uma coleira em um prisioneiro iraquiano nu, como se ele fosse um cachorro, ou quando os soldados americanos perversamente construíram uma pilha de corpos de iraquianos nus em posições sexualmente humilhantes, como se fossem um bando de animais. A imagem de Lyndee England apontando com um polegar para cima para um prisioneiro masculino se masturbando e outra apontando para a genitália do prisioneiro, acompanhada por um olhar lascivo e grotesco, novamente apontam para a natureza pornográfica do abuso contra prisioneiros. Em outra imagem chocante, um prisioneiro mascarado se equilibra em uma caixa e tem seus braços esticados e os dedos presos a fios elétricos. O capuz evoca a Ku Klux Klan e suas noções de linchamento, enquanto a pose do iraquiano com seus braços esticados evocam Cristo na Cruz. A figura monstruosa e grotesca, como um todo, lembra, ao público interessado em artes, os esboços de Goya, os horrores da guerra.

Apenas uma mentalidade profundamente racista poderia imaginar e participar de tais ataques, que atestam a brutalidade descontrolada que as guerras parecem desencavar. As fotos também ilustram uma brutal mentalidade colonialista. O *Washington Post* informou que, no pacote com mais de mil imagens digitais tiradas pelos jovens soldados, há fotos de camelos, paisagens exóticas do Iraque e cenas de pessoas comuns, assim como dos abusos contra prisioneiros. Muitas das imagens disponíveis, quase pornográficas, mostravam uma feminilização de prisioneiros homens, estando nus ou usando roupas íntimas femininas, e passivamente humilhados e debilitados. Existe, é claro, uma longa tradição de se tirarem fotos exóticas de locais distantes, assim como há a de se documentarem as atrocidades em tempos de guerra. Na era digital, esses gêneros e impulsos mesclaram-se, produzindo um panorama de horror que pode acabar com carreiras militares e minguar por uma geração as ambições imperialistas americanas no Oriente Médio.

De fato, os indícios pornográficos e a participação de homens e mulheres com rostos alegres tornaram as imagens da prisão de Abu Ghraib especialmente tóxicas e explosivas. Ainda assim, inúmeras outras imagens de civis iraquianos mortos, bombardeios americanos errados, tratamento cruel a iraquianos pelas forças americanas, entre outras, poderiam ser facilmente documentadas e distribuídas pela imprensa mundial. Parte do choque e da repulsa dessas imagens resultaram da visão esterilizada da intervenção no Iraque divulgada na grande mídia americana. As guerras geralmente são definidas na mente pública pelas imagens negativas de atrocidades, como a garotinha nua fugindo no Vietnã, com seu corpo coberto de napalm, ou a imagem do jovem soldado americano colocando fogo numa cabana com seu isqueiro. O Iraque, igualmente, pode ser lembrado pelas terríveis imagens, nesse caso tiradas pelas próprias tropas americanas.

Até agora, a imprensa árabe tem se concentrado principalmente nos aspectos desagradáveis da invasão e da ocupação ao Iraque, mostrando inúmeras imagens sangrentas de vítimas civis de ações militares americanas e imagens desfavoráveis das forças de ocupação e de políticos dos EUA. Com a caixa de Pandora das maldades iraquianas aberta, com a tendência da mídia para o *pack journalism* e com o medo e a preocupação de grandes segmentos do público com o rumo da administração Bush nos quesitos invasão e ocupação, existirão com certeza imagens muito mais perturbadoras do espetáculo global das desventuras dos EUA no Iraque, aumentando a insatisfação com um empreendimento que falhou totalmente.

Na era da mídia, as imagens são impossíveis de se controlar e um espetáculo preparado para ser uma demonstração triunfante do poderio militar americano pode facilmente se converter em um espetáculo da arrogância, brutalidade e maleficência dos EUA. Isto porque as imagens demonstram os erros da política americana e podem ser usadas internacionalmente para demonstrar o abuso e a tortura contra prisioneiros. Se elas, eventualmente, forçarem os Estados Unidos a rever suas desastrosas políticas no Iraque, serão exemplos de como a mídia pode mudar o mundo.

Além disso, a distribuição global de imagens e o debate passional em torno delas podem enfatizar a mensagem de que o abuso e a tortura de prisioneiros são inaceitáveis, forçando governos e exércitos a cessarem e a desistirem de ações que muitos classificam como violação de direitos humanos e uma forma de atavismo bárbaro. O impacto dos espetáculos é altamente imprevisível e é possível que devastadora difusão de imagens de abusos contra prisioneiros iraquianos tenha eventualmente efeitos positivos e duradouros na legislação internacional e no tratamento de prisioneiros.

Globalização, revolução tecnológica e a reestruturação do capitalismo

Como vimos, o espetáculo é sempre contraditório, ambíguo e sujeito a inversões e reviravoltas. A administração pública, empresas e celebridades não têm certeza se serão beneficiárias ou vítimas dos caprichos do espetáculo. Na esteira da gênese e da crescente expansão do espetáculo, o promissor espetáculo virtual do ciberespaço e uma emergente realidade virtual (RV) são fenômenos similares ao da reestruturação global do capitalismo e da revolução tecnológica com o surgimento de novas formas de mídia e de tecnologias de comunicação, de informação e informática e, num futuro próximo, da biotecnologia. Em textos anteriores, introduzi um conceito de tecnocapitalismo para descrever uma configuração de sociedade capitalista em que conhecimento técnico e científico, informatização, automatização do trabalho e tecnologias inteligentes desempenham um papel no processo de produção análogo ao da força de trabalho humano, da mecanização do processo de trabalho e das máquinas nos primórdios do capitalismo (Kellner, 1989). A revolução tecnológica e a reestruturação global do capital continuam a gerar novos modelos de organização da sociedade, da política, da soberania, da cultura e da vida cotidiana, e novos tipos de contestação.

Hoje, em todo o planeta, mesmo nos países em desenvolvimento, vivemos em uma sociedade de infoentretenimento cada vez mais expansiva, uma economia interligada em rede e uma nova tecnocultura da Internet. Os teóricos contemporâneos se encontram em uma situação paralela à da Escola de Frankfurt nos anos 1930, que teorizou as configurações emergentes da economia, política, sociedade e cultura trazidas pela transição ao capitalismo monopolista de mercado. Em seus agora clássicos textos, os teóricos da Escola de Frankfurt analisaram as novas formas de organização social e econômica, de tecnologia e de cultura, incluindo a ascensão das megacorporações e cartéis e o Estado capitalista no "capitalismo organizado", em ambas as formas de governo, fascista ou "democrática". Eles também examinaram as indústrias culturais e a cultura de massas, que serviram como novos tipos de controle social, novas formas de ideologia e domínio, e uma poderosa configuração de cultura e cotidiano (Kellner, 1989).

Em termos de economia política, a emergente forma pós-industrial de tecnocapitalismo é caracterizada pelo declínio do Estado e pelo aumento do poder do mercado, acompanhado pela força crescente de corporações transnacionais globalizadas e corpos governamentais e pela força decrescente dos Estados-nações e suas instituições. Parafraseando Max Horkheimer, quem quiser falar sobre capitalismo, precisa falar sobre globalização, e é impossível teorizar a globalização sem abordar a reestruturação do capitalismo.

A globalização envolve o fluxo de bens, informação, cultura e entretenimento, de pessoas e de capital através de economias, sociedades e culturas cada vez mais interligadas (Castells, 1996, 1997 e 1998). Como a Internet, a globalização é um fenômeno complexo que envolve aspectos positivos e negativos, custos e benefícios, altos e baixos, e conseqüências profundamente ambíguas e acidentais. Assim como as teorias da informação e das tecnologias de comunicação, a maioria das teorias da globalização é primariamente negativa, percebendo-a como um desastre para a espécie humana, ou positiva, por trazer novos produtos, idéias e riquezas para a arena global. Assim como faço a respeito da tecnologia, proponho uma teoria crítica da globalização que possa dialeticamente avaliar seus pontos positivos e negativos, suas contradições e ambigüidades, que seja bastante crítica quanto aos seus efeitos negativos, cética quanto à legitimação do discurso ideológico, mas que também reconheça a centralidade do fenômeno no presente e que afirme e desenvolva seus pontos positivos (veja Best e Kellner, 2001 e Kellner, 2002).

Para concluir: os países em desenvolvimento e o mundo globalizado estão entrando numa nova cultura do espetáculo que constitui uma nova configuração de economia, sociedade, política e vida cotidiana. Envolve novas formas culturais, relações sociais e tipos de experiência. Surgem produções cada vez mais interativas e multimídias que se expandem e intensificam à medida que a tecnologia *wireless* se desenvolve. A teoria social crítica então enfrenta urgentes desafios ao mapear teoricamente e analisar essas formas emergentes de cultura e de sociedade, cabendo-lhe avaliar de que modo elas podem conter novas formas de domínio e opressão, bem como a sua potencialidade para a democratização e a justiça social.

Notas

1. *Society of the Spectacle* de Debord (1967) foi traduzida em uma edição pirata de *Black and Red* (Detroit) em 1970 e reimpressa muitas vezes. Outra edição apareceu em 1983 e uma nova tradução em 1994. Então, na discussão a seguir, eu cito referências para os parágrafos numerados do texto de Debord para facilitar a leitura em edições diferentes. Os textos do Situacionismo e muitos comentários interessantes podem ser encontrados em diversos *sites*, produzindo uma curiosa pós-vida dos ideais e práticas Situacionistas. Para discussões mais aprofundadas dos Situacionistas, consulte Best e Kellner, 1997, capítulo 3. Veja também os debates sobre cultura de espetáculo em Best e Kellner, 2001, e meu livro *Media Spectacle* (Kellner, 2003a), baseado no qual escrevo este artigo.

2. Consulte as tabelas sobre fusões e concentrações de mídia em Croteau e Hoynes, 2001: 75 e em *The Nation* (7 de janeiro de 2002) com análises de Mark Crispin Miller, "What's Wrong with This Picture?".

3. Em abril de 2004, continuaram a acontecer demonstrações contrárias ao partido nacionalista de Taiwan e exigências para uma recontagem e investigação sobre o suposto assassinato encenado de Chen. Especialistas internacionais, incluindo Henry Lee que alcançou fama internacional no julgamento de O. J. Simpson,

investigaram a tentativa de assassinato. Consulte David Pierson, "Forensic Expert Hounded for News", *Los Angeles Times* (19 de abril de 2004). De acordo com um informe: "Apesar de Lee confirmar ter sofrido ferimentos à bala, ele apontou que o tiroteio não fora um assassinato político". Consulte "Lien calls for merger of opposition parties", *The China Post* (13 de junho de 2004). Mas Chen novamente formou um governo de partido nacionalista (DPP), apesar das disputas na corte.

4. Consulte Nicholai Ouroussoff, "Art for Architecture's Sake", *Los Angeles Times* (31 de março de 2002). O declínio econômico nos EUA em 2003 forçou um adiamento da expansão do *Los Angeles County Art Museum* e outros projetos arquitetônicos espetaculares.

5. Essa foi realmente a defesa que os soldados que tiraram fotos usaram, afirmando que foram obrigados por seus superiores a tirar fotos. Consulte, por exemplo, de Terence Neilan, "7 Charges Filed Against a Central Figure in Iraq Prison Abuse", *New York Times* (14 de maio de 2004). As histórias subseqüentes revelaram, porém, que as ordens que permitiram o abuso sistemático contra prisioneiros vieram do topo do Pentágono e da administração Bush. Veja Seymour Hersh, "The Grey Zone", *The New Yorker*, postado em 15 de maio de 2004 em http://www.newyorker.com/fact/content/?040524fa_fact, e o texto de John Barry, Michael Hirsh e Michael Isikoff, "The Roots of Torture", *Newsweek* (24 de maio de 2004).

Bibliografia

BEST, Steven; KELLNER, Douglas. *The Postmodern Adventure. Science Technology, and Cultural Studies at the Third Millennium*. Nova Iorque e Londres: Guilford and Routledge, 2001.

CASTELLS, Manuel. *The Networked Society*. Malden, Mass. e Oxford, UK: Blackwell, 1996, 1997, 1998.

CROTEAU, David; HOYNES, Williams. *The Business of Media. Corporate Media and the Public Interest*. Thousand Oaks, Cal.: Pine Forge Press, 2001.

DEBORD, Guy. *Society of the Spectacle*. Detroit: Black and Red, 1967.

HORKHEIMER, Max; ADORNO, Theodor W. *Dialectic of Enlightenment*. Nova Iorque: Continuum, 1972.

HUIZINGA, Johann. *Homo Ludens: A Study of the Play-Element in Culture*. Boston: Beacon Press, 1986.

— *The Autumn of the Middle Ages*. Chicago: University of Chicago Press, 1997.

KELLNER, Douglas, *Critical Theory, Marxism and Modernity*. Cambridge e Baltimore: Polity Press and John Hopkins University Press, 1989.

— *Media Culture.* Londres e Nova Iorque: Routledge, 1995.

— *Grand Theft 2000.* Lanham, Md.: Rowman e Littlefield, 2001.

— "Theorizing Globalization", *Sociological Theory*, 20, 2002, p. 285-305.

— *Media Spectacle.* Londres e Nova Iorque: Routledge, 2003a.

— *From September 11 to Terror War: The Dangers of the Bush Legacy.* Lanham, Md.: Rowman and Littlefield, 2003b.

MARCUSE, Herbert. *One-Dimensional Man.* Boston: Beacon Press, 1964.

RITZER, George. *The McDonaldization of Society.* Thousand Oaks, Ca.: Pine Forge Press, 1993; edição revista, 1996.

— *Exchanting a Disenchanted World. Revolutionizing the Means of Consumption.* Thousand Oaks, Ca.: Pine Forge Press, York: The New Press, 1999.

WATSON, James L. (ed). *Golden Arches East: McDonald's in East Asia.* Palo Alto, California: Stanford University Press, 1997.

WOLF, Michael J. *Entertainment Economy: How Mega-Media Forces are Transforming Our Lives.* Nova Iorque: Times Books, 1999.

A CAMINHO DE UMA SOCIEDADE DA INCOMUNICAÇÃO?*

EDUARDO GALEANO

O mundo nunca foi, economicamente, tão desigual. Nem tão furiosamente igualador, por outro lado, com relação a idéias e costumes que se impõem em todo lugar. Uma uniformização obrigatória, hostil à diversidade cultural do planeta. O nivelamento cultural não pode nem mesmo ser medido. Seus progressos devastadores, no entanto, saltam aos olhos. Os meios de comunicação da era eletrônica, a maioria a serviço da incomunicação humana, estão impondo a adoração unânime dos valores da sociedade neoliberal. Eles nos mentem, por imagens ou omissão, e concedem, no máximo, o direito de escolher entre coisas idênticas.

Nunca a tecnologia das comunicações foi tão aperfeiçoada; e, no entanto, nosso mundo se parece cada vez mais com um reino de mudos. A propriedade dos meios de comunicação se concentra cada vez mais em algumas mãos; os meios de comunicação dominantes são controlados por um pequeno número de poderosos que têm o poder de se dirigir a um grande número de cidadãos através do planeta. Nunca tantos homens foram mantidos em incomunicação por um grupo tão pequeno. O número daqueles que têm o direito de escutar e de ver não cessa de crescer, ao passo que se reduz vertiginosamente o número daqueles que têm o privilégio de informar, de se exprimir, de criar. A ditadura da palavra única e da imagem única, bem mais devastadora que a do partido único, impõe em todo lugar um mesmo modo de vida e outorga o título de cidadão exemplar àquele

*A tradução deste texto foi feita do francês. O artigo "Vers une societé de l'incommunication" foi publicado no *Le Monde Diplomatique* em janeiro de 1996.

que é consumidor dócil, espectador passivo, fabricado em série, em escala planetária, de acordo com um modelo proposto pela televisão comercial americana.

O exemplo da melhor televisão pública européia não conseguiu se internacionalizar, mas, por outro lado, os quatro cantos do globo, e a própria Europa, foram conquistados por esse coquetel venenoso de sangue, Valium e publicidade que caracteriza a televisão privada dos Estados Unidos.

Nesse mundo sem alma que os meios de comunicação nos apresentam como o único mundo possível, os povos foram substituídos pelos mercados; os cidadãos, pelos consumidores; as nações, pelas empresas; as cidades, pelas aglomerações; as relações humanas, pelas concorrências comerciais.

Nunca a economia mundial foi tão pouco democrática, nem o mundo mais escandalosamente injusto. As desigualdades dobraram em 30 anos, segundo números das Nações Unidas e do Banco Mundial. Em 1960, a camada mais favorecida (20%) da humanidade era 30 vezes mais rica que os 20% mais pobres. Em 1990, os primeiros eram 60 vezes mais ricos que os outros...

E, no extremo dos extremos, entre os mais ricos dos ricos e os mais pobres dos pobres, o abismo tornou-se infinitamente mais profundo. Fazendo a soma das fortunas privadas divulgadas, todos os meses, pelas páginas porno-financeiras das revistas *Forbes* e *Fortune* constatamos o seguinte: as cem pessoas mais ricas têm fortuna superior a tudo o que possuem um bilhão e meio de habitantes do planeta juntos...

Essa desigualdade abissal é medida com precisão. Em especial pelo Banco Mundial, que, ao mesmo tempo que se dedica a acentuá-la, reconhece em seu primeiro Relatório sobre o Desenvolvimento no Mundo que ela se agrava perigosamente. O que a ONU confirma em seu recente Relatório Mundial sobre o Desenvolvimento Humano.

Duplo paradoxo

Este mundo, paradisíaco para alguns e infernal para a maioria, está marcado a ferro e fogo por um duplo paradoxo. Em primeiro lugar, a economia mundial precisa de um mercado em perpétua expansão para que os níveis de lucro não caiam. Ao mesmo tempo, ela precisa, pela mesma razão, de braços que trabalhem a preço vil nos países do Sul e do Leste. Segundo paradoxo, corolário do primeiro: o Norte dita, de maneira cada vez mais autoritária, ordens a esses países do Sul e do Leste, a fim de que estes importem e consumam mais, mas o que se multiplica são as máfias, a corrupção e a insegurança. As neo-sociedades de consumo emitem mensagens de morte.

A varinha mágica dos créditos, a dívida externa que incha até explodir permitem proporcionar novos produtos inúteis à minoria dos consumidores. A televisão se encarrega de transformar em necessidades reais as demandas artificiais que o Norte inventa sem parar e divulga com sucesso em todo o planeta. Somos, assim, todos convidados a pegar nosso bilhete para o cruzeiro da modernização. Mesmo se nas águas geladas do mercado, os náufragos sejam mais numerosos que os viajantes.

Escolas do crime

Para milhões de jovens do hemisfério sul condenados ao desemprego ou a míseros salários, a publicidade não estimula a demanda, mas a violência. Os meios de comunicação repetem sem parar: "Quem não tem nada, não é nada. Quem não tem sapatos ou carros de marca não existe, é um lixo." O culto do consumo é, dessa maneira, imposto aos milhões de alunos da escola do crime. As cidades explodem, e em seu seio, com mais intensidade, explode a delinqüência.

Apoderando-se de coisas que lhe permitem existir, o delinqüente quer ser igual à sua vítima. A televisão propõe um serviço completo: não apenas funciona de maneira com que se confunda qualidade de vida e quantidade de objetos, mas, além disso, oferece quotidianamente cursos audiovisuais de violência, que os *videogames* completam. O crime é o espetáculo mais valorizado da telinha. "Bata antes que batam em você", aconselham os jogos eletrônicos. "Você está só, e não pode contar com mais ninguém." Carros alçam vôo, pessoas explodem: "Você também pode matar."

O sistema que rege o mundo e que se chama agora, pudicamente, economia de mercado se afunda cada vez mais na impunidade. Os meios de comunicação dominantes mostram a atualidade como um espetáculo fugaz, estranho à realidade, vazio de memória; ajudam a aprofundar as desigualdades.

A pobreza ainda suscita pena, mas, cada vez menos, indignação; a idéia de que os pobres são o resultado do acaso ou fruto da fatalidade se propaga. Há 20 anos, a pobreza era vista como conseqüência da injustiça. A esquerda dizia, os centristas admitiam, e a própria direita não negava. Hoje em dia, a pobreza é "o justo castigo que merece a ineficiência", ou "uma manifestação da ordem natural das coisas". A pobreza foi desconectada da injustiça; e a própria noção de injustiça, há pouco tempo uma certeza universal, atenuou-se aos poucos até desaparecer.

O código moral atual não condena a injustiça, mas o fracasso. Recentemente, o senhor Robert McNamara, um dos americanos responsáveis pela guerra do Vietnam, publicou um longo *mea-culpa*. Em seu livro, *In retrospect*[1], admite que essa guerra foi um erro. Mas, afirma, se essa guerra – que causou a morte de três milhões de vietnamitas e de 58 mil americanos – foi um erro, "foi porque os Estados Unidos não a ganharam". O pecado é o fracasso, não a injustiça. Segundo McNamara, desde 1965, o governo dos Estados Unidos dispunha de dados que demonstravam a impossibilidade de uma vitória americana; o erro foi continuar agindo como se o sucesso fosse possível. Que as forças americanas arrasem um povo e destruam um país para impor um governo militar que as pessoas não queriam não parece causar um problema de consciência ao senhor McNamara.

Com o sistema de castigos e recompensas, que concebe a vida como uma corrida desenfreada entre alguns ganhadores e muitos perdedores, o fracasso é o único pecado sem redenção.

No hemisfério sul, onde vivem os perdedores, a violência é raramente considerada resultado da injustiça. É freqüentemente mostrada como fruto da má conduta de seres de terceira categoria que moram no que chamam de terceiro mundo, condenados à violência porque é da sua natureza. A violência, como a pobreza, faz parte da ordem natural das coisas, da ordem biológica, e mesmo zoológica, de um submundo que é assim porque sempre foi e o será eternamente.

Desafio cultural

No mesmo momento em que o senhor McNamara publicava seu livro, um escândalo explodia e conturbava a opinião pública americana e internacional. Um coronel do exército da Guatemala, aliás agente da CIA, foi acusado de ter assassinado um norte-americano e de ter torturado e morto o marido de uma cidadã americana. Os meios de comunicação, que divulgaram muitas informações sobre o caso, não ressaltaram o fato de que a CIA financie assassinatos e derrube governos na Guatemala desde 1954, quando, com o aval do presidente Dwight Eisenhower, organizou o golpe de Estado que depôs o governo democrático de Jacobo Arbenz.

O ex presidente William Clinton encomendou uma investigação oficial sobre o papel da CIA no duplo assassinato, mas não pediu nenhuma investigação sobre a responsabilidade da CIA e outras agências americanas no massacre sistemático de aproximadamente cem mil guatemaltecos, a maioria indígenas, durante os últimos anos. Raramente denunciado pelos grandes meios de comunicação de massa, o banho de sangue na Guatemala chegou finalmente às primeiras páginas dos jornais nos Estados Unidos. O fato serviu à causa dos direitos do homem, e evocou, circunstancialmente, a discriminação racista que domina a desinformação mundial.

No mesmo sentido, certamente não foi um acaso que o assassinato de Orlando Letelier acarretou, no Chile, a condenação de dois oficiais próximos ao general Augusto Pinochet. Letelier foi assassinado, com sua secretária americana, em Washington, isto é, no centro do centro do mundo. Este assassinato emocionou os meios políticos e midiáticos dos Estados Unidos e tornou-se, assim, um caso internacional. Essa dimensão permitiu, evidentemente, a condenação dos assassinos. Podemos nos perguntar se teriam sido condenados se Letelier tivesse sido morto em Buenos Aires, como foi o caso do general chileno Carlos Prats e de sua mulher...

Carros insuperáveis, sabões prodigiosos, perfumes excitantes, analgésicos mágicos: através da telinha, o mercado hipnotiza o cidadão-consumidor. Mas, às vezes, entre um anúncio e outro, a televisão mostra algumas imagens de fome e de guerra. Esses horrores, essas fatalidades chegam de um outro mundo, do inferno, e servem apenas para realçar o caráter paradisíaco da sociedade de consumo.

Freqüentemente as imagens infernais vêm da África. A fome africana se exibe como uma catástrofe natural, e, nas guerras africanas, são "tribos" que se afrontam. São histórias de negros. As imagens de fome esquecem de evocar o saque colonial. Raramente mencionam a responsabilidade das potências ocidentais que sangraram o continente pelo viés do tráfico de escravos e pela obrigação da monocultura, e que continuam a hemorragia pagando salários miseráveis e preços aviltantes.

O mesmo acontece com relação às imagens das guerras. Silêncio também sobre a herança colonial; idêntica impunidade para os inventores das falsas fronteiras que recortaram a África em mais de 50 pedaços. E o mesmo com relação aos traficantes de morte do Norte, vendedores de armas que atiçam as guerras do hemisfério sul.

Os mestres da informação, na era da informática, chamam de comunicação o monólogo do poder. A universal liberdade de expressão consiste em fazer com que a periferia do mundo obedeça às ordens emitidas pelo centro, sem ter o direito de recusar os valores que este impõe. A clientela das indústrias culturais é sem fronteiras; é um supermercado de dimensão mundial onde o controle social se exerce em escala planetária.

Tal é o espelho enganador que ensina às crianças latino-americanas a se olharem com os olhos daqueles que as desprezam, e as condiciona a aceitar como destino uma realidade que as humilha. A ofensiva aviltante da incomunicação nos obriga a medir a importância do desafio cultural. Mais do que nunca, é preciso enfrentá-lo quando os meios de comunicação gostariam de nos convencer a abandonar a esperança como se abandona um cavalo cansado.

Nota

[1] Robert McNamara. *In Retrospect: The tragedy and lessons of Vietnam*. New York: Times Books, 1995.

PARTE II

Sociedade em rede e mutações comunicacionais

Migrações midiáticas e criação de valor

LORENZO VILCHES

1. A criação de valor

"Vão matar o capitalismo", intitulava Joaquín Estefanía, ex-diretor de *El País* e um dos mais lúcidos jornalistas econômicos da Espanha, num artigo de 2003 sobre as contínuas crises que o entorno do presidente Bush e os grandes empresários dos Estados Unidos estavam gerando, pondo em perigo a estabilidade do capitalismo. Ao que parece, as contínuas invocações à novidade substituíram a preocupação com o capitalismo sustentável.

Os tópicos mais recorrentes da economia mundial giram em tom da novidade. Enunciados como "Novo modelo de desenvolvimento", "Nova ordem mundial", "Nova estrutura financeira mundial" estão continuamente na boca de técnicos, políticos... e jornalistas. Mas como não são aplicados, passam a ser frases feitas, carentes de toda credibilidade. A pergunta que se faz Estefanía é: mas se tudo isso está tão claro e ninguém parece discuti-lo, por que não se aplica?

Não se aplica porque os objetivos das grandes empresas do mundo estão nos lucros a curto prazo. O apagão de Nova Iorque em 2003 causado pelo mau funcionamento das hidrelétricas e que devolveu a cidade emblema da pós-modernidade à época pré-industrial, as quebras das superempresas como a Enron e a WorldCom, afetadas pela corrupção, bem como pela explosão das empresas *ponto.com* têm como denominador comum a criação de valor acima da qualidade dos serviços. Se a função das empresas é gerar benefícios imediatos, o objetivo principal é lubrificar a máquina de criação de valor.

Uma das mudanças mais espetaculares, pelo dinheiro em jogo e pelas tremendas conseqüências no mundo empresarial, é o conceito de criação de valor no âmbito da economia. O novo capitalismo empresarial passou da produção de objetos e serviços à criação de valor. Empresas que não produziam nem vendiam nada mais do que a marca de futuro tecnológico se constituíram na economia da moda em fins do século. As empresas *ponto.com*, a onda dos anos 1990, sucumbiram ao final da década, mas recuperam-se rapidamente com a confiança renovada dos mercados financeiros, apesar de quebras históricas de grandes empresas *on line*. Todo o mundo aposta nas empresas de tecnologias da comunicação, ainda que não se saiba com certeza o que é que o futuro lhes reserva.

O que é criação de valor

Um famoso investidor afirmou que é melhor uma administração mediana num negócio maravilhoso do que uma administração maravilhosa num negócio desprezível. Mas a situação que existe no mundo do entretenimento, dos esportes e nos meios de comunicação (isto é, tudo aquilo que pode gerar lucros) inclina a balança para a segunda sentença. Ou seja, que em muitos casos se obtém uma gestão brilhante em negócios cada vez mais degradados.

A criação de valor é o objetivo de toda boa gerência. Se antes o objetivo era a maximização do lucro, agora este objetivo de benefício foi suplantado pela criação de valor. Mas como se mede o valor? Esta questão, muito simples em tese, na hora de ser colocada em prática não o é tanto. Em síntese, os expertos do negócio medem o valor criado na empresa considerando não somente o lucro, como também o custo que supôs gerar esse lucro. Afinal de contas, se o lucro obtido superar o custo dos recursos aplicados, poderemos dizer que se criou valor.

A vantagem competitiva envolve a posição de uma empresa dentro da indústria. Existem várias maneiras de se criar vantagem competitiva. Custos, conteúdos, produtos, técnica de mercado. As atuais empresas de comunicação, como a televisão, parecem ter isolado unicamente a técnica de mercado como criação de valor. A concorrência desgasta a vantagem competitiva até que a pulveriza, visto que o atrativo de qualquer indústria e sua vantagem competitiva são as fontes principais de criação de valor. A marca diferenciadora de uma companhia exitosa é a que identifica e explora continuamente o mercado. A marca diferenciadora é responsabilidade corporativa, e deve estar baseada fundamentalmente numa oferta responsável e ampla de serviços aos clientes. A capacidade dos serviços ou os conteúdos oferecidos são os que devem gerar valor para quem os utiliza. Quais são esses valores gerados para os clientes? A qualidade do serviço ou o conteúdo oferecido. Como se traduz a informação sobre a qualidade? Através do interesse que uma companhia suscita nos meios de comunicação. Assim sendo, de forma difusa, somente sobrevivem aquelas companhias capazes de gerar interesse das mídias.

As tecnologias de informação que aparecem como a alavanca de criação de valor sem discussão constituem um dos exemplos.

Na época da onda da Internet, falou-se de novos paradigmas denominados *m-business* e *m-commerce* que deviam contribuir para a criação de valor nas organizações, a fim de integrá-los dentro de seu sistema de informação. Assim é que toda aproximação às tecnologias móveis, do ponto de vista dos sistemas de informação, parecia indispensável à criação de valor. Os mecanismos de interação entre *m-business* e a própria organização contribuiriam para a criação de valor de forma automática.

Mas logo se viu que a questão fundamental era — e é — se a Internet estava exercendo um papel meramente "canalizador" de transações, como alternativa aos canais já existentes, ou então se tinha capacidade de gerar por si só uma nova demanda na sociedade inteira.

Neste texto, analisaremos uma série de casos relativos à criação de valor que evidenciam uma passagem do conceito de produto ou de conteúdo cultural para o de imagem corporativa. Veremos com que facilidade é possível encontrar situações análogas de criação de valor tanto na empresa futebolística quanto no jornalismo, na administração, na circulação de imagens ou na produção de comunicação e arte na rede.

2. Da prisão ao museu: a criação de valor da fotografia na era da Internet

A criação de valor na fotografia em dois atos

Primeiro ato: em abril de 2004 foram difundidas através da Internet, e depois na imprensa e na televisão de todo o mundo as fotos da ignomínia em Abu Ghraib. Seis meses mais tarde, o Centro Internacional de Fotografia de Nova Iorque e o Museu Warhol de Pittsburg inauguraram uma mostra de 17 fotografias tiradas na prisão de Abu Ghraib, entre elas a do preso iraquiano encapuzado e em cruz, aparentemente conectado a cabos que descarregavam um choque elétrico ao primeiro movimento de seu corpo.

Desta vez, a velocidade do ciclo vital de uma imagem da Internet até os meios tradicionais, e dali presa às paredes dos museus com tachinhas, superava um antigo precedente. Nos anos 60, Larry Burrows tinha publicado na revista *Life* as fotos dos soldados norte-americanos que jaziam mortos entre o barro dos campos de batalha no Vietnã. Agora, ambos os tipos de fotos se encontravam, umas junto a outras, procurando seu lugar em museus de prestígo. A guerra e os horrores da guerra ganham ali o valor de toda uma experiência cultural que não só pertence aos norte-americanos, mas também ao mundo inteiro. As fotos reunidas pelos organizadores das exposições estão ali para fazer os visitantes pensarem nas propriedades visuais dessas representações. Uma foto, a do prisioneiro encapuzado com os braços em cruz, transformada em realidade formatada pelos diversos meios de comunicação, erige-se agora em bem intangível de duplo valor. De um lado, vemos o escárnio do fotógrafo militar nesses corredores da ignomínia, e de outro, a sublimação museológica. De improviso, a fotografia ganhou o status de estética, convertendo-se numa criação de valor artístico. Como tal, não deveria ser tão diferente do mictório de Duchamp. O escândalo da visão da tortura tem agora o valor de uma foto de aficionado autenticamente escandalosa.

Segundo ato: uma nota assinada por Francisco Ramírez da *Notimex*. Havana, 17 dezembro de 2004:

"Cuba e os Estados Unidos se envolveram hoje numa 'guerra' de luzes e cartazes, em torno da situação de dezenas de dissidentes, encarcerados desde abril de 2003, acusados de conspirar para solapar o governo de Fidel Castro.

Cercas em cores, com fotografias de prisioneiros iraquianos maltratados na prisão de Abu Ghrabi, acompanhadas de uma suástica hitleriana e a palavra 'fascistas', amanheceram nesta sexta-feira em volta do Escritório de Interesses de Washington nesta capital.

O fato é uma aparente réplica ao anúncio do chefe da delegação norte-americana, James Cason, de que não retirará alguns enfeites natalinos luminosos nos quais aparece o número 75, igual à quantidade de opositores condenados a longas penas de prisão em abril de 2003."

Dois países, um grande e outro pequeno, confrontados, mais uma vez, através da difusão ou manipulação de imagens com as ações condenáveis do outro.

O sucedido nas ruas de Havana é mais ou menos um plágio do que vemos nos meios de comunicação, onde a lógica temporal da imagem fotográfica e a perda do real como efeitos da migração digital diluíram a vinculação com o acontecimento. A criação de valor da imagem midiática reside na simultaneidade (ou tempo real) e na deslocalização simbólica.

Simultaneidade e deslocalização, novas formas de criação de valor

"Se dissesses que não intervém aqui o potencial do pintor, senão a própria potência da coisa imitada, contar-te-ei que, se assim fosse, poderiam os homens dar satisfação ao desejo de sua mente sem abandonar o leito e sem ir a lugares de acesso difícil e perigoso, como vemos que o fazem em freqüentes peregrinações" (Da Vinci, 1976).

A migração da fotografia analógica para a digital supõe uma verdadeira revolução do tempo de recepção, que tem efeitos diretos sobre uma nova concepção do valor de uma imagem. A incorporação das tecnologias digitais supõe a passagem da relação temporal da fotografia com a realidade a uma relação temporal baseada exclusivamente no tempo de sua distribuição e na eliminação das barreiras do espaço. Por sua vez, o autor da imagem perde sua autoridade na relação com a realidade, para converter-se num operador de processos regulados pela simultaneidade do tempo e o espaço da distribuição. Desde sua invenção até agora, o tempo da fotografia não passou em vão, e consideremos adequada a reflexão de Virilio, embora confunda a velocidade com a aceleração, que é como confundir o ritmo com a rapidez:

> Dos trinta minutos em Niepce, em 1829, aos vinte segundos em Nadar, em 1860, o tempo em que a foto se formava escorria com uma exasperante lentidão... a visão do mundo se transformava com a fotografia, não somente numa questão de distância espacial, mas também e sobretudo de distância do tempo para eliminá-lo, uma questão de velocidade, de aceleração ou de lentidão (Virilio, 1988:53).

Na metade do século XIX, a fotografia é aproveitada sobretudo para grandes projetos de inventário patrimonial e geográfico. Esta nova técnica, da qual os pintores da época se apropriaram muito cedo, surge como um formidável instrumento de documentação. Com a invenção da fotografia, partia-se para o redescobrimento do mundo como se se tratasse de um continente desconhecido que se revelaria em sua própria verdade. A foto se impõe como um dispositivo de cor estatística e atemporal, e, por isso, dentro dos gêneros da arte, encontra-se ao lado do monumento. As primeiras fotografias alimentam o mercado das estampas e gravuras originais. No entanto, a presença surda do real rapidamente permite à fotografia tomar as distâncias com o realismo pictórico para transformar-se, no dizer de Baudelaire, em quadros "viventes e surpreendentes, calcados sobre a própria vida".

A magia da fotografia e o regime de credibilidade ou verossimilhança que suscita farão, em pouco tempo, desta técnica o meio de acertar as contas com a "verdade". Esta verdade que passa pela fotografia é indissociável da presença do fotógrafo no lugar do acontecimento. Para que a foto exista, é necessário que alguém tenha estado presente ali. Isto confere à fotografia uma misteriosa eficácia e se torna uma referência implícita e obrigatória de uma dupla presença, a do objeto fotografado, que a foto garante que "isso estava ali", e a do fotógrafo que também estava ali e que o viu como eu o vejo. Henri Cartier-Bresson preferia falar do tempo do acontecimento: "Estar no lugar certo na hora certa", enquanto Robert Capa preferia conjugar a realidade com o espaço: "Se a imagem não é boa, é que o fotógrafo não estava suficientemente perto".

Na era digital, nada disso é assim, devido ao processo de digitalização para criação virtual da fotografia. Nem o resultado final da fotografia é igual ao de sua origem, nem é necessário que o objeto esteja ali, nem o artista estava ali e o ponto de vista pode ser múltiplo e diferente ao do original.

A digitalização concede, no entanto, uma margem de manobra ao fotógrafo, que sempre pode escolher, controlar, retocar e transmitir as imagens desde o mesmo lugar do acontecimento e em tempo real, inclusive antes de acabar o evento. A realidade supera o real, e o digital permite atingir o último estágio do êxtase midiático fabricando a imagem antes de que esta ocorra. Mas o processo posterior de publicação está submetido a uma mediação da qual o autor fica à margem.

Com a introdução das tecnologias digitais, sucede-se uma série de efeitos que pervertem o sentido original do ato fotográfico. Hoje se pode obter quase que qualquer fotografia de quase qualquer canto do mundo e a qualquer instante. O que menos interessa ao destinatário é o autor, com a condição de que a foto seja imediata. Isto significou a proliferação de imagens tanto jornalísticas quanto artísticas para as agências internacionais de imagem. E com isso, corre-se o risco de saturação e de bloqueio cognitivo, uma espécie de aporia perversa: há muitas imagens, mas se torna cada vez mais difícil escolher a imagem necessária. Por exemplo, no caso da fotografia para os meios informativos, o *transfert* do fotógrafo para o jornalista da redação, a muita distância do acontecimento, e a urgência do tempo em que manda para a agência a fim de não retardar a circulação de imagens geram os riscos de extrapolar e manipular a interpretação da realidade, forçando-os a utilizar a primeira imagem de uma longa série e não necessariamente a melhor, nem a mais pertinente, reforçando com isso o estereótipo social e cultural a uma grande velocidade de difusão globalizada.

O que importa agora é o tempo em que se move a imagem, mais do que a realidade que representa. A pertinência da imagem se desloca da originalidade à temporalidade como sistema midiático.

A eficácia da imagem fotográfica (como a televisiva) reside em sua circulação. A dissolução do real (como aconteceu com o *reality show* que mudou a realidade por seu formato televisivo) e a dispersão da visão se multiplicam pela tendência a reduzir o ato fotográfico a uma operação de registro do real programado, despojado de sua contingência ontológica (a ontologia da imagem de André Bazin), reprimida por esquemas de representação que transformam insidiosamente o mundo numa imagem controlada, replicada, clonada. A eficácia da imagem digital extrai valor da forma de circulação mais que em sua relação com a realidade.

A criação de valor da fotografia não vem do real, mas, sim, da quantidade de fontes simultâneas e de sua saturação no umbral perceptivo do espectador.

A obsessão pela simultaneidade produz, por sua vez, no espectador uma distorção na visão narrativa das imagens, tal como é o caso da imagem-vídeo. Não há tempo para esperar a cadência original da seqüência de imagens que forma uma narração, tudo acontece como num mosaico, em que todas as imagens podem ser vistas de uma vez só. O efeito reticular da distribuição simultânea das imagens na rede afeta diretamente a percepção estética.

O tempo perde sua profundidade e na narração visual se transforma num desconcertado ritual dos *jíbaros*. O espectador sob pressão pela aceleração da oferta não dispõe de tempo suficiente para a espera, para assistir a todo o processo de um acontecimento narrativo. A simultaneidade é a verdadeira aura.

A concentração econômica e a homogeneização de processos produtivos arrastaram a imagem para as margens da ilustração nos meios de comunicação de massa. Assim, perderam sua força criadora e apagaram suas origens de produção para revestir-se de objetos de consumo. Fontes da realidade, testemunhas do acontecimento e presença do autor, tudo isso é irrelevante. Por isso, além das reivindicações dos direitos de autor nas publicações digitais, a grande batalha dos fotógrafos, artistas ou jornalistas gráficos, na era digital, consiste em conservar uma postura de autor, afirmar a primazia do olho sobre a imagem, esculpir o real na matéria visual.

Os mecanismos de busca também criam valor

Voltemos às fotos de Abu Ghraib: o que essa grande enciclopédia virtual mundial da Internet nos devolverá quando buscarmos como palavra-chave essas fotos? As fotos que um militar dessa prisão ou alguém chegado ao fotógrafo fez chegar à rede, ou as fotos publicadas na televisão, ou nos jornais de papel, ou as que se encontram no Natal de 2004 numa rua de Havana? Ou, por exemplo, a foto com os soldados norte-americanos e dirigentes iraquianos que cortam uma fita inaugurando uma clínica em Bagdá (em cuja legenda se lê: "Na região ocidental de Abu Ghraib, a comunidade tem muito o que celebrar. Em menos de meses, a água potável tem uma qualidade melhor, a condição da mesquita é melhor, os moradores agora têm uma clínica médica por perto").

Das 125 fotos que aparecem como resultado da palavra-chave "Abu Ghraib" no buscador do Google em 26 de dezembro de 2004, desapareceu precisamente a foto exposta nos museus de Nova Iorque e Pittsburg, junto com as outras em que se mostravam os iraquianos prisioneiros no momento de serem humilhados e torturados.

O que aconteceu? Pois alguém decidiu eliminar essas fotos do mecanismo de busca. Em primeiro lugar, deve-se levar em conta que os mecanismos de busca, na utilização que fazem dos *links* como princípios de classificação, não são simples interfaces de pesquisa que se dedicam a levar exclusivamente em conta as palavras-chaves (tais como em nossos exemplos: /políticos/, /medo/, /guerra/) que são atribuidas às imagens. Há mais. Em que medida as palavras-chaves dão conta cabal do significado ou do conteúdo original da imagem ou de grupos de imagens que estão sendo procurados? Esta é a questão que Bateson (1977) expressa como "a diferença que cria outra diferença": não devemos confiar nas palavras-chaves que servem para rastrear imagens na rede, tal como é o caso no Google, por exemplo.

Por trás da lista de resultados de cruzamentos combinatórios por efeito de algoritmos, como os do Google, há uma visão do mundo, isto é, princípios de classificação do saber visual, de organização do conhecimento sobre o mundo e homens; em outras palavras, de políticas da imagem.

A classificação de linguagens da imagem utilizadas nas bibliotecas icônicas comerciais (Agefotostock, Corbis, Agencia EFE, etc.) é suscetível a evoluir interativamente em razão das demandas dos usuários através dos *links*, o número e o tipo de perguntas (não é a mesma coisa pedir imagens de /presidente dos EUA/ que /presidente do Paraguai/).

Existem, além do mais, as lógicas comerciais que vão se impondo num ritmo cada vez maior na rede e que dominam os critérios de influência externa sobre a semantização da informação visual. A indexação de pagamento se afirma como o único modelo econômico viável para os diferentes instrumentos de pesquisa da imagem. Esta lógica e as práticas que vão associadas (compra de palavras-chaves, de imagens-chaves, garantias de posicionamento na lista de resultados — os dez primeiros, etc.) influem tanto quanto os sistemas de patrocínio. Com o qual se torna mais difícil acessar aquelas imagens que nem são pagas, nem são patrocinadas. Um mau assunto para os artistas visuais que se acham fora dos circuitos comerciais.

A criação de mecanismos de busca passou a ser um grande negócio nas estratégias das empresas na rede: depois da entrada na Bolsa da Google, a Microsoft criou seu próprio buscador, separando-se do Yahoo que até o momento era o segundo buscador mais solicitado entre os usuários. Agora começa uma nova batalha na guerra da informação: a luta pelo mercado dos buscadores, tornados indispensáveis para pesquisa, negócio e entretenimento. A lógica da organização documental do mercado, junto com a semântica da Web, marcará a qualidade e universalidade do acesso à informação dos próximos anos.

Para evitar cair totalmente na lógica unilateral dos buscadores, que afeta tanto os autores, difusores e usuários, dever-se-á lutar por um sistema que permita objetivar a documentação e a busca, isto é, ferramentas de controle democrático da informação. Estas ferramentas passam por uma educação sociocognitiva das habilidades para a pesquisa de informação lingüística e visual e pela defesa de mecanismos democráticos da pesquisa, conservação e difusão das imagens.

Para construir conhecimento no acesso documental de imagens, por exemplo, é necessário contemplar duas dimensões: a importância do contexto documental e a do contexto do usuário. O contexto semântico da foto pode ser determinante para encontrá-la ou não, e o *transfert* de ocorrências de significados e de leitura, assim como as metáforas que constrói o documentarista, podem ser decisivos na hora de estabelecer seu valor informativo. O contexto do usuário se compõe do próprio conhecimento e grau de informação, mas também das tecnologias e habilidades artísticas e intelectuais que se manifestam no momento de acessar os mecanismos de busca. O *transfert* de competências do documentarista ao usuário, bem como de uma série de informações para-icônicas que pertencem ao âmbito cultural e político do momento, produz a apropriação de uma cultura técnica da imagem, de um conjunto de saberes determinantes para a significação da informação.

3. Os formatos televisivos e o referendum da Constituição Européia

A criação de valor marca também a televisão contemporânea. Enquanto vão sendo tecidas as diversas opções de canais digitais que trarão ainda mais futebol às telas (o "apagão digital" para a Espanha voltou a ser fixado para 2010), os canais tradicionais se preparam para a migração tecnológica transformando-se em empresas que apostam na imagem e no marketing acima dos produtos. Da mesma forma que já fizeram as televisões das plataformas digitais e que agrupam centenas de canais na Europa, a principal atividade de seus diretores centra-se na capacidade de gerar expectativas — o melhor cinema, os melhores documentários, toda a música, toda a história do cinema —, isto é, em publicizar um conceito de prestígio. Dá na mesma que a campanha de publicidade se concretize depois em conteúdos. Para tudo isto são úteis não só as operações de marketing de massa. Não só a geração de programas-marcas como o *Operación Triunfo* (*Fama*) e seu canal digital. Também a geração de eventos próprios como os especiais de começo de ano, ou de Natal, os prêmios a si mesmos ou as campanhas solidárias. Nestas últimas se disputa para reunir o máximo de dinheiro, não tanto porque a causa ou organização solidária precise, mas, sim, para ganhar a cadeia da concorrência que também organizou sua campanha de caridade.

Nesta nova era midiática, a publicidade está mudando rapidamente. Porque deve competir com o *zapping* entre canais, mas também contra o *zapping* entre os meios interativos (serviços *à la carte*). Por isso, a publicidade está procurando o *zapping* de atitudes, isto é, localizar os segmentos e *targets* mais desejados pelos anunciantes (profissionais, jovens, classe média urbana, etc.). Por isso, a televisão já procura a alternativa de novas fontes de financiamento[1] . E a encontra no telefone celular, a grande alternativa para a Internet. As mensagens por celular e os telefonemas já atingem os dez milhões de euros nas televisões espanholas.

A teledensidade, promessa da globalização, é um componente exclusivamente comercial que as televisões começaram a incorporar com sucesso para melhorar sua cota de resultados. O telefone não é só um serviço básico das sociedades modernas, é também um objeto imprescindível para a criação de valor. Enquanto o buraco social das telecomunicações se torna cada vez mais profundo, revelando dramaticamente a desigualdade planetária da migração digital. Ocorre que no mundo desenvolvido há de 50 a 70 linhas de telefone para cada 100 pessoas, 83 países da África, Ásia e antiga União Soviética não superam as dez linhas (um telefonema dos Estados Unidos para a Suíça custa 0,5 centavos o minuto, para Afrecha custa US$1). Mas na Espanha, nos primeiros seis meses do ano de 2003, as televisões arrecadaram 107,7 milhões de euros por mensagens de texto e telefonemas para participar dos concursos e gêneros de *reality show* (*Big Brother*, *A ilha dos famosos*, etc.).

O telefone e a televisão, transformados em objetos estratégicos da migração digital, estão contribuindo para mudar radicalmente o mundo da recepção audiovisual. A recepção perdeu o status do espectador em prol da mercantilização do tempo de exposição à mídia. A tradicional divisão entre mídias abertas e pagas está dando lugar a uma divisão entre mídias que vendem conteúdos e mídias que oferecem serviços. O financiamento publicitário das mídias deu lugar às transações através da interatividade (telefone e Internet).

Trata-se pois de uma desterritorialização das redes eletrônicas tradicionais por parte das telecomunicações e da informática que já está gerando os primeiros sintomas de mudança do público de televisão aberta para outros meios. O público de televisão aberta marcha inexoravelmente em direção ao envelhecimento, enquanto cada dia aumentam os usuários mais jovens que se aderem às multimídias.

O universo da televisão está-se vendo cada vez mais incapaz de atrair os públicos ávidos de novidade. Daí a necessidade de uma campanha de adesão, por exemplo, apresentando-se perante a sociedade com uma imagem humanitária e solidária, sabedores de que a cultura popular se apóia fortemente nos sentimentos pelo outro. A criação de valor moral das grandes televisões na Europa (a rede de Berlusconi ou o Canal Plus) ou na América Latina (a Rede Globo ou a Azteca Televisión) com suas campanhas de prevenção à saúde, as telecampanhas, os clipes humanitários, as séries e novelas com conteúdos sociais, o recurso sentimentalóide e mistificante, as catástrofes humanas e ecológicas nas reportagens de fim de ano, etc., é o grande trunfo para encarar uma migração que vai além das fronteiras tecnológicas e repercute no tecido social em toda sua complexidade.

Como diz David Simon, ex-jornalista e autor da novela *The Corner*, que depois escreveu sobre o crime na costa Leste dos Estados Unidos como série para a televisão: o formato dos discursos (na televisão) vai contra a realidade.

Contra a realidade ou a favor da obesa realidade, os programas de *reality* cumpriram um quarto de século na televisão internacional, e continuarão enquanto houver audiência que padeça de bulimia televisiva. Durante este longo tempo, chegaram a ser não só produtos insubstituíveis das grades de todas as televisões, constituíram os sucessos mais prolongados junto com as séries de ficção e com o futebol, produzindo grandes distorções nas estruturas de programação da televisão aberta e temática, pública e privada. Mas isto não é tudo. A importância central do *reality* reside na capacidade para revolucionar a relação com os espectadores, com os outros programas, com os meios de comunicação e finalmente com o meio cultural.

Nestes últimos quatro anos o *reality* passou a ser um programa esporádico ao transformar-se num sucesso em todo mundo. Em 2003, segundo a Eurodata (a análise ocorreu na programação de 72 países que contam com um total de 600 milhões de espectadores), este formato de entretenimento representou 39% dos melhores resultados nas audiências da Europa ocidental, contra 35% alcançados em 2000.

Programas como *Big Brother* (*Gran Hermano*, em espanhol), *Pop Idol* (sua versão de maior sucesso na Espanha é *Operación Triunfo*), *Survivor* (*No Limite*) já são considerados clássicos da televisão mundial.

A mudança de vida como criação de valor

A técnica mercadológica dos produtores destaca a capacidade de adaptação do formato, desde que iniciou sua caminhada nos anos 1980. Os programas apresentam situações de mudança na vida diária dos cidadãos, mudança de aparência física, mudança de trabalho e de parceiro sexual. A *reality TV* já se apresenta como a válvula de escape num mundo fechado sobre si mesmo por medo do terrorismo, da perda do emprego, da solidão e de todo tipo de inconformismo, incluído o da identidade sexual. Para a perda de estima pela própria realidade, a televisão oferece uma mudança de vida.

As mudanças que acontecem com as pessoas nestes programas podem chegar a ser irreversíveis.

No MipCom de 2004 foram apresentados em todas as televisões do mundo alguns exemplos desta estratégia de mudança, tais como o *reality makeover*[2], nos quais se trata de melhorar o modo de vida dos participantes. Posto em moda pelo formato americano *Queer eye for the straight guy*, em que um grupo de cinco gays muda a rotina de vida de um garoto heterossexual, continua propondo novos desafios, como o japonês *Ready to date*, uma mistura de *dating* e *makeover*, no qual, além de melhorar aparência, pode-se encontrar um par; *Ten years younger*, em que, com a ajuda de um pequeno *lifting*, recupera-se a aparência de dez anos atrás; *Home delivery*, em que há uma transformação física e emocional dos indivíduos; e *The Swan*, em que se realiza a transformação de 60 mulheres, de patinho feio em cisne. Os problemas de relacionamentos de família, casais ou colegas de trabalho também encontraram seu espaço em programas como *Marry me... again!*, em que se procura dar uma nova oportunidade a um casal com problemas, com um novo casamento surpresa; *Family dinner*, que reúne os membros de uma família para que falem de suas diferenças; *Five things I hate about you* dá a possibilidade a familiares e amigos de ajudar a resolverem pequenas disputas de casal; ou *Moving on*, em que um especialista em livros de auto-ajuda analisa os problemas e procura dar soluções. O intercâmbio de papéis e o "coloque-se em meu lugar" deram muito "de si" desde a aparição do inglês *Wife Swap*, no qual duas mães de família com modos de vida muito diferentes trocam de lugar durante uma semana. Em *My life in the real world*, um político se transforma em dona-de-casa e vive com um orçamento, alguns trabalhos e algumas obrigações muito distantes de sua vida diária e que são as de um eleitor qualquer; em *Poor little rich girls*, três adolescentes de classe alta modificam suas vidas nos contatos com três garotas de classe média.

A última moda se impôs nos programas de sucesso através de conceitos-chaves como o *twist*, com o qual são criadas regras para fazer os candidatos entrarem em processos de confusão, coisa que parece agradar aos espectadores. A identificação entre televisão e espectador segue aqui seu curso incontrolável. Assim aconteceu nos Estados Unidos, por exemplo, com *My big fat obnoxious fiancé*, da Fox, que conseguiu na última temporada dez milhões de espectadores.

Porém o impacto mais espetacular acontece fora do estúdio, nos extramuros do programa televisivo. Um fenômeno parecido ao que se via nos anos 1980, quando as revistas ou programas de variedades (entrevista+reportagem +variedade+concurso) das manhãs e tardes contaminaram toda a programação, de modo que todos os gêneros televisivos se tornaram de variedades. Mais ainda: toda a televisão se transformou num grande contêiner. Como bem se sabe, com os *reality*, as cadeias de televisão estendem, como uma mancha de azeite, pequenos fragmentos do programa durante todo o dia. Isso significa que toda a programação de uma cadeia está dependente dos vaivéns de um só programa (o *reality*) que em teoria não deveria durar mais de três horas. As crianças, cujos pais não podem ou não querem pagar a assinatura da televisão digital paga, viramse obrigadas a desfrutar de programas infantis só durante o fim de semana, não tendo outra alternativa senão acompanhar os respingos do *reality* em seus horários diurnos. No entanto, os adolescentes que tinham abandonado a televisão por falta de programas excitantes foram parcialmente reconquistados ou reciclados graças a este formato que lhes oferece educação sentimental exagerada e em todas as horas.

Os adultos temos as grades de programação saturadas de debates sobre famosos. Considerando que, em países como a Espanha, os famosos são bem mais escassos, abundam os debates auto-referenciais, com estrelas habituais da televisão. Os *showmen* (que só se parecem na terminologia com os apresentadores norte-americanos) da televisão passam a ser protagonistas, junto com os protagonistas do *reality*. Depois esses programas convertidos em formatos de *zapping* servem de cobaia para outros programas, etc. Nos *reality* de primeira geração, como *Quem sabe onde*, *A confissão*, *Psyshow*, etc., o apresentador ou *showman* ficava num segundo plano. O protagonista era a vítima ou o assassino que aparecia no estúdio para contar sua desgraça ou sua façanha. Nos *reality* de segunda geração, os profissionais da televisão recuperaram o protagonismo perdido e competem com os concorrentes tomando partido como antagonistas ou aliados de uns contra outros. Portanto, os participantes não têm problema de insultar ou de, pelo contrário, chorar no ombro do ou da apresentadora, uma vez que saíram de seu exílio, isto é, foram expulsos por votação do público. Como a vida do *reality* não acaba no programa, os profissionais da televisão mantêm, fora do vídeo, relações pessoais, sexuais e sentimentais com os protagonistas, o que é tema para outro programa de TV lixo, etc.

O público, por sua vez, participa amplamente do *reality*, como não podia ser de outra maneira na era do protagonismo das massas nos acontecimentos midiáticos. Nos formatos de primeira geração, o público fazia parte da decoração, sentado e imóvel em seus assentos no estúdio. Agora participa diretamente, votando nos participantes através de um sistema de chamadas telefônicas que constituem a segunda grande entrada de lucros das televisões depois da venda de publicidade e *merchandising*.

Tudo isto não deixou impassível nem os meios de comunicação, nem o meio cultural, nem os mesmíssimos políticos. Enquanto os jornais sérios e as revistas populares encontraram neste tipo de programa um veio inesgotável para suas vendas, os escritores e intelectuais escreviam em suas mesmas páginas tremendas denúncias contra os *reality*. Mas como depois são convidados para os debates de televisão sobre o tema, jornalistas, escritores, sociólogos e, inclusive, filósofos terminam envolvidos na grande teia de aranha destes programas. Os políticos, por sua vez, terminaram por aproveitar este formato como tribuna para suas mensagens. Ficou conhecida a intervenção do então presidente da Colômbia, Cesar Gavíria, que, sentado junto aos protagonistas da casa do *Big Brother*, solicitou em 2003 o voto favorável para o *referendum* nacional, enquanto os concorrentes procuravam explicar (coisa árdua de eles próprios compreenderem) o texto submetido à votação nacional. Não é um caso isolado, tem-se o mesmo exemplo programado para a Espanha. O *Big Brother* da Telecinco é outro caso interessante de criação de valor. Passou de um programa criticado pelos jornalistas "cultos" a espaço aproveitado pelo governo socialista para difundir os conteúdos da Constituição Européia, votada no *referendum* de 2005 na Espanha. Muito poucos crêem que isto terá algum resultado nos espectadores do programa, salvo o saudável efeito da imagem cívica para a cadeia de televisão.

O papel do jornalismo na criação de valor de um programa de televisão

Graças ao *Operación Triunfo*, a TVE (Televisão Espanhola) conseguiu a liderança da audiência nos horários-chaves para o mercado da publicidade durante dois anos seguidos. A emissora pública espanhola acabava de dar à luz a algo triunfante em plena decadência econômica e política como televisão de referência. Graças ao *Operación Triunfo*, desertores de uma programação obcecada pelo futebol e pela manipulação política do governo do Partido Popular, as novas gerações descobriram de repente a televisão pública. Tal como tinha feito *Big Brother*, o *Operación Triunfo* resgatava para a televisão a geração *chat-wap*. Na era do marketing e da imagem de marca que substituem os conteúdos, faziam-se visíveis também outros efeitos colaterais do programa: a moda do *Reality show* chegou até os canais da televisão digital paga.

O *Operación Triunfo* extrapolou todas as expectativas de seus produtores. E ao que parece, contou também com a aceitação generalizada de seus antigos críticos. Contra todo prognóstico, as páginas do diário *El País* elogiaram o *Operación Triunfo* sem nenhum complexo. Onde estavam os impropérios e vestimentas rasgadas pelos jornalistas e colunistas outrora escandalizados pelo *Big Brother*? As colunas do jornal, que bombardearam durante meses as grutas dos habitantes da casa do *Big Brother* e seus espectadores, calaram de repente. Um dia, um dos diretores de *El País* chegou a dizer que este programa, finalmente, era algo diferente, comparável a uma enciclopédia da arte midiática. Ali não havia televisão lixo. A cultura retornava à televisão. No *Operación Triunfo*, agora havia professores de música e artistas, em vez de apresentadores analfabetos. Os participantes eram pouco menos do que Mozart, provenientes de todos os cantos da Espanha. No *Big Brother*, só havia estudantes, desocupados, alguma prostituta, donas-de-casa e aventureiros diversos. Para *El País*, não se podiam comparar os valores destes dois programas, porque um era lixo (*Big Brother*) e o outro, simplesmente arte (*Operación Triunfo*).

Seria fácil, e por isso falso, afirmar que o jornalismo acusador se abranda quando trata do próprio quintal. Que a crítica perde virilidade quando o que está em jogo são os negócios de casa. Há mais, bem mais. E isto se deve provavelmente a um efeito óptico, a uma espécie de *trompe l'esprit* entre os intelectuais do jornal. Falou-se, a respeito do *Operación Triunfo*, que se tratava de algo qualitativamente diferente. A diferença referia-se à competição por um objeto nobre, como a música. No *Big Brother*, o objeto era exclusivamente banal, já que o argumento só se baseava na produção de sentimentos. Ali estava a obscenidade do programa para muitos profissionais da coluna jornalística semanal de *El País*.

Para o espectador comum e habitual, no entanto, não há diferença entre os programas. O atrativo de um e outro consiste no mesmo: na exibição continuada de caras e vozes jovens, num processo de transformação, ao vivo, de condutas humanas, baseando-se na afirmação da própria identidade e na competitividade contra os demais membros do grupo para obter um prêmio. Em ambos os protagonistas são jovens, selecionados entre milhares, e isso faz com que se sintam parte de uma elite, estrelas do mundo. A estrutura do programa é similar: votações para expulsar ou salvar os indicados por parte do público e dos próprios protagonistas. O sistema de transmissões é idêntico. Um especial semanal, resumos diários e retransmissões ao vivo, um no Vía Digital, simpático ao governo do PP; o outro, no Canal Satélite Digital, do grupo Prisa. O *merchandising* (camisetas, bonés, etc.) e o *product placement* (as marcas e os produtos bem visíveis e tomados pelas câmeras sem nenhum constrangimento) são os mesmos. Similar também foi a disputa entre as produtoras, de discos ou de eventos segundo o caso, para ficarem com o negócio. Idêntica foi a exploração comercial dos participantes perdedores que eram aproveitados em discotecas e apresentações para esquentar o clima de expectativa em torno das incidências do programa televisivo.

Onde está então a diferença? Pois um (*Operación Triunfo*) obteve o selo de criação de valor e o outro (*Big Brother*) o de televisão lixo.

Mas a história das mídias na Espanha tem voltas que a razão desconhece. O governo socialista, em plena campanha nacional pela moralidade televisiva (iniciada pelo governo conservador de Aznar) e de reforma da televisão pública, decidiu que *Big Brother* seria o veículo para a mensagem de adesão à Constituição Européia no *referendum* do 2005.

4. O Fórum das Culturas de Barcelona e o Real Madri deram-se as mãos

A criação de valor não é monopólio do capitalismo norte-americano. Funciona perfeitamente entre os meios de comunicação como no universo do futebol (se é que há diferença entre ambos), nos eventos culturais comerciais ou institucionais. Tudo isso parece bem sutentado neste novo triângulo das bermudas da era digital: a cultura oficial, o futebol e os meios de comunicação. Em todo o mundo, é uma banalidade recordá-lo: a televisão, o esporte — especialmente o futebol —, a literatura, o jornalismo e os governos locais se regem pelo marketing e a imagem de empresa.

As televisões obtêm maiores lucros investindo nas campanhas de marketing do que na criação de conteúdos; os escritores preferem fazer roteiros de cinema em seus romances, esperando que algum diretor ou produtor lhes compre os direitos, do que apostar na criação, na inovação e na experimentação literária; os jornalistas que não escrevem de acordo com a autocensura ou com os modelos de sua empresa ou de quem governa são cada vez mais exóticos. Os governantes locais se voltam para a arquitetura das cidades e a construção de museus, para reabilitar suas imagens públicas. O governo que não cria grandes eventos desportivos ou culturais não é ninguém no concerto de nações.

A criação de valor já faz tempo que desembarcou no futebol. Existia através da compra de exclusividade de todos as partidas para as plataformas digitais de satélite e a cabo. Mas chegou a vez do mercado dos jogadores. A chegada do britânico Beckham ao Real Madri, em 2003, foi espetacular, não só por ser a figura mais cara da história, não só por ser o homem que aparece revestido de grandes marcas, como Theo Fennel, Dolce e Gabbana, e que, desde que está na Espanha, às vezes joga bem e até faz gols. 2003 foi também a inauguração do Real Madri como a grande Disney do futebol, nas palavras de seu presidente, Florentino Perez, empresário imobiliário de sucesso. O Real Madri, o clube sonhado por jogadores e treinadores de todo o mundo, tinha agora uma nova estrela midiática em David "Beckham, símbolo da pós-modernidade", nas palavras textuais de seu presidente.

O caso de David Beckham, que, além de receber um salário astronômico, ganha 47 milhões de euros anuais por publicidade e direitos de imagem, é sintomático de como estão as coisas no futebol internacional. Mas, na Espanha, o Real Madri é, além do mais, modelo invejado de gestão empresarial por todos os que desejam ser presidentes de um clube cujo objetivo principal é a compra de valores midiáticos. Os talentos de jogadores dos próprios clubes não têm como fazer nada diante de um jogador milionário, cujo *glamour* permite suculentos ganhos com direitos de imagem.

Mas acredito que, um dia, Barcelona, sede do Barcelona Clube de Futebol, e o Real Madri, eternos inimigos irreconciliáveis no futebol e ideologicamente falando, encontrem o modo de se entender perfeitamente.

Isto ocorreu também em 2003. Barcelona, que García Canclini situa, juntamente com Nova Iorque e Paris, como uma das cidades *sexy* do momento, tinha se preparado, através de uma sensacional campanha de marketing local e internacional, para sediar o Fórum das Culturas 2004. O evento, que aconteceu entre maio e setembro de 2004, era a reconversão de um projeto fracassado para transformar a cidade em sede de uma Exposição Universal. Tratava-se de recuperar o impulso urbanístico e o sucesso da imagem dos Jogos Olímpicos de 1992, para realizar a segunda parte da renovação dos terrenos industriais em desuso junto ao mar, logo depois da Vila Olímpica e do Porto Olímpico. O Fórum pretendia reunir conferencistas e atividades lúdico-culturais sem que, até o dia de hoje, tenha-se podido entender com certeza sua relação com a grande operação urbanística de 2000. O programa de atividades, confiado ao clientelismo "de esquerdas" e a responsáveis do meio do poder local e dos partidos afins, não se diferenciava muito das programações dos cursos de verão, com os quais as universidades espanholas conduziam a época estival e as festas anuais da Virgem das Mercês, padroeira da cidade. Mas, na essência, tratava-se da segunda grande operação urbanística pós-olímpica, para a qual se precisava de um álibi cultural cujo orçamento, quando faltavam oito meses para o Fórum, atingia já os 63 milhões de euros. Do ponto de vista propagandístico, o evento foi um sucesso. Do ponto de vista econômico, um fracasso porque não cobriu as expectativas geradas por seus diretores e pelo prefeito. Em dezembro de 2004 ainda não tinham reunido o dinheiro suficiente para evitar os números vermelhos na contabilidade dos resultados.

No que concerne aos valores culturais, o fracasso mais rotundo foi a impossibilidade de construir uma imagem de marca solidária, que era um de seus objetivos mais claramente declarados. Nos mesmos dias em que se realizavam as conferências e encontros sobre multiculturalismo e solidariedade internacional, não muito longe, no centro da cidade, na catedral de Barcelona, as forças da ordem pública expulsavam a paulada os imigrantes, em sua maioria africanos, que requeriam papéis para regularizar sua situação legal. É só um episódio, dirão alguns... Porque, apesar dos pequenos percalços colaterais, a criação de valor do Fórum se impôs acima de tudo e o prefeito de Monterrey levou desde Barcelona o prêmio até a cidade, para convocar e organizar o próximo Fórum no México.

Florentino Perez, presidente do galáctico Real Madri, expressou seu máximo apoio ao Fórum Barcelona 2004, lembrando que "o multiculturalismo é um conceito assentado já há muito tempo em nosso âmbito, no qual não só convivem pessoas de origem e condição muito diferentes, integrando nossas equipes desportivas". A coincidência de objetivos entre o Fórum e o Real Madri, na opinião de Pérez, facilitará que, "sem esforço algum", o clube madrilenho se torne representante "dos valores que o Fórum promove, dando testemunho deles lá onde nossas equipes ou qualquer outra expressão de 'madridismo' se façam presentes". Não saberíamos medir quão fundo esses valores penetraram no clube, mas sabemos sim que, meses mais tarde, no estádio do Real Madri, na partida amistosa entre as seleções da Espanha e do Reino Unido, os gritos racistas dos espectadores espanhóis contra os jogadores negros daquele país provocaram um enérgico protesto dos britânicos, cujo primeiro-ministro, Tony Blair, exigiu uma desculpa oficial do governo da Espanha.

5. A criação de valor na publicação pela Internet

A criação de valor nas publicações da rede é um processo instável que explicavelmente se debate entre modos de produção inéditos e as migrações provenientes de modelos tecnológicos e de produção precedentes, tanto comerciais quanto institucionais. No meio de um e outro modelo, encontramos as estruturas de publicação que oferecem as bases de dados como valor agregado.

Sem ânimo de estabelecer uma metodologia definitiva a respeito de uma tipologia de publicação na rede, podemos dividir a produção em comercial e não-comercial.

A criação de valor na zona não-comercial é constituída pela produção tanto individual quanto comunitária, em que predomina a originalidade dos conteúdos apoiados, em alguns casos, na notoriedade dos autores, bem como o intercâmbio de bens de informação através da publicação de revistas e diretórios de publicações culturais, de lazer ou universitárias.

A produção na zona não-comercial da rede se encontra favorecida pelas ofertas de tecnologia de baixo custo ou gratuitas, como é o caso do código livre. Neste âmbito se colocam tanto indivíduos (informáticos, artistas, escritores) influenciados pela tradição libertária e alternativa que reivindicam tanto a liberdade de expressão quanto uma sociedade da informação sem direitos autorais. Essas tendências alentam a formação de comunidades virtuais que têm um forte componente de romantismo no intercâmbio de bens imateriais, especialmente de conhecimento e artístico. As comunidades de produção e publicação tratam assim de atenuar a debilidade da autopublicação, que só pode apoiar-se em nomes de escritores ou artistas já reconhecidos na indústria tradicional da cultura. Com freqüência a produção individual, que vem acompanhada de comunicações interpessoais e da existência de uma rede de usuários horizontais, caracterizados por uma indiferenciação e homogeneidade de gostos e atividades, é vital para a sobrevivência dos *weblogs*, por exemplo, que costumam ter um ciclo vital muito intenso, mas de curta duração.

A criação de valor na zona comercial responde mais às etapas tradicionais do âmbito editorial (criação, edição e difusão) e supõe um maior controle dos processos de publicação cujos objetivos editoriais, científicos e artísticos se encontram rigorosamente selecionados para a comercialização. Num âmbito econômico mais complexo, nos deparamos com modelos de hipermídias e com os grupos que tendem ao monopólio de suas ofertas nos âmbitos jornalístico, televisivo, musical.

Como na zona comercial a variedade da oferta e a diversificação de gêneros formam a base de criação de valor, além da marca da empresa ou do grupo, existe uma grande dissociação entre conteúdos e tecnologias. A música, a informação jornalística, o entretenimento e os programas audiovisuais, com diferentes formas de expressão, se acham digitalizados para ser colocados à disposição dos usuários. As empresas multimídias podem assim reduzir ao mínimo os atores da produção e difundir ao máximo os conteúdos publicados em suportes diferentes.

Na zona não-comercial da rede, a identidade entre criação intelectual e difusão editorial é extremamente estreita. Como o financiamento da Web provém do mesmo autor ou da comunidade de publicação, a criação de valor é dependente da criatividade e do grau de independência frente à produção comercial. Daí que seu valor consiste na difusão de documentos que, sem a Internet, seriam invisíveis ou reduzidos ao boca a boca do rumor.

Estendamo-nos um pouco mais nesta zona de produção não-comercial da rede.

A era das tecnologias aplicadas às mídias foi inaugurada com uma série de fantasias. Uma delas é a que acontece pela chegada da civilização da imagem. No entanto, a tecnologia que é a estrela da nova era, a Internet, demonstrou que a civilização da escrita, e não só da leitura, teria uma nova oportunidade.

A linguagem oral e escrita não tinha gozado de tanto protagonismo como no momento atual, e nunca como agora a linguagem tinha se democratizado como ocorre nas redes. Os suportes digitais que possibilitaram a comunicação em tempo real através dos *chats*, por exemplo, permitem a criação de verdadeiras comunidades da fala, principalmente de jovens que são também grandes usuários das mensagens de texto por telefone celular. Embora essas comunidades costumem consolidar os esquemas arquetípicos de gênero e de culturas de origem, transformam-se muito cedo em atividades que, em muitos casos, superam a interação com o mundo real. Trata-se de comunidades exclusivamente virtuais, cuja essência é lingüística e sua gestão, espontânea e livre. Ainda que o exercício lingüístico se baseie numa gramática oral, trata-se de uma comunicação com abundantes recursos de paralinguagens, com uma profusa inovação tipográfica em que o aspecto icônico realiza um papel chave na economia e na eficácia da linguagem. Trata-se de uma experiência inédita na história da cultura escrita, que permite prevalecer o valor do textual e a ação comunicativa acima da gramática, coisa que inevitavelmente nos recorda a divisão entre culturas gramaticais e culturas textuais enunciadas por Lotman (1979).

Nos meios jornalísticos da rede, a criação de valor vem principalmente de sua declaração de meios interativos, em que, em tese, os leitores têm maior protagonismo que nos meios escritos. Mas, na realidade, as coisas não coincidem com a técnica de mercado.

No âmbito jornalístico nasceram novas redes de expressão cuja expansão é diretamente proporcional à perda de credibilidade dos grandes meios de informação. Submetidos aos interesses comerciais e subordinados às diretrizes políticas, são os mesmos jornalistas que criam ou procuram refúgio neste novo "jornalismo sem empresa". Tal é o caso, por exemplo, dos *weblogs* e seu papel estratégico diante das grandes empresas midiáticas ou como difusores de um controle social da informação e da liberdade de expressão. Sobre isto, teremos a oportunidade de voltar a comentar "o caso Echeverría".

Os grandes jornais do mundo iniciaram suas edições digitais com acentuada indolência empresarial, limitando-se a edições que não iam além de um simples apanhado digital do diário impresso. O horizonte do negócio apareceu, no entanto, muito cedo. Este não deveria se basear tanto nas essências do jornalismo como no negócio gerado pelos portais publicitários e pela oferta de serviços multieditoriais, com acesso pago. Assim, o que podia ter sido imaginado como a grande ocasião para a universalização da leitura de jornais *on line*, sofreu o ferrolho do *e-commerce*, antes, inclusive, de amadurecer como jornalismo digital. Tampouco a interatividade foi além do funcionamento estritamente técnico e interno à lógica da edição. A interatividade humana, entre leitor e jornalista, ficou para outra ocasião.

Segundo um estudo da ONA (Online New Association), de 2003, os grandes meios de informação não são bons amigos da horizontalidade informativa. Setenta por cento dos 500 diários mais importantes dos EUA consideravam que a interatividade é o mais importante no novo jornalismo. Mas se comprovava também que nem o *New York Times*, nem o *Washington Post*, nem a CNN dão espontaneamente o endereço de correio eletrônico de seus jornalistas. Ao mesmo tempo, o estudo revelava que as pessoas julgam a credibilidade dos diários *on line* pelo tipo de *links* que oferecem. Ainda que o jornal de papel siga reinando por muito tempo, diz-se na enquete, muitos usuários da informação desejam superar a linha natural de separação entre produtores e consumidores de notícias. Enquanto o jornal tradicional é um espaço de leitura, os jornais *on line* são um lugar onde "se faz".

A cultura jornalística dos *weblogs* pode ser em parte uma resposta à rigidez formal e ideológica dos meios tradicionais. Depois do correio eletrônico e das mensagens instantâneas, os *weblogs* também foram descobertas pelos empresários, porque entendem que neles há uma ferramenta de trabalho que poderia transformar a cultura da empresa jornalística. Ainda que desde o início da guerra do Iraque (2003) este jornalismo tenha alcançado o auge devido às restrições informativas impostas pelo governo dos Estados Unidos e pelos próprios empresários, os *weblogs* não são órgãos exclusivos de situações de crises. São escritos por pessoas que, seguindo um tema, vão enriquecendo-o com informação continuada, oferecendo *links* em *sites* de interesse e expressando com toda liberdade as opiniões pessoais que um profissional do jornalismo não pode se permitir abertamente. Como acontece com todas as mídias, suas possibilidades de expressão aumentam à medida que se tornam mais populares. A inclusão de ferramentas multimídias como som, fotos, movimentos, além dos textos, supõe um campo de experimentação que já chegou ao telefone celular. Os *weblogs* (ou *bitácora* em espanhol) não se circunscrevem ao âmbito jornalístico, embora conservem sua função informativa; cresceram também no campo do ensino virtual com temas que vão desde a utilização do novo sistema de comunicação na sala de aula à apropriação deste gênero para a edição (http://magazines.fasfind.com/wwwtooles/).

Como ocorre quase sempre nas situações em que existe liberdade para escrever, a contaminação de gêneros dá lugar a interessantes subgêneros e estilos em que se mistura a informação com a narração. Por exemplo, encontramos em AMQS (Antes Muerta que Sencilla[3]), http://www.amqs.com, um *weblog* que sem escândalos se transforma de diário íntimo (ao estilo *O Diário de Bridget Jones*) em um caderno de experiências variadas que chegam até a algum programa de rádio nacional:

> *{Março 22, 2004}*
>
> *Há tempos, tiro fotos da gente do bairro com meu cachorro: o padeiro na porta de sua loja, com meu cachorro; o turco, na porta do doner kebab, segurando meu cachorro; o menino chinês, na porta da loja de alimentação, com meu cachorro; o garoto que vende os jornais, em frente do quiosque, segurando meu cachorro... É curioso porque jamais ninguém se negou, e com o tempo, quando vou revelando-as, a cada um dou uma cópia.*
>
> *Ontem desci para comprar o pão e vi que tinham posto a foto na porta da loja. Depois tomei alguma coisa no bar, e ali estava a foto. E na loja dos chineses, e na videolocadora. Meu cachorro está por todo o bairro, com cada dono de cada local. Quando voltei a casa e o vi tombado no sofá, perguntei-me o que pensaria ele de tudo isso.*
>
> *Escrito por almu às 09:57 AM*

Se o leitor ativa com seu cursor a assinatura, poderá ler os comentários de cada intervenção, que pode dar origem a outros tantos temas, como por exemplo:

> *Encontro isto por pura casualidade, agora:*
>
> *O pintor que pinta um cachorro como o seu não tem um quadro e*

um cachorro, mas, sim, dois cachorros
(José Luis Borau)
Quantos você tem agora, Almu? :)
Feito por Santiago Gaulesa em 22 de Março, 2004 05:27 PM

As novas linguagens da ficção e da arte nas redes tomam sua criação de valor da literatura tradicional de ficção científica.

Apesar de seu caráter alternativo, a publicação individual e comunitária na Internet procurou sua própria criação de valor no uso desprendido dos clássicos da literatura, do folhetim e da tradição dos quadrinhos.

Na falta de uma tradição cultural própria, as narrações míticas parecem se adaptar à perfeição no mundo das redes e migrações digitais. Tanto é assim que aparecem linguagens destinadas a promover as inovações tecnológicas, ao mesmo tempo que as utilizam como suportes. As origens tecnomíticas parecem achar-se cômodas no mundo das redes, desde Ulisses, o eterno emigrante dos mares (*Odisséia no espaço* e o paranóico *Hal 9000*) e sua esposa Penélope, que faz e desfaz a rede da esperança; Júlio Verne e a metáfora da eletricidade em que os polvos e as redes monstruosas se confrontam com as redes elétricas lucrativas; a noosfera e a dilatação eletrônica de nossos sentidos profetizadas por McLuhan; as diversas narrações bíblicas aplicadas à informática, até chegar à genial trilogia (pela qualidade artística e tecnológica e não pelo conteúdo literário) de *Matrix*, em que a libertação da humanidade virá da redenção virtual. Este mundo ultratecno, onde reina o "tempo bala", é também a galáxia de Hollywood, o poderoso mundo do cinema que cada vez mais se vê ameaçado pela pirataria e pelas brechas informáticas da rede, que permitem burlar em grande velocidade a propriedade comercial dos filmes.

Mas a ficção na rede parece contar sempre uma mesma história: o nascimento da cultura informática leva em seu interior o vírus da contracultura. Desde a novela de Bruce Bethke (1983) — que reivindicando a ficção fantástica dá origem ao *ciberpunk*, ao *underground* e ao futurismo — até as organizações de piratas informáticos anti-Microsoft, que tantos desvelos provocam nos usuários de todo o mundo, as narrações costumam ressuscitar continuamente os fantasmas da luta contra a morte entre dois sistemas: o real/virtual, as máquinas/as pessoas, a propriedade das redes/a liberdade dos códigos. Uma luta que já em 1948 Norman Wiener tinha enunciado em seus trabalhos sobre a cibernética e o controle do homem sobre as máquinas (Musso, 2003). Na atualidade, a contra-informática da ingênua filosofia *ciberpunk*, que tinha a W. Gibson por sumo sacerdote, evoluiu para organizações mais tenebrosas como as dos *Krackers* de *Drink and Die, Ninja Negro 451*, *Destruidor total*, etc. À frente, outros movimentos menos radicais que se apresentam como alternativa aos quebra-patentes, defensores do código livre para a nova democracia informática.

A versão literária e bonachona dessas animosidades tem diversas expressões. Uma delas é a corrente criativa de *Fanfiction*. Trata-se de um gênero das letras cultivado pelos seguidores de séries de televisão, filmes, quadrinhos, sagas literárias, que recriam e manipulam as histórias e seus heróis. Naturalmente, *Star Trek* foi muito popular até que Harry Potter começou a roubar o seu protagonismo nas quase cem mil narrações que este gênero comercial da literatura infantil gerou (http://www.fanfiction.net/read.php?storid=1474582).

Por sua vez, a *net art* aproveita as redes semânticas para levar a arte e a criação a todo o mundo. Artistas, teóricos, músicos apresentam seus trabalhos na rede.

As páginas giram em torno da evolução da arte eletrônica e da cultura das mídias em diferentes países da América e da Europa. O panorama se estende desde a videoarte e a música eletrônica, até o uso criativo da Internet. A *net art* é uma expressão difícil de definir, mas por seu caráter sincrético e mosaical tem conexões com todo tipo de expressão criativa. Trata-se de ferramentas tecnológicas que podem, inclusive, aproveitar programas e erros informáticos para sua reconversão artística. Uma das atividades, por exemplo, inclui o *Serendipitious surfing*, um jogo semântico com bases de dados no qual se sabe como começar, mas não se sabe onde ou como termina.

A geração de imagens com a estética ASCII, como em *The Google ArtCreator*, a reelaboração geradora de imagens vinculando as palavras com elementos icônicos (*GoogleSynth*), ou a transformação de dados, textos, imagens em *acting painting* informático ou expressões antiinformação, como em *Small Words*, são algumas destas novas linguagens tecnológicas que expressam parte da tremenda força criativa que pode ser canalizada através das redes da migração digital. Como tudo na rede, a existência é muito dinâmica ou efêmera e pode ter endereços de *sites* inativos ou mudanças de endereços.

6. A bomba de destruição massiva de um jornalista

Ignacio Echeverría, crítico literário do diário *El País*, enviou uma carta aberta ao diretor adjunto do jornal, Lluís Bassets, na qual denuncia o jornal por "exercer de um modo aberto a censura e violar deliberadamente o direito à liberdade de expressão". Echeverría, colaborador de *El País* há 14 anos, publicou em setembro de 2004 uma crítica sobre o último livro do escritor Bernardo Atxaga, *El hijo del acordeonista*, que nos meios diretivos do diário se definiu como arma "de destruição em massa" ou de bomba "atômica". A novela foi publicada pela Alfaguara, editora do Grupo Prisa, e o diário tinha preparado uma grande campanha de lançamento do romance que incluía capa, entrevista do autor, resumo e crítica.

O "caso Echeverría" foi deixado de lado por *El País*, e os leitores não souberam nada até 17 de dezembro, quando a defensora do leitor decidiu tratar do tema, solicitada por várias cartas que consideraram a omissão um fato grave. A defensora perguntou a Lluís Bassets, subdiretor do diário, editor de Opinião e do suplemento *Babelia*, e a quem Ignacio Echeverría tinha dirigido sua carta aberta: 1. Por que Echeverría não publicava nenhuma crítica em *Babelia* há mais de três meses? Tem algo a ver com o fato de que a última que publicou fez uma crítica muito negativa ao livro de Bernardo Atxaga, editado por Alfaguara? 2. Não fica prejudicada, como apontam os leitores, a credibilidade de *El País*, quando os interesses do grupo empresarial ao qual pertence entram em colisão com uma crítica independente? 3. Por que não se publicou a carta aberta de Echeverría? Em sua resposta às três questões, Bassets culpa Echeverría de ter rompido unilateralmente com o jornal; nega que a crítica esteja submetida aos interesses editoriais do grupo; afirma que não publicou a carta porque se difundiu em massa na Internet em menos de 24 horas.

A defensora conclui que, em vista do exposto, a discussão é se houve conflito de interesses e que a suspeita é de que efetivamente houve.

Até aqui, a crônica do "caso Echeverría".

Na atualidade, muitos dos grandes jornais pertencem a empresas submetidas ao intercâmbio de fluxos de recursos tecnológicos, de capital, de pessoal, que produz bens e serviços, entre outros o jornalismo. Existe uma série de mecanismos que contribuem para o valor da empresa ou para a criação de valor, como o tamanho de sua audiência, a produtividade e a reputação (Blanchot e Padioleau, 2004). O grupo Prisa é uma empresa multimídia proprietária de televisão, rádio, editoras, veículos impressos, entre eles *El País*. Este jornal desfruta da reputação de diário de referência há mais de 25 anos. Como parte de uma grande empresa, *El País* não escapa à concorrência com outros meios, inclusive a de suas próprias filiais, divisões e serviços. A editora Alfaguara é precisamente uma dessas unidades do grupo e por isso enquadrada nas estratégias da empresa. Como acontece no mundo empresarial, as relações que estruturam a atividade do grupo podem chegar a perturbar a representação patrimonial ou criação de valor de que desfruta, entre as quais estão as identidades estáveis como a liberdade de expressão ou o exercício vocacional do jornalismo. O conflito de interesses entre a empresa e o exercício livre da crítica literária gerou "o caso Echeverría". Com isso se demonstra que conquistar um lugar num jornal ou um lugar entre os leitores não basta. É necessário que o jornalista resista, como o elo dc uma corrente, que se integre progressivamente na dimensão econômica de um jornal e/ou de um grupo empresarial. Como elo desta corrente, encontra-se indubitavelmente numa situação de debilidade devido às determinações econômicas e empresariais que pesam sobre ele. O jornalista é o elo débil da corrente da produção jornalística.

Da sua posição de crítico literário, um jornalista goza de um status de poder que pesará sensivelmente nas vendas de um autor. Coisa que em outras ocasiões se suspeitou ou evidenciou entre os leitores do mesmo jornal. Mas como aconteceu no "caso Echeverría", a correlação entre a qualidade jornalística ou o status de crítico especializado e reconhecido encontra-se fortemente debilitada por pertencer a um grupo empresarial que tem seus próprios objetivos e estratégias de mercado.

Porém há algo mais. "O caso Echeverría" provavelmente não teria ido além da página da defensora do leitor, publicada num domingo de dezembro. "O caso" foi às páginas da Internet em 9 de dezembro e o subdiretor de *El País*, Bassets, cometeu aqui uma grande torpeza. Alegou, em sua defesa às perguntas da defensora do leitor, não ter respondido à carta de Echeverría porque esta tinha aparecido também na Internet. Deixou assim escapar uma oportunidade para, senão esclarecer o tema, não voltar a esconder a cabeça na areia, como o tinha feito com solicitações anteriores do jornalista.

Centenas de páginas da Internet se ocuparam não só em reproduzir a carta aberta de Echeverría, como também em questionar o jornal, incluindo posições conservadoras que aproveitaram a ocasião para denunciar o grupo empresarial, inimigo declarado dos ideólogos e da assessoria de comunicação do Partido Popular. Mas não só das trincheiras dos inimigos de *El País* vieram os questionamentos. No dia 18 de dezembro, ou seja, um dia antes da divulgação do "caso Echeverría" pela defensora do leitor, o jornal publicou uma carta ao diretor sobre o tema. Desta vez, não se tratava de "simples" leitores. A carta, em todo caso, já estava na Internet no dia 17 de dezembro. Autores de *weblogs* e internautas já tinham se incumbido de divulgar esta segunda carta, entre eles, escritores colaboradores de *El País*, como Javier Marías (http://www.javiermarias.es/blog.html).

Tenho aqui seu texto:

> Carta ao diretor de *El País*
>
> 17 de dezembro de 2004
>
> *Pela presente, alguns críticos, redatores, escritores, leitores e colaboradores de* El País *expressamos nossa preocupação pelo dano que sofreu a credibilidade do jornal por causa da carta aberta que o crítico de* Bebelia *e colaborador da seção de cultura do diário, Ignacio Echeverría, dirigiu, no último 9 de dezembro, a Lluís Bassets, diretor adjunto de* El País, *na qual se denunciava a represália e a censura das quais foi objeto por exercer a crítica literária tal e como vinha fazendo há 14 anos nestas mesmas páginas.*
>
> *Igualmente manifestamos nossa preocupação pela possibilidade do futuro exercício livre da crítica nas páginas de* El País.

Assinam a carta mais de uma centena de pessoas, entre elas, Rafael Contei, Mario Vargas Llosa, Rafael Sánchez Ferlosio, Juan Mares, Eduardo Mendoza, Félix de Azúa, Javier Marías, Fernando Savater, Javier Cercas, Álvaro Pombo, Vicente Too Cheirei, Francisco Rico.

Curiosamente, não aparecem entre os signatários alguns dos escritores que assinam colunas semanais no jornal. Nem Juan José Millas, nem Rosa Montero, nem Manuel Vicente, às vezes grandes moralistas que pontificam sobre o bem e o mal e exímios representantes da criação de valor de *El País* como diário de referência e campeão da liberdade de expressão.

Mas estaríamos discutindo sobre essas questões, tão importantes para a independência do jornalismo e a liberdade dos jornalistas, se o caso não tivesse aparecido nas páginas da Internet?

Ainda é cedo para saber se os jornalistas farão da Internet um instrumento privilegiado. Há ainda muito terreno para percorrer na busca de um novo jornalismo. "Neste novo período de crise identitária dos organismos midiáticos, caracterizados pelo esgotamento do paradigma do jornalismo de informação, a rede da Internet nos é apresentada como o meio ideal para renovar e assegurar uma profissão *mise en abîme* por tantos séculos de crítica sociopolítica e de empresa econômica (Pélissier, 2003: 99). O autor se pergunta, então: sua resistência e sua revalorização profissional evitarão que a informação se transforme na primeira vítima da sociedade que leva ironicamente seu nome?"

Na espera das normas de qualidade do ciberjornalismo, o certo é que as empresas jornalísticas e o jornalismo mesmo se vêem submetidos a uma relativa concorrência informativa e inclusive a um controle ético por parte de autores individuais ou coletividades de *websites* e *weblogs* com estratégias de difusão muito diferentes do marketing das grandes empresas midiáticas.

O que revela este caso — e a importância de *El País* merece ocupar se seriamente disto porque representa algo mais do que um episódio — é a crise de valor do jornalismo.

Juan Luis Cebrián, primeiro diretor do diário e conselheiro delegado do grupo, escrevia na edição especial dos dez mil dias do *El País* (18 de outubro de 2004):

"Aumenta a autocensura nos meios de comunicaçao, quando não há somente a censura, administrada pelos governos. [...] Onde está, no entanto, a linha sutil que separa a propaganda do dever de informar?"

A pergunta de Cebrián é dirigida aos governos, mas se mudarmos o termo /propaganda/ por /publicidade/ a frase pode perfeitamente se encaixar com o problema atual daquele jornal.

A começar pela imprensa tradicional, de papel, segue-se desvalorizando o papel da informação em rede na Internet porque carece desse valor reduzido a um adágio: "Quem tem a informação tem o poder", que o mesmo Cebrián tinha transformado em "para ter informação é necessário ter poder", querendo dizer com isso que só se pode ter liberdade de informação se se tem independência, e essa independência uma empresa economicamente poderosa dá. Mas não resta outra alternativa senão reconhecer na Internet uma força poderosa para gerar a informação. E que a Internet está destinada não a substituir imediatamente o jornalismo tradicional, mas, sim, a exercer uma concorrência que pode equilibrar o poder da informação. Cebrián não hesita em reconhecê-lo: "As tecnologias avançadas, de alguma maneira, devolvem-nos à pré-história do jornalismo... Na rede, as notícias se misturam com os rumores, os enganos e as fantasias, e se vendem por menos de uma gazeta, porque se oferecem de forma gratuita, procurando refúgio econômico nas práticas da antigüidade clássica: como Horácio, aspiram ao mecenato de algum imperador, ainda que tenha o aspecto de uma garrafa de Coca-Cola. Descobrimos, também, a volta aos tempos épicos do jornalismo nos quais um homem só, com uma pena e uma resma de papéis, dispunha-se a desafiar o mundo. Assim nasceu o *Herald* de Nova Iorque.[...] A rede permite também o jornal feito por um só redator, e inclusive, dirigido especificamente a um só leitor: propicia a personalização da informação, sua especialização ao máximo." (18 de outubro de 2004, p.10).

Mas enquanto o jornalismo na rede procura suas senhas de identidade, que encontrará cedo ou tarde, seu valor principal é a liberdade. E que a liberdade é o programa que faz sábios, como bem dizia esse outro sábio andante, Dom Quixote: "A liberdade, Sancho, é um dos mais preciosos dons que os céus deram aos homens; com ela não podem igualar-se os tesouros que a terra esconde nem o mar encobre; pela liberdade, bem como pela honra, pode-se e se deve aventurar a vida e, ao contrário, o cativeiro é o maior mal que pode vir aos homens".

Notas

1 A Televisão da Catalunha foi a primeira a anunciar uma redução do tempo dedicado à publicidade.

2 Veja-se G. Saló na revista digital para roteiristas que edito em http://antalya.uab.es/guionactualidad/

3 Creio que o título deste *weblog* não tem nada a ver com o próprio título da

canção com a qual uma menina espanhola de 8 anos ganhou o prêmio da televisão européia. Um exemplo patético, *kitsch* e moralmente preocupante de até onde pode chegar o efeito de programas como *Operación Triunfo*.

Bibliografia

GREGORY, Bateson. *Vers une écologie de l'esprit*. Paris: Seuil, 1977.

BAZIN, A. *Qu'est-ce que le Cinéma?* Paris: Du Cerf, 1975-1978.

BETHKE, Bruce. "Cyberpunk". In *Amazing Science Fiction Stories*, vol. 57, nº4, 1983.

BLANCHOT, F.; PADIOLEAU, J.G. "Une économie politique du travail journalistique", em *Hermes*, nº 35, 2004.

BROS, T. A. "Websearch: how the Web has changed information retrieval", *Information Research*, vol. 8, nº 3, document nº 154: http://informationR.net/ 8-3/ paper154.html .

DA VINCI, Leonardo. *Aforismos*. Madri: Austral, 1976.

LOTMAN, Yuri. *Semiótica de la cultura*. Madri: Cátedra, 1979.

MCLUHAN, M. *La galaxia Gutemberg*. Madri: Aguilar, 1972.

MUSSO, P. *Critique des réseaux*. Paris: PUF, 2003.

PÉLISSIER, N. "Un ciberjournalisme qui se cherche", em *Hermes*, nº 35, 2004.

REBILLARD, F. & Chartron, G. *Quels modèles pour la publication sur le Web?* Actes du Congrès national des sciences de l'information et de la communication. Université de Montpellier, 2004.

VIRILIO, Paul. *La machine de vision*. Paris: Galilée, 1988.

CIBERESPAÇO, FIGURA RETICULAR DA UTOPIA TECNOLÓGICA

PIERRE MUSSO

> É para um combate sem corpo que você deve se preparar, para enfrentar, como puder, o combate abstrato que, ao contrário dos outros, se aprende através do devaneio.
>
> Henry Michaud, *Poteaux d'angle*

Com o ciberespaço (ou *cyberspace*), duplo contemporâneo da Internet, triunfa a imagem de uma rede universal que conecta todos os indivíduos em escala planetária e que constitui uma espécie de "cérebro planetário", como o nomeia Joël de Rosnay, produtor de uma "inteligência coletiva", segundo a fórmula de Pierre Lévy. O que a ficção científica imaginou pareceria estar se realizando com a Internet, rede das redes, portadora de todas as mitologias contemporâneas. A própria sociedade seria de hoje em diante "sociedade em redes", nos diz Manuel Castells. A técnica desempenha o papel simbólico em nossas sociedades desencantadas. Assim a rede se tornou um atraidor, contribuindo para um reencantamento buscado nas utopias tecnológicas. A rede, e seu cortejo de metáforas, está no centro desses novos dispositivos da comunicação. Antes de tudo, os termos empregados — ciberespaço e rede — merecem ser questionados. O que se quer dizer com o ciberespaço? "Alucinação consensual", segundo a definição de seu criador, William Gibson? Dc um objeto imaterial não identificado? Tentaremos mostrar que se trata de um dispositivo simbólico, espelho da Internet, expressão do "grande projeto utópico universal" contemporâneo baseado na tecnologia, projeto que Lucien Sfez distingue da "narrativa utópica" tradicional (Sfez, 1995, p. 105-121). Quanto à rede, esclareçamos que, se pode ser definida como um vínculo, isto é, por sua função de ligação, até mesmo de metaligação, ela permanece "vínculo de lugares". Ela liga pólos. É a expressão de uma tensão entre pólos previamente estabelecidos como opostos. No ciberespaço, esses lugares conectados pelas redes são, eles mesmos redes, a saber cérebros redes e computadores em rede, formando "cérebro coletivo". A construção do ciberespaço repousa sobre três pressupostos: em primeiro lugar, a rede é entendida como interconexão generalizada, em seguida, existiriam lugares, diferentes e parecidos, a saber, cérebros e computadores e, enfim, seria possível a hibridação entre homem e máquina, em conseqüência da assimilação cérebro-rede-computador. Com o ciberespaço, entra em cena uma simbólica de tipo religioso – uma religião da imanência – baseada na rede técnica, principalmente na Internet. Muitos autores destacaram essa dimensão religiosa. Christian Hiutema deu um bom título a sua obra *E Deus criou a Internet*, e Kevin Kelly, redator-chefe adjunto da *Wired*, descreveu sua primeira visita à Internet como uma "experiência religiosa" (citado por Dery, 1997, p. 57). O ciberespaço reatualiza uma mitologia do século XIX, fundada pelos discípulos de Saint-Simon, ligada ao "desencanto" da religião cristã e ao seu deslocamento para a indústria e as redes técnicas. O reencantamento de nosso modo industrial se operou, desde então, graças às tecnologias das quais a Internet parece ser hoje o paradigma. É esse imaginário da rede na cibercultura que gostaríamos de investigar neste artigo. Procuraremos, em primeiro lugar, identificar algumas estruturas do imaginário do ciberespaço que envolvem a rede e, em seguida, colocaremos em perspectiva esse imaginário reticular do ciberespaço, principalmente a partir da matriz filosófica de Saint-Simon, que torna possível uma abordagem moderna da rede. Neste artigo, nos propomos a analisar alguns "lugares-comuns do ciberespaço" (sua ideologia, de certo modo) com base principalmente nas obras de pesquisadores-divulgadores, em especial os de Pierre Lévy, Joël de Rosnay ou Nicholas Negroponte. A problemática que eles evocam retoma muito freqüentemente as temáticas da ficção científica, a começar por William Gibson, ou as de revistas *cult* norte-americanas, como *Wired* ou *Mondo 2000*, que estiveram na origem dessa literatura.

1. O ciberespaço, novo espaço religioso

O ciberespaço liga sem fim. Ele reelabora a ordem do religioso (*religare*) e o insere nas tecnologias. Pode ser definido como uma rede de estruturas reticulares postas em rede entre si. É uma rede ao cubo (no sentido em que Distler e Bressand haviam falado de "Redepolis", rede ao quadrado). É o espaço da inscrição da "matriz", do "cérebro planetário" ou da "inteligência coletiva". As estruturas que ele põe em rede são cérebros e computadores, que são, por sua vez, "pequenas" redes (de neurônios ou *chips* eletrônicos) associadas em redes mais amplas como a Internet e, por fim, interconectadas à grande rede do ciberespaço.

O ciberespaço seria, de alguma maneira, o limite do pensamento do reticular, em sua versão espiritual. Em William Gibson, que criou, em 1983, o termo *cyberspace* em *Neuromante* (referência à palavra *necromante*, feiticeiro que desperta os mortos), tudo isso se trata de "neuroconexão" (Gibson, 1988, p. 6). O herói, Case, *hacker* em fuga, se conecta com o ciberespaço através de uma interface neurológica, ligando seu subsistema nervoso à "matriz", uma realidade virtual global onde as informações são estocadas sob forma de ilusões tangíveis. A matriz é a "brilhante grade de lógica que se esvaziava através de um vazio incolor" (ibid., p. 7). Case viveu "para a exultação desencarnada do ciberespaço" (ibid., p. 9), ligado em uma platina do ciberespaço que projetava sua consciência desencarnada no seio da alucinação consensual que era a matriz" (ibid., p. 8). Em outras palavras, Case viveu a experiência da desencarnaçao – "o corpo era carne" – e ele pôde deixar o corpo para atravessar o além ciberespacial, guiado pelo fantasma de um *hacker* morto sintetizado por computador.

a) O ciberespaço, espaço reticular "espiritual"

A primeira definição do ciberespaço, dada pelo próprio Gibson, é a seguinte: "O ciberespaço. Uma alucinação consensual vivida quotidianamente em perfeita igualdade por dezenas de milhões de operadores, em todos os países, por crianças, às quais se ensinam conceitos matemáticos... Uma representação gráfica de dados extraídos das memórias de todos os computadores do sistema humano. Uma complexidade impensável. Traços de luz dispostos no não-espaço do espírito, amontoados de constelações de dados. Como as luzes das cidades, lá longe" (ibid., p. 64). A alucinação imaginada pelo autor de ficção científica tornou-se progressivamente um termo que designa o novo espaço informacional feito de redes computadorizadas e cervicais misturadas. Para Gibson, o cérebro e o sistema nervoso de Case são conectados à rede eletrônica, o ciberespaço: o cérebro é exteriorizado (em computador – cérebro artificial), depois conectado. Surge o tema do "crânio a cabo" (*wirehead*), definido pelo *New Hacker's Dictionary* como um *hacker* especializado em desvio dos sistemas de comunicação. Na *Schismatrice*, Bruce Sterlingapelle chama também os mecanistas, dotados de próteses e conectados por computador, *wire heads* e, nos círculos *cyberpunk*, o termo é sinônimo de "aspirante a *cyborg*"; o *cyborg* sendo a conexão do cérebro individual ao cérebro planetário artificial (Dery, 1997, p. 356, nota 179). Por sua vez, o redator-chefe da revista *Mondo 2000* declara: "Acho que estamos em um processo de infoconexão que visa à construção de um sistema nervoso global, de um cérebro global" (citado por Dery, 1997, p. 58). Joël de Rosnay, por sua vez, considera que "o ciberespaço encarna o mundo virtual que nasce das informações trocadas pelos homens nas redes de comunicação. [...] O mundo da Internet é um ciberespaço. Ele cria condições para uma nova cidadania eletrônica... Mas, o ciberespaço ainda é uma selva, sussurrando mil perigos, onde podemos nos perder. Um faroeste numérico no seio do qual piratas e escroques evoluem à vontade. O ciberespaço é um oceano ilimitado, uma terra desconhecida, sobre a qual nos aventuramos com mapas rudimentares" (de Rosnay, 1995, p. 166-67). O ciberespaço é, sucessivamente, uma "encarnação" do mundo virtual (dimensão simbólica, ou até mesmo religiosa), um novo território sem mapa, uma selva onde nos perdemos e nos aventuramos, e um novo espaço público, cidadão ou comercial. O ciberespaço confunde, em uma única palavra-chave, técnica, simbolismo, natureza e sociedade. O que é que faz a unidade dessas significações? A idéia de "interconexão" atribuída às redes de comunicação, como o indica a definição de Joël de Rosnay em seu glossário: "O ciberespaço é um espaço-tempo eletrônico criado pelas redes de comunicação e as interconexões entre computadores multimídias" (de Rosnay, 1995, p. 334). Espaço de redes interligadas ao infinito, assim é o ciberespaço. Pierre Lévy confirma essa redução do ciberespaço, em primeiro lugar, à "rede", em seguida, à vaga idéia de interconexão: "O ciberespaço (que chamaremos também a "rede") é o novo meio de comunicação que surge da interconexão mundial dos computadores [...] Uma das idéias, ou talvez devêssemos dizer, um dos impulsos mais fortes na origem do ciberespaço é o de interconexão. [...] a interconexão tece um universal por contato" (Lévy, 1997, p. 17 e p. 150-151). O autor especifica, até mesmo, essa definição do ciberespaço, entendido "como o espaço de comunicação aberto pela interconexão mundial dos computadores e das memórias informatizadas" (ibid., p. 107). A redução se encerra finalmente na percepção de uma "sensação de espaço englobante". Essa sensação lembra estranhamente a "comunhão", isto é, a comunicação entendida em seu sentido etimológico, ou seja, religioso, como partilha e comunhão. É a mesma idéia de interconexão que serve de eixo para a definição da "sociedade em rede" de Manuel Castells: "Trata-se de, em primeiro lugar, definir o conceito de rede, maior característica da sociedade da era da informação. Uma rede é um conjunto de elos interconectados. Um elo é um ponto de intercessão de uma curva por ela mesma. A realidade de um elo depende do tipo de elo ao qual ele pertence" (Castells, 1998, p. 526). O ciberespaço, identificado a um espaço feito unicamente de redes, se caracteriza pela interconexão sem fim. De fato, esse território não tem topografia, mas exclusivamente topologia. Se o ciberespaço faz alusão ao território, ele é, na realidade, um espaço sem história, um espaço não territorializado: ele não é uma "terra história". Novo e, portanto, suscetível a todas as representações. No ciberespaço, terra desconhecida (terra incógnita) feita de redes, os lugares interconectados são, eles mesmos, "pequenas redes", a saber, cérebros e computadores.

Desse modo, o ciberespaço tem a imensa virtude de evacuar tudo o que incomoda ou resiste, a começar pelo território. Ora, uma rede técnica só se define pela sua relação com o território físico, como lembra Gabriel Dupuy: "A rede não é a conseqüência de tal ou tal inovação tecnológica. É um princípio de negociação que relaciona possibilidades técnicas e o aproveitamento de um território" (Dupuy, 1985, p. 6). Gabriel Dupuy enuncia as propriedades da rede, principalmente a conexidade e a conectividade. A primeira "é um conceito topológico que permite caracterizar a rede de relações entre subsistemas de uma rede territorial" (ibid., p. 68). Emprestado da teoria dos gráficos, esse conceito permite fazer distinção entre três tipos de redes: não-conexas, conexas, mais ou menos intensamente conexas. Uma rede é conexa, diz Dupuy, se ela "solidariza" o espaço socioeconômico, se "cria solidariedade" (ibid., p. 70), como a rede viária: ela é não-conexa no caso contrário (exemplo das vias navegáveis). Em outras palavras, a conexidade é, ao mesmo tempo, uma figura da densidade da rede e uma noção socioeconômica de solidariedade ligada ao território físico.

A conexidade é para a rede o que a organização é para o sistema. Na verdade, quanto mais um sistema for organizado, portanto complexo, mais a sua estrutura de rede será conexa: "A propriedade primeira das redes em suas relações com o sistema territorial é a conexidade. É, em primeiro lugar, através da conexidade que a rede solidariza os elementos de um sistema e pode constituir um território" (Dupuy, 1985, p. 127).

Ora, no ciberespaço, o território não existe. O território rugoso, resistente, é apagado. Subsiste apenas um espaço liso, fluido, de circulação. Trata-se de um espaço de redes informacionais: sem história ou lugar, só há vínculos: "As redes são estruturas abertas, suscetíveis de se estender ao infinito, integrando elos novos na medida em que forem capazes de se comunicar no interior da rede" (Castells, 1998, p. 526 527).

Esse espaço de redes se desenvolvendo sem fim é híbrido, meio humano, meio máquina: ele liga homens e máquinas, indistintamente, porque as redes são ora organismos, ora artefatos. A rede confunde em um todo a técnica e o biológico: é, como tal, que ela chama a sua extensão viral, de maneira biológica. O ciberespaço é um ser híbrido, mas vivo! Para o filósofo pós-moderno Manuel de Landa, "passado um certo patamar de conectividade, a membrana com a qual as redes de informática recobrem o planeta começa a "tomar vida". Programas independentes logo vão constituir comunidades computacionais ainda mais complexas, onde tratarão um com o outro, comandarão, disputarão os recursos, se fecundarão e darão luz espontaneamente a programas, etc." (citado por Dery, 1997, p. 55).

Pierre Lévy pode, portanto, afirmar: "O ciberespaço é como certos sistemas ecológicos" (1997, p. 131); "um computador cujo centro está em todo lugar e a circunferência em lugar nenhum, um computador hipertextual, disperso, vivo, pululante, inacabado: o próprio ciberespaço" (ibid.; p. 52). O mesmo vale para o "cibionte" de Joël de Rosnay, que é "um superorganismo híbrido, biológico, mecânico e eletrônico, incluindo os homens, as máquinas, as redes, as sociedades" (de Rosnay, 1995, p. 334).

Mas o ciberespaço é, antes de tudo, dual, pois é também "suporte" do seu duplo abstrato que encarna, a saber, a inteligência coletiva: "O ciberespaço, dispositivo comunicacional interativo e comunitário, se apresenta justamente como um dos instrumentos privilegiados da inteligência coletiva" (Lévy, 1997, p. 31). O ciberespaço existe apenas no dualismo que ele instaura entre o suporte material (infra-estrutura) e "a inteligência coletiva" (dimensão espiritual).

"Em suma, a extensão do ciberespaço acompanha e acelera uma visualização geral da economia e da sociedade. Das substâncias e objetos, voltamos aos processos que os produzem. Dos territórios, saltamos para o alto, em direção às redes móveis que as valorizam e as desenham. Dos processos e das redes, passamos às competências e aos processos que as comandam, mais virtuais ainda" (ibid. p. 58 59). Pierre Lévy descreve um sistema em níveis, no topo do qual o virtual atinge o seu máximo: da infra-estrutura ao virtual/espiritual, ele refaz o trajeto da ascese religiosa em direção ao espírito. Essa ordem do ciberespaço já fora descrita no relatório Nora-Minc de 1978, sobre a informatização da sociedade francesa, para destacar a "sociedade da informação": embaixo, as redes e em cima, a inteligência. A ordem ciberespacial não escapa à tradicional metáfora corporal que, desde a Antigüidade, dispõe as funções inteligentes "em cima" e as outras, "embaixo". O relatório Nora-Minc fornecia uma primeira representação da sociedade da informação[1] que organizou, de maneira durável, os discursos sobre a comunicação desde o fim dos anos 1970, fixando o imperativo da passagem à "sociedade da informação": "A cena social tradicional tenderá a se desarticular, na medida em que se der a passagem da sociedade industrial orgânica à sociedade da informação, polimorfa" (Nora e Minc, 1978, p. 114).

A instauração do ciberespaço como espaço ilimitado das redes permite circular, sem restrições, no espaço puro, etéreo, "virtual", das redes informacionais. Através de um excelente exorcismo, tudo parece possível nesse espaço ideacional (ideal), uma vez que esquecemos o território. Mas o corpo também está fora, pois apenas o cérebro é solicitado na aventura ciberespacial.

b) A "rede pensante"

No ciberespaço, cérebros e computadores estão, portanto, ligados entre si como já havia sonhado Wiener em *Cybernetics* (1948), pois os dois dependem de uma mesma teoria unitária que dá conta do funcionamento das máquinas e dos organismos. Eles são ao mesmo tempo decompostos em partes identificáveis (os *chips* eletrônicos equivalem aos neurônios) e "interconectados" para dar luz a uma pequena totalidade "inteligente" (o cérebro e o computador) e maleável a uma "grande totalidade" construída por analogia, a saber, o "cérebro planetário" (que liga cérebros e computadores interconectados), dotada de uma grande "inteligência coletiva". O jogo de analogia se baseia em duas identificações prévias: o cérebro é um computador e o cérebro dispõe, como ele, de uma estrutura neuronal reticular, suporte da atividade intelectual.

O silogismo fundador do ciberespaço é muito simples:

- Premissa maior: o cérebro funciona como um computador e, reciprocamente, o computador funciona (e "pensa") como um cérebro.
- Todos os dois dependem de uma teoria unitária que tem por objeto a conexão de elementos em rede.
- Premissa menor: com a Internet se desenvolve uma rede de redes mundial através da conexão dos computadores (da qual são os componentes).
- Conclusão: é possível conectar cérebros humanos e os computadores entre si, graças a hiper-redes ligadas em escala planetária. Assim pode-se obter uma hibridação homem-máquina e uma "inteligência coletiva" no e através do ciberespaço.

Essas reflexões se baseiam na suposta analogia entre o funcionamento do cérebro e a estrutura da rede, analogia bem anterior à invenção do computador e das tecnologias contemporâneas de comunicação. Com efeito, desde o início da medicina, a rede está associada ao corpo e esse vínculo atravessará toda a história das representações da rede, designando ora o corpo em sua totalidade como agenciamento do fluxo ou do tecido, ora uma parte deste, principalmente o cérebro. Galeno (131-200 d.C.) já falava do espírito ou do cérebro como uma maravilhosa rede, *rete mirabili*. A metáfora galenista do cérebro rede se estabeleceu então, e será reativada de maneira recorrente em Descartes, Diderot, Saint-Simon, Spencer, ou na primeira cibernética e no conexionismo contemporâneo.

Sob o cérebro se esconde a rede, e, reciprocamente, com a rede se esboça o cérebro. Desde Descartes e Saint-Simon (ver Musso, 1998 e 1999), a estrutura reticular explica o funcionamento do sistema complexo; é a própria definição do conceito de rede. Por detrás da rede técnica de comunicação, sempre haverá a rede ideal-cognitiva a atingir, por detrás do cérebro, sempre haverá o funcionamento lógico em rede. Rede e cérebro convergem na produção partilhada "de inteligência": o primeiro, de modo artificial, ou mesmo artificioso (Sfez, 1993), e o segundo, de modo natural. Georges Canguilhem havia ressaltado essa reversibilidade da imagem cérebro-computador: "Podemos escolher entre falar do computador como um cérebro ou do cérebro como um computador" (Canguilhem, 1993, p. 19).

Se, desde a mitologia, Gilbert Durand constata uma "estreita concomitância entre os gestos do corpo, os centros nervosos e as representações simbólicas" (Durand, 1969, p. 51), é exatamente essa imagem do "sistema nervoso" que, há um século, se tornou de uso corrente para definir as técnicas de (tele)comunicação.

Como demonstrou Armand Mattelart (Mattelart, 1994, p. 87 91), essa imagem da rede-sistema nervoso encontra uma primeira formulação explícita em Herbert Spencer (1820-1903), antigo engenheiro de ferrovias que se tornou sociólogo, cuja organicidade identifica ordem biológica e ordem social. A teoria de Spencer toma emprestada a oposição dos adeptos do sansimonismo, principalmente a de Enfantin, entre "sociedade orgânica" ou industrial e "sociedade militar", e a leva ao extremo em uma visão organicista do social. Spencer distinguia na sociedade três "aparelhos de órgãos": o aparelho produtor, o distribuidor e o regulador. No corpo humano, o órgão regulador é o sistema nervoso, que difunde informação no organismo; na sociedade, o equivalente do sistema nervoso é o conjunto dos meios de comunicação, seja do correio, do telégrafo ou das agências de notícias: "O único fio telegráfico, escreve Spencer, que acompanha o sistema da ferrovia em todas as ramificações é o fio que pára ou excita o tráfico, assim como o nervo que acompanha por todo lugar uma artéria é o nervo vasomotor que regula a circulação dentro dele [...]. Ainda que para os fios telegráficos, no ar se tenha um outro modo de isolamento, os fios subterrâneos são isolados de uma maneira analógica à que se observa nas fibras nervosas" (Spencer, 1890, tomo 2, p. 82).

A partir de 1896, a metáfora sistema nervoso-rede é retomada por R. Worms que, em sua obra *Organismo e sociedade*, assimilava "as estradas e ferrovias aos vasos sanguíneos, o telégrafo aos nervos, as máquinas aos músculos do corpo social" (citado por Sclanger, 1970, p. 90). Desde o início do século, ela é utilizada de maneira recorrente nas telecomunicações. É o que acha Theodor Vail, o primeiro dono da American Telegraph and Telephone, que escreveu no relatório de atividades da empresa, em 1908: "O sistema Bell se desenvolveu sob o signo de um controle inteligente e de uma vasta estrutura até se integrar ao sistema nervoso da atividade econômica e da organização social do país (tornou-se, de fato, esse sistema nervoso)" (*Réseaux*, 1992, p. 61).

Bem antes da cibernética, Pierre Janet, professor no Collège de France, escrevia a partir de 1923-1924: "O cérebro não é mais do que um sistema de comutadores"(Canguilhem,1993, p. 15).

A identificação das redes de comunicação com o sistema nervoso foi principalmente reelaborada e vulgarizada pela primeira cibernética, que reunia psicólogos e matemáticos, e que foi depois retomada na época da invenção do computador. Se, desde Galeno, sob o cérebro, se escondia a rede, hoje em dia, por detrás da rede, se destaca o cérebro: "As motivações dos primeiros analistas de sistemas estão ligadas ao projeto de construir uma nova máquina que seria um "cérebro artificial" rápido e talvez mais racional que o homem" (Breton, 1991, p. 67-69).

Essa identificação das redes de telecomunicações com o sistema nervoso foi vulgarizada principalmente por Warren McCulloch e Walter Pitts no célebre artigo de 1943, "Um cálculo lógico das idéias imanentes na atividade nervosa", no qual afirmam: "O sistema nervoso é uma rede de neurônios" (citado por Pélissier e Tête, 1995, p. 62). O que é essencial é "a característica de 'tudo ou nada' da atividade nervosa", pois seu funcionamento pode ser formalizado através da lógica proposicional: "Parece que o comportamento de cada rede pode ser descrito nesses termos se acrescentarmos as ferramentas lógicas mais complicadas para as redes que contêm circuitos; além do mais, para cada expressão lógica que satisfaça certas expressões, podemos encontrar uma rede que se comporte segundo o modelo descrito" (ibid).

Em seu artigo de 1949, "Do cérebro como calculador", McCulloch vai diretamente a um calculador numérico que consiste em "dez bilhões de relés chamados neurônios", portanto, "o cérebro é uma máquina lógica" (citado por Pélissier e Tête, 1995, p. 192-193). Ora, o cérebro humano sendo, "de muito longe, o mais complexo dos calculadores" (ibid), a análise de seu modo de funcionamento será válida para qualquer outro sistema lógico. Sabendo-se que no cérebro "cada relé é uma célula viva" (ibid., p. 193), o referente das duas formas de "relé-célula" é uma rede de telecomunicação. Inversamente, o cérebro se torna um modelo para o engenheiro, mesmo se "os engenheiros não poderão ter esperanças de rivalizar com a natureza [...] Os idealizadores de máquinas de calcular ficariam felizes de trocar seus melhores relés por células nervosas" (ibid., p. 195). O modelo de McCulloch e Pitts associa uma máquina lógica e uma máquina biológica; como ressalta Lucien Sfez, "as representações mentais, assim como os comportamentos, têm o mesmo processo lógico, processo das redes e suas conexões neuronais" (Sfez, 1990, p. 81).

Wiener estabelece o paradigma da "semelhança fundamental entre os sistemas nervosos e as máquinas eletrônicas" (Wiener, 1871, p. 90); David Le Breton destaca que "Wiener instala, sob a égide da informação, um paradigma crucial do extremo contemporâneo. A identidade reina, a seu ver, entre os homens e os mecanismos auto-regulados. Suas respectivas qualidades são secundárias aos olhos da informação que tratam" (Le Breton, 1999, p. 180). Von Neumann e Turing levam a comparação até o fim. Após terem ressaltado que a principal intuição dos primeiros cognitivistas (H. Simon, N. Chomsky, M. Minsky e McCarthy) "era que a inteligência (inclusive a inteligência humana) é tão próxima do que é intrinsecamente um computador que a cognição pode ser definida pela computação (Varela, 1989, p. 35-36), Francisco Varela considera que a cognição funciona por intermédio de uma rede de elementos interconectados capazes de sofrer mudanças estruturais ao longo de um histórico não interrompido" (ibid., p. 112). As redes (de redes) de neurônios são a estrutura explicativa da cognição.

Assim que evocamos a figura da rede, a metáfora organicista original ronda, sempre de maneira ativa, como lembra Lucien Sfez, "sob os processos heurísticos em rede, sob o tratamento abstrato dos programas, subsiste ainda a figura do corpo real" (Sfez, 1990, p. 400).

Atrás do cérebro, há sempre o funcionamento lógico em rede e atrás da rede de comunicação, há a rede ideal cognitiva a atingir. Um remete ao outro até a fusão na figura contemporânea do ciberespaço e da rede inteligente". De hoje em diante, a rede de comunicação pode produzir "inteligência". Assim Alvin Toffler pode nos falar da "rede consciente": não somente a rede é "uma espécie de equivalente do sistema nervoso de nossa sociedade" mas, principalmente, após ter sido "desinteligente" em "estágio primitivo", "a rede começava a ter uma certa consciência dela mesma" (Toffler, 1991, p. 144). A rede de comunicação é para o corpo social o que a rede nervosa é para o corpo humano; seu funcionamento lhe garante a sobrevivência. Mas, diferentemente das precedentes, as novas redes seriam "inteligentes", como afirma Toffler: "As redes estabelecidas por Morse, a Western Union, Bell e outras, estendendo seus fios eram desinteligentes, para não dizer completamente estúpidas" (ibid., p. 143). A rede, definida como "sistema nervoso", alimenta as representações dominantes e se identifica com a sua metáfora. Para Joël de Rosnay, o "cérebro planetário" confunde, em um todo nebuloso, redes telemáticas e "reticulação social" (de Rosnay, 1986, p. 24). Hoje, a rede Internet ilustra esse "cérebro planetário", e "nós estamos assistindo – e participando "de perto" – à construção do sistema nervoso e do cérebro planetário do microorganismo social" (de Rosnay, 1995, p. 85 e 79). As redes técnicas são organismos vivos que realizam a utopia de uma inteligência coletiva. A ponto de um engenheiro poder escrever diretamente em uma obra sobre as telecomunicações do século XXI que "as redes são seres vivos, que dispõem de vários órgãos funcionais (transmissão, comutação, acesso) e usam tecnologias que conheceram e vão conhecer várias mutações". (Feneyrol, 1996, p. 68). Triunfo da rede-organismo!

c) A santa trindade reticular

Três tipos de redes técnicas estruturam o imaginário da comunicação no século XX: em primeiro lugar, a rede de radiodifusão chamada "ponto de massa" (de um ponto de emissão a muitos receptores), em seguida a rede teleinformática constituída pela conexão aleatória de computadores, chamada "n em direção a n" (de um número qualquer de emissores em direção a um número qualquer de receptores) e, por fim, a rede de telefonia comutada chamada "ponto a ponto" (de um emissor/receptor a outro). O primeiro tipo é o modelo piramidal da radiodifusão e sugere a dominação do emissor sobre muitos receptores. O segundo modelo, o da informática, sugere a interconexão anárquica dos atores. Quanto ao terceiro, o modelo da rede telefônica, tramada e comutada, evoca a imagem igualitária de todos os atores conectados. Essa tipologia de redes de comunicação oriunda da ciência dos engenheiros visa, quando trazida para dentro do campo social, à valorização da rede teleinformática "interativa", "até mesmo igualitária", da qual a Internet é o modelo.

Com a instauração do ciberespaço, é recuperada essa "santa trindade" das redes técnicas que valoriza a rede teleinformática "de n em direção a n", e mesmo de "todos em direção a todos", opostas aos meios de comunicação tradicionais de radiodifusão em que domina o emissor e na qual os receptores deveriam ser "passivos". Essa distinção "técnica" dentro da estrutura das redes veicula toda uma visão da organização social: a tal ponto que as ciências sociais a tomaram emprestada à ciência dos engenheiros[2], transformando-a em verdadeiro clichê.

Assim, Pierre Lévy afirma que

> O ciberespaço incentiva uma troca recíproca e comunitária enquanto que os meios de comunicação clássicos estabelecem uma comunicação unidirecional na qual os receptores estão isolados uns dos outros. Existe, portanto, uma espécie de antinomia, ou oposição de princípio, entre os meios de comunicação e a cibercultura.

Ele insiste:

> Um dos principais significados da emergência do ciberespaço é o desenvolvimento de uma alternativa aos meios de comunicação de massa. Chamo meios de comunicação de massa os dispositivos de comunicação que difundem uma informação organizada e programada a partir de um centro, em direção de um grande número de receptores anônimos, passivos e isolados uns dos outros. Imprensa, cinema, rádio e televisão clássicos são os típicos representantes desses meios de comunicação. Ora, o ciberespaço não põe em jogo centros de difusão direcionados a receptores, mas espaços comuns onde cada um pode trazer a sua parte e retirar o que lhe interessa, como se fossem mercados de informação nos quais as pessoas se encon-

tram e a iniciativa pertence ao solicitante (Lévy, 1997, p. 249 e 294)[3].

Nicholas Negroponte afirma também em *L'homme numérique*:

> A televisão é o exemplo típico de um meio de comunicação no qual todo tipo de inteligência se encontra no ponto de origem. O difusor decide, e o espectador se contenta em tomar aquilo que lhe dão. Na verdade, por centímetro cúbico, o seu televisor talvez seja o aparelho mais burro que você tenha em casa [...] Em um jornal, toda a inteligência se encontra também na origem. [...] Será inelutável? Seria preciso criar computadores [...] que lessem jornais e vissem televisão no nosso lugar e que retivessem apenas o que nos interessasse. Esse tipo de inteligência pode se situar em dois lugares diferentes. Ele pode se situar no emissor ou então, ou então o seu sistema de edição da informação pode se situar na recepção [...]. Nesse caso, a inteligência se situa na extremidade da recepção e o emissor passivo envia sem discriminação todos os bites a todo o mundo. O futuro não pertence nem a um nem a outro, mas aos dois (Negroponte, 1995, p. 33-35).

Joël de Rosnay, por sua vez, diferencia o "modelo mecânico inspirado na física" que "conduz a uma organização piramidal e a um comando "hierárquico" do "modelo biológico, mais recente" e que "favorece uma organização em rede" e do "modelo caótico que não se adapta à complexidade do seu meio ambiente" (de Rosnay, 1995, p. 226). Já Jean-Louis Le Moigne (1989), à procura da "memória das redes", identifica também três modelos técnico-organizacionais de redes: a "rede anárquica", a "rede hierárquica" e a "rede inteligente"[4].

Todos os esquemas ternários de redes técnicas, organizacionais ou sociais retiradas das ciências dos engenheiros vão ordenar a maior parte das representações técnicas do imaginário das redes. Desde 1948, a sociologia das organizações importava esses três esquemas oriundos da ciência dos engenheiros. Alex Bavelas publica, em 1948, *A Mathematical Model for Group Structures* (citado por Ardoino, 1993), em que estabelece três figuras de rede que simulam tanto estruturas quanto organizações diferentes: a pirâmide ou rede centralizada, a rede de malha, a rede em cadeia. Essas três figuras da rede técnica de comunicação e das organizações assombram hoje o imaginário da comunicação. O ciberespaço recupera essa "santa trindade" para valorizar a figura da rede teleinformática do tipo Internet, como modelo da conexão livre e igualitária.

Por estranho que pareça, a trindade reticular aplicada ao social tem a imensa vantagem de desqualificar as estruturas piramidais e hierárquicas. *Exit* a instituição, e, principalmente, o Estado, graças à rede interativa e ao ciberespaço.

d) A comunhão ciberespacial e a volta dos anjos

O ciberespaço é um poderoso solvente simbólico (uma "alucinação consensual") que reúne os partidários da liberdade do mercado e da sociedade civil em torno do antiestatismo, os liberais e libertários, realizando assim a igualdade de todos os membros do ciberespaço e dos internautas conectados, em igualdade com os grandes grupos, unidos na fraternidade das comunidades virtuais. O ciberespaço dissolve o território, o corpo, mas também a memória e o Estado. *Exit* a política. Tudo o que resiste é eliminado.

Graças à rede, a democracia será eletrônica e "a política desaparecerá", anuncia Jacques Attali (Attali e Castells, 1998), a sociedade será feita de redes, para retomar a visão de Manuel Castells que considera que "um dos aspectos mais importantes da sociedade informacional é a lógica da rede" (Castells, 1998, p. 43 e nota).

As redes constituem, segundo o autor, "a nova morfologia social de nossas sociedades" (ibid., p. 525) e a rede funciona como estrutura explicativa do sistema capitalista contemporâneo. "As redes convergem para uma meta-rede de capitais" (ibid., p. 531), a meta-rede é a nova figura do poder.

O desafio dessas imagens dominantes da rede e outra "meta-rede" é evacuar o político e sua forma estado-nacional, valorizando a circulação generalizada dos fluxos. Manuel Castells pode ainda afirmar que "as redes destroem o controle estatal sobre a sociedade e sobre a economia. O que acabou, na etapa atual, é o Estado soberano, nacional" (Attali e Castells, 1998).

Essa visão antiestatal de tipo liberal-libertária cruza a ideologia dos internautas que Christian Huitema resume nos seguintes termos, sempre explorando a "santa trindade" tecnólogica das redes de comunicação:

> A Internet não é, como o rádio ou a televisão, um meio de comunicação de sentido único. O que há de mais revolucionário na rede, é justamente a possibilidade de cada um ser ao mesmo tempo consumidor e fonte de informação. [...] Longe de ser uma instituição de controle, a Internet será, ao contrário, um instrumento de liberdade, que permite ao homem moderno se livrar do jugo das burocracias. Quando a informação atravessa as fronteiras entre países, os Estados têm muito mais dificuldades para governar através da mentira e da propaganda. Já vemos hoje, nas empresas informatizadas, a comunicação se liberar das vias hierárquicas e, pouco a pouco, as hierarquias se achatarem, a diferença temerosa e a certeza arrogante cederem lugar ao diálogo igualitário (Huitema, 1995, p. 180-183).

A rede, "por essência" anti-hierárquica, se torna sinônimo de auto-organização e de igualdade, representação dominante dos internautas que a revista *cult Wired* apresenta. O internauta deveria travar um combate pela liberdade contra todos os órgãos de regulação, contra os operadores dominantes (Microsoft ou o FBI, por exemplo) pela igualdade, contra todas as hierarquias, a começar pelas dos Estados e pela fraternidade mundial das "comunidades virtuais". Liberdade, igualdade e fraternidade: a utopia social de 1989 (1789/1989) se realizaria, finalmente, graças à utopia técnica reticular. "O ciberespaço pode aparecer como um tipo de materialização técnica dos ideais modernos", escreve Pierre Lévy (1997, p. 302).

Por exemplo, a versão filosófica dessa utopia tecnológica da rede planetária que Michel Serres (1994a) nem chama mais de utopia, mas "pantopia", no *A lenda dos anjos*. Graças às redes de comunicação, Michel Serres vê emergir uma "pantopia" universal que substituiria a utopia, e através da qual todos os lugares estão em cada lugar e cada lugar em todos os lugares. A tal ponto que as "redes nos encantem, mas como drogas" (Serres, 1994 4b, p. 16). Michel Serres conclui sua *Lenda dos anjos* pelo seguinte diálogo com o leitor:

> No lugar de tecer redes de coisas ou seres, desenhemos então caminhos entrelaçados. Os anjos não cessam de traçar os mapas de nosso novo universo. [...] Visíveis e invisíveis, construindo as mensagens e caixas de mensagens, espíritos e corpos, espirituais e

> físicos, dos dois sexos e sem sexo, naturais e técnicos, coletivos e sociais, em desordem e em ordem, produtores de barulho, de música, de língua, intermediários, trocadores, inteligência difundida nas coisas do mundo e os artefatos ... confessem que esses anjos são impalpáveis (Serres, 1994a, p. 293 e 296).

Seres intermediários, ao mesmo tempo materiais e espirituais, como já havia anunciado Michel Chevalier na célebre série de artigos de 1832, publicados no jornal *Le Globe* e intitulados "O sistema do Mediterrâneo" (Musso, 1996 b), as redes se tornam mediadoras do futuro. A rede planetária e o ciberespaço são os novos anjos da utopia técnica que liga os homens ao seu futuro.

A rede, ligação técnica, é uma reserva sem fundo de metáforas para anunciar a vinda de mundos novos. É também o ponto de vista desenvolvido por Joël de Rosnay: "Por intermédio das redes mundiais interconectadas, privadas, públicas, comerciais, militares, redes de redes ou redes locais, são tecidas irreversivelmente as malhas de uma nova forma de cérebro coletivo. Cérebro híbrido, biológico e eletrônico, e, logo, "biótico" (de Rosnay, 1995, p. 166).

Essa temática da "rede pensante" ou do "cérebro planetário" e do universalismo provém de Teilhard de Chardin (1881-1955), que falava de "consciência planetária". Joël de Rosnay – como Pierre Lévy e toda a cibercultura – assume a noção de "noosfera", para designar "a esfera nascente do espírito humano, após a biosfera", e a define como "o conjunto das produções desmaterializadas". Para Teilhard,

> no interior da noosfera em vias de compressão, uma nova cadeia se apresentaria, especialmente central e direta, a cerebralização se fechando sobre ela mesma em um processo de auto-realização, uma autocerebralização da humanidade tornando-se a expressão mais concentrada da repercussão deliberada da evolução (Teilhard de Chardin, 1956, p. 56).

O "ponto ômega" é, segundo Teilhard, a concentração última do espírito desmaterializado:

> O homem surgiu de acordo com o mesmo mecanismo (geográfico e morfológico) de qualquer outra espécie. (Efeito seletivo de ab-

> sorção das porções mais frágeis através do tempo.) Desde a origem, no entanto, apreendemos algumas particularidades que denotam nele uma vitalidade superior... a cefalização ou cerebralização (ibid., p. 86).

O pensamento de Teilhard voltou à baila com as ideologias New Age e pós- moderna. Os líderes do pensamento New Age, principalmente Marilyn Ferguson, autor do best-seller As *crianças de Aquário*, reivindicam a paternidade do célebre paleontólogo jesuíta francês, cujas concepções sobre a noosfera, proteção espiritual da Terra, ou nascimento do cérebro coletivo, influenciam diretamente os teóricos do ciberespaço. O culto da rede pelos evangélicos do New Age está muito próximo, em sua descrição, daquela do ciberespaço: a rede, diz Marilyn Ferguson,

> é o antídoto à alienação. Ela engendra poder suficiente para refazer a sociedade. Oferece ao indivíduo apoio afetivo, intelectual, espiritual e econômico. É um lugar de acolhida invisível, um meio poderoso de modificar a marcha das instituições, em especial o governo. A rede se parece com um psiquismo coletivo articulado ao tecido social. A conspiração de Aquário é uma rede de numerosas redes cuja vocação é a transformação social (Ferguson, 1981, p. p. 163).

Quanto ao pós-modernismo de Lyotard, Lucien Sfez mostrou muito bem a sua cumplicidade com o projeto noosferiano de Teilhard, para

> formar seres que serão encarregados de cumprir uma tarefa: sobreviver à morte dos mundos [...] ou ainda se enrolando sobre si mesmos, tornar-se uma esfera de pensamento *sui-referencial*, um mundo pensante, se movendo eternamente no universo. Não estamos longe da super-humanidade e dos *cyborgs* de todos os gêneros (Sfez, 1995, p. 335-337).

e) A dissolução do corpo

Última etapa da ascese ciberespacial: o complemento da ligação do cérebro-computador à matriz é a desencarnação do corpo. Nas redes do ciberespaço, o estatuto do corpo se modifica: o espírito domina (como cérebro-rede-computador), ele imerge, navega e desaparece nas malhas da trama. São os "anjos" desencarnados que se comunicam: "Quando nos comunicamos por computador interposto, nos comunicamos como os anjos", diz Steward Brand: então "comunicam-se inteligências desencarnadas, superiormente íntimas" (citado por Dery, 1997, p. 67-68). Assim está restaurado o dualismo que supervaloriza o espírito-cérebro, em detrimento do "corpo-carne". É o velho sonho místico, realizado pelo computador em rede, de se tornar "puro espírito".

O redator-chefe da revista *cult Wired* diz da Net, e das redes, que são "ecossistemas de coisas que nos conectam a um além – literalmente fisicamente – além de nossos corpos". Lembremos que, em Gibson, "A chave da psicologia de Case é sua alienação do corpo, da carne" (Gibson, 1988, p. 260), pois "para Case, que só vivera para a exaltação desencarnada do *cyberspace*, foi a Queda. Nos bares que ele freqüentava no tempo de sua glória, a atitude elitista exigia um certo desprezo pela carne. O corpo era a carne. Case caíra na prisão de sua própria carne" (Gibson, 1988, p. 9).

Se o cérebro é supervalorizado, ligado ao computador, "a matriz" ou o "cérebro coletivo", então o corpo é desvalorizado por essa ascese em direção à hipercerebralização do "ultra-humano" de Teilhard. O ciberespaço, como diz S. Bukatman, é "celebração do espírito. [...] É um reino no qual o mental é liberado dos limites corporais, um lugar favorável ao super-poder do pensamento" (citado por Le Breton, 1999, p. 139). *Exit* o corpo supérfluo, desencarnado, dissolvido no ciberespaço. É essa humanidade sem corpo que o antropólogo David Le Breton critica sutilmente: "Os pesos do corpo são apagados. [...] Os internautas estão em pé de igualdade justamente pelo fato de que o corpo foi posto entre parênteses. O ciberespaço é a apoteose da sociedade do espetáculo, de um mundo reduzido ao olhar, à mobilidade do imaginário, mas do reconhecimento de corpos que se tornaram inúteis e importunos. O fato de pô-lo em suspenso ou entre parênteses abre espaço a outros usos do corpo: "O ciberespaço representa um mundo onde o tempo, liberado de sua duração, se converte em espaço de informações puras que não requer mais a corporeidade humana" (ibid., p. 140 e 142). No ciberespaço se encarna um cogito puro.

Ao mesmo tempo que o computador é metamorfoseado, o corpo é digitalizado. Yves Stourdzé já havia anunciado em 1979, no livro intitulado

As ruínas do futuro, quando ressaltava o poder dos chips e não das fortificações, das redes e não das polaridades. "O que se anuncia, além mesmo da industrialização, é a irresistível digitalização dos corpos", isto é, "O extermínio corporal".

Com o ciberespaço, *exit* o território, o corpo ou a instituição: tudo o que é inconveniente, resistente ou rugoso é finalmente numerizado e dissolvido na simbólica comunicacional. O ciberespaço é um poderoso solvente de tudo o que atrapalha a ascese e a cerebralização. Espaço espiritual das redes imateriais, ele é o suporte numérico de uma visão religiosa feita de um sincretismo pós-moderno, mistura de ideologia New Age e da filosofia de Teilhard de Chardin. Permite aos tecnólogos teorizar (e sonhar) suas práticas do cérebro. Convidando à ascese, ele reelabora todas as figuras intermediárias meio-homem, meio-máquina, os *cyborgs* e outros *cybiontes* ou, mais prosaicamente, as novas formas do angelismo. E isso, tanto mais facilmente quanto cumpre tradicionalmente uma função de passagem entre entidades (homem / máquina) ou mundos (realidade / ciberespaço) considerados opostos.

Após ter descrito alguns aspectos do ciberespaço e sua figura reticular, gostaríamos de interpretar esse imaginário começando pela perspectiva histórica. Essa nova mitologia pós-moderna é, na verdade, uma velha história. Porque o mito funciona de maneira recorrente. O ciberespaço não faz senão reinvestir e reaproveitar, na era da Internet, uma velha utopia fabricada há dois séculos, quando se tratava de reagir ao "desencanto" religioso do mundo.

2. Deciframento do imaginário da rede ciberespacial

Na verdade, no momento do "desencanto do mundo" e do esvaziamento da religião, são inventadas as grandes redes técnicas modernas (telégrafo, ferrovias) na medida em que modificam a relação com o espaço e o tempo. Essas redes emergem na passagem entre os séculos XVIII e XIX como a resposta prometéica que seria o advento do mundo moderno liberado de sua referência supranatural. Essas redes de transportes, da energia e da comunicação, por sua vez, nos deslumbram: da "fada eletricidade" às "redes inteligentes", essas técnicas reencantam nosso mundo todos os dias.

O conceito moderno de rede foi forjado na época da grande reviravolta provocada pelo nascimento de uma nova *epistème*, no fim do século XVIII. Nesse contexto, o corpo se libera de sua referência a Deus, se autonomiza, se torna modelo de racionalidade, mas, em seguida, é reinserido, e mesmo capturado pela instituição hospitaleira e administrativa. Sai da submissão a Deus para entrar na instituição, quer se trate do Estado ou da fábrica.

A grande ruptura que faz surgir um novo conceito de rede é a "saída" do corpo. Enquanto que, desde a medicina hipocrática e galênica, a rede estava associada ao corpo, ela não será mais observada sobre ou dentro do corpo humano, mas poderá desde então ser construída pelo engenheiro. Em lugares dentro do homem, Hipócrates pensava a ordem dos fluxos invisíveis da circulação dos humores como uma estrutura reticular oculta, que explica as manifestações externas do corpo. Essa ligação é invisível e, ao mesmo tempo, interna e externa ao corpo humano, pois remete à ordem oculta do Cosmos dentro da qual todo corpo se insere. Desde os primórdios da medicina, a rede esteve ligada ao corpo e essa ligação atravessará toda a história das representações da rede, designando ora o corpo em sua totalidade como agenciador de fluxo ou de tecido, ora uma parte deste, principalmente o cérebro (ver Musso, 1999b e 1999c).

Mas com o *Nascimento da clínica*, por volta de 1800, a rede se distingue do corpo natural e se torna um artefato, uma técnica autônoma, independente do corpo. De natural, a rede passa a ser artificial. De dada, passa a ser construída. De ferramenta, passa a ser máquina. O engenheiro a concebe e a constrói, ao passo que o médico a observava. O médico que observava o corpo como uma rede passa o bastão ao engenheiro que fabrica redes e as concebe como organismos.

É nesse momento que a figura da rede assume o seu alcance simbólico, abandonando sua tradicional relação com o corpo físico para se tornar um artefato produzido pelo engenheiro prometéico. O mito ciberespacial reelabora, sem saber, a memória dessa ruptura entre a rede e o corpo advinda no fim do século XVIII, para ajudar no reencantamento tecnológico do nosso mundo industrial (ver Dadognet, 1995). Entre os atores da invenção desses mitos do mundo técnico industrial, os adeptos do sansimonismo tiveram papel decisivo.

a) A fundação sansimonista de uma utopia social reticular

Foi Claude-Henri de Saint-Simon (1760-1825) quem produziu a teoria da nova visão "biopolítica" da rede opondo dois sistemas sociais identificados um à rede de fiscalização, o sistema "feudal-militar", e o outro, à circulação generalizada dos fluxos dentro da sociedade, o "sistema industrial". A questão da passagem de um sistema social a outro o obriga a pensar a transição e a produzir para isso o conceito moderno de rede.

Saint-Simon anuncia duas categorias que estão na origem de toda contradição constitutiva de um fenômeno qualquer: os "corpos brutos" e "os corpos organizados" que ele opõe. O corpo bruto é como um "crivo", isto é, uma rede que deixa "passar" os fluidos a fim de reter os sólidos; o corpo organizado é uma rede que garante a circulação dos fluidos. Corpo bruto e corpo organizado são como duas figuras de uma rede que ora capta os sólidos, quando mergulhada em um líquido (qual uma rede), ora canaliza os fluxos, quando inscrita sob o solo (como uma rede hidráulica). As duas faces de Janus da rede remetem no plano teórico ao jogo de dominação de um dos dois termos em qualquer contradição. Basta, portanto, um "pequeno deslocamento" em seu equilíbrio para passar de uma dominação a outra. Assim, o corpo organizado se solidifica e morre quando cessa a circulação dos fluidos; o corpo bruto se fluidifica sob a ação do calor. A totalidade concreta e racional de um corpo resulta do desequilíbrio entre fluidos e sólidos.

Se o cristal é uma primeira forma de rede, de acordo com a teoria cristal-logográfica fundada pelo abade acadêmico René-Juste Haüy (1743-827), a circulação do fluido define uma outra variedade, e a relação delas é uma terceira variante de rede, intermediária entre os dois estados.

A rede pode ser sucessivamente cristal, organismo e ser híbrido: uma coisa, a coisa posta como oposta e sua relação. Em outras palavras, segundo Saint-Simon, a rede pode englobar formas variadas, ao mesmo tempo sólida, fluida e estado intermediário entre as duas. Surpreendente plasticidade da figura da rede que pode assumir diversas formas: um estado, seu inverso e a passagem de um estado a outro.

Graças a essa lógica da rede, Saint-Simon dispõe de uma ferramenta de análise muito poderosa para elaborar uma "ciência política" e fundar uma nova religião. No campo político, essa lógica que permite pensar toda forma de passagem é transformada em teoria da transição social. De que maneira, se interroga Saint-Simon, garantir a passagem pacífica e insensível do sistema presente ao sistema futuro? Trata-se, muito simplesmente, de favorecer a circulação de dinheiro na sociedade. Estabelecer a imediação da circulação do "sangue-dinheiro" consiste em organizar o corpo social como um corpo humano. Saint-Simon define a circulação na rede – sangüínea ou estatal – como a condição da vida ou da boa administração, quer dizer, como a condição da mudança social. A transição ao sistema industrial esperado se resume em liberar a circulação de dinheiro no corpo do Estado. A mesma instituição, a saber, o aparelho do Estado, pode ser ora, um lugar de exercício da força – assim é o "sistema feudal" –, ora um lugar de circulação de dinheiro, e eis o "sistema industrial". Um simples deslocamento operado no interior do Estado traz consigo a passagem do sistema feudal-burocrático ao sistema industrial-democrático, "do governo dos homens à administração das coisas", segundo a célebre fórmula de Enfantim, vulgarizada pelo marxismo.

Desde 1769, no *Sonho de D'Alembert*[5], Diderot destacou uma figura de rede que simboliza a ambivalência da continuidade da ruptura, mas, com a visão biopolítica das Luzes, a rede é tomada como nova ambivalência e designa as duas grandes figuras do controle social: a vigilância centralizada do *panopticon* que Michel Foucault critica em *Vigiar e Punir*, e a circulação permanente que funciona em "controle contínuo", que Gilles Deleuze (1990, p. 236) analisará. Símbolo de circulação e de continuidade, a rede remete imediatamente ao seu contrário, pane, interrupção, crise, saturação, engarrafamento, curto-circuito e, finalmente, morte. O simbólico da rede faz passar da vigilância à circulação ou o inverso.

Para Saint-Simon, o estabelecimento do sistema industrial torna-se obra divina, símbolo do "Novo Cristianismo", título de seu último livro redigido em 1825 e que ficou inacabado. O industrialismo de Saint-Simon, da oficina ou da fábrica, se nutre na moral cristã paulina do amor ao próximo. Nesse "Novo Cristianismo", a comunhão se realiza no trabalho dos associados aplicado a todo o planeta, para a fecundação da natureza com as redes de comunicação. Para o trabalho dos irmãos associados, o planeta pode ser reconfigurado como um organismo ideal composto de redes artificiais que o metamorfoseiam. A prática religiosa sansimonista consiste em traçar sobre o corpo da França e do planeta, isto é, sobre o seu território, redes para garantir a circulação de todos os fluxos dentro da sociedade.

A rede simboliza definitivamente – em ato e em representação – o laço selado entre os três elementos da religião sansimonista: a associação, a comunicação e a comunhão. A cibercultura e os evangélicos contemporâneos da Internet e do ciberespaço nada mais fazem do que reativar essa simbólica moderna (e não "pós-moderna"), a partir do seu fetichismo da rede. O culto da rede técnica foi ativamente elaborado pelos discípulos de Saint-Simon, nos anos 1830–1860, na Europa. A rede encontra, assim, no discurso sansimonista seu mito moderno identificando-o a uma revolução social e democrática.

b) A utopia tecnológica reticular dos sansimomistas

Os sansimonistas tomam emprestada a filosofia construída pelo mestre para pensar e organizar, em escala social, um culto religioso das redes. Os discípulos encenam a comunhão na Igreja, a "associação dos irmãos", em suas oficinas e seminários de trabalho, e a comunicação na sua política das redes.

O conceito de rede torna-se o símbolo da associação universal. Michel Chevalier (1806–1879) sistematiza essa concepção das redes no célebre artigo-manifesto "O sistema do Mediterrâneo", publicado no *Globe* de 12 de fevereiro de 1832. Ele afirma:

> Aos olhos dos homens que acreditam que a humanidade caminha em direção a uma associação universal, e que se dedicam a conduzi-la, as ferrovias aparecem sob nova luz [...] Na ordem material, a ferrovia é o símbolo mais perfeito da associação universal. As ferrovias mudarão as condições da existência humana.

A passagem da dominação dos homens à associação dos irmãos somente poderá se concretizar com o desenvolvimento das redes de comunicação através da comunhão entre Oriente e Ocidente. A rede permite "passar" e "ultrapassar" a luta entre o Oriente e o Ocidente. Ela une os dois, a carne e o espírito, a mulher e o homem. A comunhão Oriente-Ocidente é da mesma natureza que a da carne e espírito na religião cristã. O operador simbólico dessa fusão, espécie de Eucaristia, é a rede que desempenha, no "Novo Cristianismo", um papel equivalente ao de Cristo na religião tradicional, um lugar de transubstanciação entre o espírito e o corpo.

A religião sansimonista se afirma como a da comunhão entre as redes, quer sejam "espirituais", como as redes bancárias de crédito, ou "materiais", como as vias de comunicação. Michel Chevalier explica que essas redes foram, até agora, um assunto de engenheiros enquanto que o alcance político delas é decisivo, pois contribuem para a "associação universal". A rede é concebida, ao mesmo tempo, como uma técnica que faz a ligação e como um operador político-moral que faz sentido. A rede é bem mais do que uma técnica e um instrumento de passagem, ela se torna a ferramenta simbólica e prática da religião sansimonista. As redes são símbolos: convocar a rede como objeto significa simultaneamente apagá-la como técnica, para desvendar sua verdade como elo social, em ato na "associação universal".

Diferentemente de Saint-Simon, Michel Chevalier transforma, portanto, a rede em objeto-símbolo: a rede técnica produz, por si só, mudança social. Chevalier chega a escrever frases fundadoras da ideologia moderna da comunicação:

> Melhorar a comunicação é trabalhar para a liberdade real, positiva e prática. [...] é fazer igualdade e democracia. Meios de transporte aperfeiçoados resultam em redução de distâncias não somente de um ponto a outro, mas igualmente de uma classe a outra. (Chevalier, 1836, vol. ii, p. 3).

A rede técnica permite a comunicação, a comunhão e a democratização pela circulação igualitária dos homens. A redução geográfica das distâncias físicas, e mesmo a possibilidade de intercambiar lugares, graças às vias de comunicação, equivale à redução de distâncias sociais, quer dizer, democracia. O desenvolvimento das redes já se identifica com uma "revolução política".

Quando da passagem da exposição da doutrina sansimonista à definição de um culto da rede, os discípulos fizeram o caminho inverso ao do mestre: partem do conceito de rede em direção à conclusão a que chegou Saint-Simon. Essa inversão de encaminhamento teve como efeito transformar uma "semiutopia" social, segundo a fórmula de Raymond Ruyer (Ruyer, 1950, p. 213), em utopia tecnológica total e absoluta. Desse modo, Enfantin pode afirmar: "Nós abraçamos o globo com nossas redes de ferrovias, de ouro, de prata, de eletricidade! Difundam, propaguem, por essas novas vias das quais vocês são em parte os criadores e mestres, o espírito de Deus, a educação do gênero humano" (citado por Pinet, 1898, p. 165-66). Essa declaração resume o sentido da ação dos sansimonistas: as redes de comunicação foram realizadas enquanto práticas religiosas para "abraçar o globo". As redes são mediadoras do espírito divino. O seu desenvolvimento, um verdadeiro ato de amor da Terra fecundada pela técnica, um enriquecimento da natureza pela rede. A utopia social se torna utopia tecnicista. Desde a reformulação sansimonista, a utopia tecnológica não cessa de ocorrer em uma vulgata universal da rede, reinvestida de maneira recorrente a cada inovação técnica (ferrovia, eletricidade, telefone, informática, telemática), até a Internet.

Cristalizando uma relação, os sansimonistas introduzem um fetichismo da rede. É a visão que perdura nos discursos da religião comunicacional contemporânea: a rede técnica, principalmente a hiper-rede Internet (rede de redes planetária), é o mesmo que democracia, circulação, igualdade...

No "Novo Cristianismo" industrial, a rede desempenha um papel equivalente ao de Cristo na religião tradicional, um lugar de transubstanciação entre o espírito e o corpo, como no ciberespaço. McLuhan ressaltara, justamente, essa função das tecnologias de comunicação, indicando que a convergência ligada aos meios eletrônicos de comunicação

> poderia produzir a universalidade da consciência, anunciada por Dante, quando declarava que os homens não seriam mais do que fragmentos, enquanto não se unissem em uma consciência global. Do ponto de vista cristão, não passa de uma nova interpretação do corpo místico de Cristo; e Cristo, afinal, é o prolongamento último do homem (citado por Dery, 1997, p. 57).

c) A função simbólica da rede ciberespacial

Além das variações da figura reticular ligada aos artefatos técnicos que deveriam cristalizá-la, permanece a invariante da rede, isto é, a fetichização da passagem e da transição. A simbólica do reticular se alimenta sempre de um fundo mitológico recorrente, que indica o Destino. A rede indica a passagem em direção ao futuro evidenciando a continuidade do fio do tempo.

O rito de passagem é, certamente, o de Charon que marca a ambivalência da vida (circulação dos fluxos, a rede funciona) e da morte (pane, a rede não funciona) que é consubstancial à metáfora e à noção de "rede". A simbólica da rede está, antes de mais nada, estruturada pelo binômio vida/

morte, binômio no qual a rede é ora identificada à pane, à asfixia ou à morte, ora assimilada à vida. Segundo o modelo de funcionamento da rede, estamos de um lado ou de outro, pois a metáfora da rede é, antes de tudo, bicéfala (vigilância da circulação e circulação da vigilância) e a figura da rede está sempre pronta a se inverter (da circulação à vigilância, ou da vigilância à circulação). A rede permite opor uma forma geral à pirâmide ou à árvore, linear e hierarquizada, mas impede que vire caos e desordem.

Na ordem do imaginário, a rede é intermediária: seu ser é o transitório, a substância é a passagem. Poço de metáforas, ela age em três frentes ao mesmo tempo, e essa é a sua força: apresenta-se como passagem entre duas figuras opostas que ela instaura. Desenvolve-se, em primeiro lugar, em duas vertentes do binômio reversível vida e morte ou exame minucioso-circulação, depois garante a passagem de um a outro dos termos dessas duplas de sinais opostos. A rede pode ser indistintamente um dos dois termos de uma oposição simbólica e o meio termo "racional" que liga os dois. Ela separa e depois une os termos separados.

Indo buscar na mitologia fundadora da rede, entendida etimologicamente como malha e tecido, a rede, passagem cristalizada, indica sempre o Destino e o sentido, não mais o da verticalidade da flecha da catedral erguida em direção ao supra-natural, mas o da interconexão e da ligação se desenvolvendo sem limite, em "redes de redes" e "meta-redes", em ciberespaço.

A rede técnica é comparável a uma catedral cuja flecha indicaria não mais o além, mas o futuro terrestre prometido[6]. A rede visa ao futuro aqui embaixo, o futuro da "sociedade em redes" nas tramas da qual já estamos presos: ela tornou-se uma espécie de templo da religião comunicacional. Lá, onde o templo ligava céu e terra, essa nova catedral liga o presente e o futuro, prometendo paz e democracia através da circulação generalizada da informação.

É claro que a simbólica da rede permanece biface. O paraíso pode se transformar no seu contrário, o Inferno do Controle (Big Brother) contra o paraíso da Circulação, ou seja, a igualdade dos "irmãos internautas conectados", líbero-libertários que não cessam de celebrar a auto-regulação e a auto-organização da rede técnica, identificada ao estado natural do organismo planetário. A rede tornou-se o novo mediador para o paraíso terrestre de uma sociedade industrial ou informacional. Ela visa ao futuro aqui embaixo, e indica "a entrada na sociedade da informação e da comunicação"; dessa maneira, o programa de ação governamental francês no campo das novas tecnologias, lançado no início de 1998, visa "preparar a entrada da França na sociedade da informação".

A rede-catedral não está ordenada pela verticalidade, mas por uma horizontalidade totalmente terrestre e pela continuidade dos fluxos que organiza. Assim como a catedral é encarnação do mistério, a rede é presença do futuro: ela faz passar, definindo nosso lugar como uma passagem. Hoje, as redes de informação, o ciberespaço e a Internet encarnam a passagem, até mesmo a velocidade da passagem (cf. a "dromologia", evocada por Paul Virilio).

A verdade da sociedade atual, isto é, a estrutura oculta de sua complexidade é a rede: ora ela é o "sistema nervoso", ora, ainda, "cérebro planetário" da sociedade, ou mesmo do mundo. Como repete Manuel Castells, "essa base imaterial, constituída de redes, marca a ferro e fogo os processos sociais dominantes e assim molda a própria estrutura social" (Castells, 1998, p. 527).

A rede é um passador que nos transmuta em "passantes", sempre mergulhados nos fluxos (de informações, de imagens, de sons, de dados...). O movimento é contínuo: assim como a república platônica punha cada um em seu lugar, a democracia reticular põe cada um em uma situação de passagem, "conectando-o" a uma rede.

Lugar de passagem permanente, a rede permite, ao mesmo tempo, indicar que o futuro está "na sociedade de comunicação em redes" com seu duplo ciberespacial, e que o presente saturado de redes obriga a passar. O presente é passagem, transição, movimento. Não há mais necessidade de operar a mudança social, ela está acontecendo o tempo todo. Uma vez que tudo é rede, uma vez que a sociedade tem a sua verdade nas redes, estamos constantemente na passagem social. A sociedade de redes é uma sociedade da circulação generalizada. É inútil pensar em novas utopias sociais, a utopia tecnológica livra a utopia social do seu fardo. O ciberespaço, fruto da ficção científica, torna-se projeto utópico universal realizável; pois a utopia tecnológica é realista, como bem mostra Lucien Sfez (Sfez, 1995, capítulo 3).

Dessa maneira, a rede tornou-se o fim e os meios para pensar e realizar a transformação social, e mesmo as revoluções de nosso tempo. O imaginário da rede é uma maneira de fazer economia de utopias de transformação social, de operar uma transferência no sentido psicanalítico. Ao passo que Saint-Simon forjou o conceito para pensar na mudança social, este se tornou um meio de não mais pensar nela. Isso é próprio da fetichização dos conceitos. É por isso que a rede de comunicação carrega uma tão espessa memória simbólica, sempre disponível para ser reativada com cada devaneio ou inovação técnica.

Para concluir, observemos a questão com Pierre Legendre, do ponto de vista do "determinismo simbólico" (Legendre, 1999, p. 71), pois este determinismo tem a imensa vantagem de assumir o contrário do determinismo tecnológico dominante.

A rede é o mensageiro do Futuro e do Destino. De fato, a rede sempre andou junto com o tecido e, como notou Gilbert Durand, "os instrumento e os produtos da tecelagem e da fiação são universalmente simbólicos do devir" (Durand, 1969, p. 369). A rede designa esse "vazio simbólico" que deveria fundá-la: esse vazio é o lugar do Futuro ou do Destino.

Assim como a catedral é o símbolo de Jesus e a celebração de seu corpo – uma "poética da encarnação", diz Georges Duby, que explica: "No corpo de Cristo, Deus e homem, o universo corporal e o universo espiritual voltam a sua unidade nativa. Jesus e a catedral, que é seu símbolo, – são dessa maneira designados como centro de onde tudo procede, onde tudo se ilumina" (Duby, 1976, p. 220 e 175) –, o ciberespaço encarna a "Matriz", desencarnando o corpo. O que dissolve por um lado (o território, o corpo ou a instituição), ele reencarna por um outro (a matriz, o *cyborg* e outros seres híbridos).

O ciberespaço, espaço do intermediário, dos seres híbridos e do angelismo técnico, é o mensageiro da "matriz" ou do "cérebro planetário", que definem o lugar vago de Deus ou do Estado. Legendre gosta de citar a expressão de Dante que procura dar nome ao "princípio que falta" (Legendre, 1999, p. 17). Por que "toda sociedade deve assumir uma representação do porquê?" (ibid., p. 27), o simbólico necessita da representação para aparecer, necessita de um mensageiro: o padre, o anjo, o Cristo ou o Estado, de acordo com a referência a convocar.

Como se realiza, hoje, nas sociedades ultramodernas, (pós-industrialistas, pós-modernas, New Age, etc.) na era da Internet e do ciberespaço, a teatralização do Vazio simbólico, a encenação do porquê, por tanto tempo administrado pela religião e seus padres, depois pelo Estado e os mecanismos da representação política?

O novo Mensageiro, o novo Hermes de nossas sociedades, simbólico petrificado e industrializado, e, principalmente, nas redes entre as quais a Internet e o ciberespaço são as atuais figuras.

A "Matriz", a "inteligência coletiva" e o "cérebro planetário" ocupam o lugar do "princípio que falta" para tentar reencantar nosso mundo industrial.

O ciberespaço é, sim, uma "alucinação consensual", como bem definiu Gibson, que teatraliza na técnica o vazio simbólico. Ele desencarna o mundo real para melhor encarnar a Matriz, nova divindade da era hipertecnicista.

Notas

[1] "Esquematicamente, dizem os relatores, a vida nacional se organizará em três níveis, correspondendo a três funções, a três sistemas de regulação e, portanto, de informação. O estágio onde se determinará o projeto coletivo... O estágio no qual se organizarão e se confrontarão os projetos relacionais e culturais: será o campo da "ágora informativa". O nível do mercado, baseado no sistema de preços: onde se exprimem e se arbitram os desejos espontâneos dos grupos... Na realidade, esses níveis interferirão" (Nora e Minc, 1978, p. 124-125).

[2] A distinção técnica interna à "ciência dos engenheiros" é apresentada dessa maneira em um texto assinado por Lelu, Marcovici e Kretz (1983, p. 35), engenheiros das telecomunicações, e intitulado *Pensar nas redes*: nele são descritas as três formas principais de rede, isto é, os três pólos que balizam o campo de sistemas de comunicação eletrônica, e todo sistema real constitui um composto desses três pólos em diferentes doses [...]" O pólo "tudo vem do centro": são os sistemas de difusão por redes hertzianas ou cabo, que seguem o princípio "todo o mundo é regado ao mesmo tempo"; nenhuma elevação de informação é organizada em suporte eletrônico em direção aos sistemas centrais (emissores ou cabeças de rede); pólo "todo local": é o que se chama "privática", isto é, os dispositivos individuais de estocagem de informação e de tratamento desta [...]; O pólo "rede comutada" contrasta com os dois pólos precedentes que encarnam dissimetrias completas entre o centro e a periferia: existe uma forma de rede que respeita uma simetria completa entre os usuários, ao mesmo tempo emissores e receptores, cujo arquétipo é constituído pela rede telefônica comutada."

[3] Pierre Lévy descreve da seguinte maneira "três grandes categorias de dispositivos de comunicação: um-todos, um-um e todos-todos: um centro emissor envia

suas mensagens a um grande número de receptores passivos e dispersos. O correio, ou o telefone, organiza relações recíprocas entre interlocutores, mas somente segundo contatos de indivíduo a indivíduo ou de ponto a ponto. O ciberespaço recorre a um dispositivo de comunicação original, uma vez que permite a comunidades constituir progressivamente e de maneira cooperativa um contexto comum (dispositivo todos todos)")1997, p. 75.

[4] "Considere-se uma organização de N atores que se propõe a estabelecer uma rede de comunicação entre si a fim de que, através da troca de informação, ela seja capaz de responder por uma dada tarefa (um cálculo, por exemplo). Duas redes extremas ocorrem facilmente àquele que concebeu a organização: as redes A (anárquica) garante que cada um dos N atores está ligado a cada um dos N outros (ele pode se comunicar com ele mesmo). A matriz do gráfico que representa essa rede está "cheia": a rede conta com N2 inter-relações. [...] A rede H (hierárquica) garante que um ator, dotado em princípio de grande capacidade de computação, está ligado aos N 1 outros que lhe transmitem todas as informações que possuem (apenas uma coluna da matriz do gráfico está cheia), N 1 inter relações [...] essa organização é muito mais frágil [...] Assumir a função memorização associável a qualquer rede conduz a elaborar uma nova forma da rede, a rede M e, a partir daí, uma nova forma de organização [...] pode-se conceber uma rede M centrada na memória cuja economia global será pouco diferente daquela de uma rede de tipo H, e cuja robustez será da ordem de uma rede de tipo A [...] arquitetura de rede inteligente, inteligente porque capaz de memorizar" (Le Moigne, 1989, p. 180-182).

[5] No "sonho", a Senhorita de L'Espinnasse compara o corpo humano a uma teia de aranha e o doutor Bordeu, que Diderot põe em cena, assimila o corpo a "uma rede que se forma, cresce, se estende, joga uma grande quantidade de fios imperceptíceis" e acrescenta "os fios estão em todo lugar, não há um ponto sequer na superfície do seu corpo ao qual eles não cheguem". Quando estamos no centro, são a memória e o despotismo que triunfam, ao passo que, na periferia, reinam a comunicação e a anarquia. Basta, então, se deslocar do centro para a periferia, como a aranha na teia, para "passar" da memória à comunicação e do despotismo à anarquia. Pois, vista do centro, a rede é vigilância, e, vista da periferia, torna-se comunicação.

[6] Os primeiros telégrafos aéreos dos irmão Chappe eram, muitas vezes, instalados nas flechas das catedrais ou das igrejas: espécies de pontos altos laicizados. A Revolução não anunciava que "a máquina telegráfica vai tomar o lugar do sino da catedral ?" (citado por Flichy, 1991, p. 22)

Bibliografia

ATTALI, Jacques; CASTELLS, Manuel. Diálogo no suplemento "Multimédia". *Libération*, 12 de junho de 1998.

ARDOINO, J. "Réseaux, structures et canaux de communication", in LUCIEN SFEZ (dir.). *Dictionnaire critique de la communication.* Paris: PUF, 1993, vol. 2, p. 614-617.

BRESSAND, Albert e Catherine Distler. *La planète relationnelle.* Essai. Paris: Flammarion, 1995.

BRESSAND, Albert e Catherine Distler. *Le prochain monde.* Réseaupolis. Paris: Seuil, 1986.

BRETON, Philippe. "L'informatique", in Lucien Sfez (dir.). *La communication,* Paris: Cité des Sciences/ PUF, 1991.

CANGUILHEM, Georges. "Le cerveau et la pensée", in CANGUILHEM, Georges. *Historien des sciences.* Paris: Albin Michel, 1993. Col. "Bibliothèque du Collège International de Philosophie".

CASTELLS, Manuel. *L'ère de l'information, vol..I: La société en réseaux.* Paris: Fayard, 1998.

CHEVALIER, Michel. *Lettres sur l'Amérique du Nord.* Paris: Gosselin, 1836, 2 vols.

DAGONET, François. *L'invention du monde. L'industrie: pourquoi et comment?* Paris: Encre Marine, 1995.

DELEUZE, Gilles. *Pourparlers.* Paris: Éditions de Minuit, 1990.

DE ROSNAY, Joël. *L'homme symbiotique. Regards sur le troisième millénaire.* Paris: Seuil, 1995.

DE ROSNAY, Joël. *Le cerveau planétaire.* Paris: Olivier Orban, 1986.

DERY, Mark. *Vitesse virtuelle. La cyberculture aujourd'hui.* Paris: Abbeville, 1997.

DIDEROT, Denis. "Le rêve de d'Alembert", in *OEuvres philosophiques* (ed.: Paul Vernière). Paris: Éditions Bordas, 1990. Col. Classiques Garnier.

DUBY, Georges. *Le temps des cathédrales. L'art et la société* 980-1420. Paris: Gallimard, 1976. Col. Bibliothèque des Histoires.

DUPUY, Gabriel. *Systèmes, réseaux et territoires. Principes de réseautique territoriale.* Paris: Presses de l'École Nationale des Ponts et Chaussées, 1985.

DURAND, Gilbert. *Les structures anthropologiques de l'imaginaire.* 10ª. ed. Paris: Dunod, 1969.

FENEYROL, Michel. *Les télécommunications: réalités et virtualités. Un avenir pour le XXIe. Siècle.* Paris: Masson, 1996. Col. CNET ENST.

FERGUSON, Marilyn. *Les enfants du Verseau. Pour un nouveau paradigme.* Paris: Calmann Lévy, 1981.

FLICHY, Patrice. *Une histoire de la communication moderne. Espace public et vie privée.* Paris: La Découverte, 1991. Col. "Histoire des sciences".

GIBSON, William. *Neuromancien.* Paris: J'ai Lu, 1988. Col. SF.

HUITEMA, Christian. *Et Dieu créa Internet.* Paris: Eyrolles, 1995.

LE BRETON, David. *L'adieu au corps*. Paris: Métailié, 1999.

LEGENDRE, Pierre. *Sur la question dogmatique en Occident*. Paris: Fayard, 1999.

LE MOIGNE, Jean Louis. "La mémoire du réseau: tout s'écoule... et pourtant", in *Information, culture et société: la montée des réseaux*, actes du colloque international. Grenoble: Université des Sciences Sociales de Grenoble, Réseau TNS Éditeur, 9-12 maio de 1989.

LÉVY, Pierre. *Cyberculture. Rapport au Conseil de l'Europe*. Paris: Odile Jacob, 1997.

LÉVY, Pierre. *L'intelligence collective. Pour une anthropologie du cyberespace*. Paris: La Découverte, 1997.

LELU, A., J.C. Marcovici e F. Kretz. "Penser les réseaux", in FLICHY, P.; PINEAU, G. (dir.), *Images pour le câble. Programmes et réseaux de vidéocommunication*. Paris: CNET INA/La Documentation Française, 1993.

MATTELART, Armand. *L'invention de la communication*. Paris: La Découverte, 1997.

MUSSO, Pierre. *Saint-Simon et le Saint-Simonisme*. Paris: PUF, 1999a. Col. "Que sais je?".

MUSSO, Pierre. "La symbolique du réseau", *Quaderni*, nº 38, 999b.

MUSSO, Pierre. "La généalogie de la notion de réseau", *Art Press*, número especial *"Internet all over"*, 1999c.

MUSSO, Pierre. *Télécommunications et philosophie des réseaux. La postérité paradoxale de Saint-Simon*. 2ª. ed. Paris: PUF, 1998.

NEGROPONTE, Nicholas. *L'homme numérique*. Paris: Robert Laffont, 1995.

NORA, Simon; MINC, Alain. *L'informatisation de la société: rapport à M. le Président de la République*. Paris: Le Seuil, 1978.

PELISSIER, Aline et Alain Tête. *Sciences cognitives (1943-1950)*. Paris: PUF, 1995. Col. "Psychologie et sciences de la pensée".

PINET, Gaston. *Écrivains et penseurs polytechniciens*. Paris: Paul Ollendorff Éditeur, 1898.

REVUE Réseaux, nº 56, *Issy Les Moulineaux*, novembro-dezembro de 1992.

RUYER, Raymond. *L'utopie et les utopies*. Paris: PUF, 1950.

SCHLANGER, Judith E. *Les métaphores de l'organisme*. Paris: Librairie Philosophique Jean Vrin, 1970.

SERRES, Michel. *La légende des anges*. Paris: Flammarion, 1994a.

SERRES, Michel. *Atlas*. Paris: Julliard. 1994b.

SFEZ, Lucien. *La santé parfaite. Critique d'une nouvelle utopie*. Paris: Seuil, 1995.

SFEZ, Lucien. "Artificieuse intelligence", in *Dictionnaire critique de la communication*, tomo 1. Paris: PUF, 1993.

SFEZ, Lucien. *Critique de la communication*, 2ª. ed. Paris: Seuil, 1990.

SPENCER, Herbert. *Principes de sociologie* (2 tomos). Paris: Germer, Baillière & Co., 1883, 1890.

STOURDZE,Yves. *Les ruines du futur.* Paris: Sens & Tonka, 1999.

TEILHARD DE CHARDIN, Pierre. *Le phénomène humain.* Paris: Seuil, 1970.

TEILHARD DE CHARDIN, Pierre . *La place de l'homme dans la nature.* Paris: Albin Michel, 1956.

TOFFLER, Alvin. *Les nouveaux pouvoirs? Savoir, richesse et violence à la veille du XXIe. Siècle.* Paris: Fayard, 1991.

VARELA, Francisco J. Connaître. *Les sciences cognitives. Tendances et perspectives.* Paris: Seuil, 1989.

WIENER, Norbert. *Cybernétique et société.* Paris: UGE, 1971.

Inovação, liberdade e poder na era da informação*

MANUEL CASTELLS

1. A era da informação é nossa era. É um período histórico caracterizado por uma revolução tecnológica centrada nas tecnologias digitais de informação e comunicação, concomitante, mas não causadora, com a emergência de uma estrutura social em rede, em todos os âmbitos da atividade humana, e com a interdependência global desta atividade. É um processo de transformação multidimensional que é ao mesmo tempo includente e excludente em função dos valores e interesses dominantes em cada processo, em cada país e em cada organização social.

2. Como todo processo de transformação histórica, a era da informação não determina um curso único da história humana. Suas conseqüências, suas características dependem do poder de quem se beneficia em cada uma das múltiplas opções que se apresentam, conforme a vontade humana. Mas a ideologia tecnocrática futurológica tenta apresentar a revolução tecnológica como ditando uma única forma de organização social possível, geralmente associada à lei do mercado e ao processo de globalização. Desta forma, a aceitação do extraordinário caráter da revolução tecnológica em curso comportaria a aceitação, no essencial, da proposta segundo a qual a ciência e a tecnologia, utilizadas racionalmente, solucionarão os principais problemas da humanidade. Ainda reconhecendo obstáculos no processo de difusão e desenvolvimento, a crítica aos usos da tecnologia se identifica com a resistência obscurantista à mudança social. A ideologia da bondade tecnológica e

* Conferência do Autor no V Fórum Social Mundial, em Porto Alegre, janeiro de 2005.

a ideologia de uma globalização fundamentalmente orientada pela lei do mercado reforçam uma a outra. Em ambos os casos, desaparece a sociedade como processo autônomo de decisão em função dos interesses e valores de seus membros, submetidos a forças externas do mercado e à tecnologia.

3. E, contudo, a observação empírica, os resultados das pesquisas, as minhas próprias e as de muitos outros mostram o caráter contraditório do processo de globalização e a diversidade das trajetórias tecnológicas e de seus efeitos. Assim:

Em meio a uma das revoluções tecnológicas mais extraordinárias da história, a disparidade de conhecimento e capacidade científica se concentra cada vez mais em termos relativos, por países, por classes, por instituições e por organizações. E os efeitos desta revolução sobre a qualidade de vida são apropriados fundamentalmente pelas grandes corporações e seus circuitos de distribuição. O controle irrestrito dos direitos de propriedade intelectual se transforma no mecanismo fundamental do controle da riqueza.

O momento de eclosão das tecnologias de liberdade, em particular da Internet, mas também do conjunto de tecnologias informáticas de rede, de telecomunicação de banda larga, comunicação móvel e de computação distribuída, é também, sob pretexto de terrorismo e pornografia, o momento da obsessão pela segurança, do controle dos Estados sobre as comunicações, da ameaça à liberdade de expressão, dentro e fora da Internet, da vigilância eletrônica ubíqua e da invasão sistemática da privacidade por parte de empresas comerciais e agências do governo.

O momento da inovação e da criatividade como fontes de mudança tecnológica, enriquecimento cultural e qualidade de vida é também o momento em que muitas corporações restringem a inovação para usufruir de receitas de monopólio e em que a Justiça persegue os jovens que tentam pôr a música em suas vidas embora não sejam mercado para os exploradores de artistas.

Em uma palavra, mais uma vez na história, a inovação tecnológica, a investigação científica, a criatividade cultural são apropriadas, manipuladas, restringidas pelos interesses e poderes que se interpõem entre os produtos desta criatividade e as pessoas da sociedade de onde surgem. A expropriação do trabalho se estende à das mentes. Sendo assim, uma boa parte, na verdade o essencial, das fontes de inovação e de criação, não surgiu do investimento das corporações ou das instruções das burocracias, mas sim do impulso criador e da generosidade pessoal dos inovadores. Um breve lembrete de alguns processos de inovação tecnológica e cultural permite refletir concretamente sobre o debate que estamos propondo.

4. A Internet, tecnologia de liberdade, produzida livremente, a partir de seus próprios usuários. Como é sabido, a Internet se desenvolveu a partir de um programa científico de pesquisa que, mesmo financiado pelo Departamento de Defesa americano, não tinha objetivos militares e, na realidade, não tinha mais objetivos do que os que seus próprios pesquisadores e primeiros usuários foram lhe dando. Os protocolos TCP/IP, desenvolvidos por Cerf e Kahn em 1973-75, caíram em domínio público e posteriormente foram completados e adaptados de forma livre. As principais aplicações da Internet que hoje utilizamos, desde o correio eletrônico às listas de distribuição e os *billboards*, foram criadas e comunicadas por usuários que as compartilharam livremente com o conjunto da comunidade internauta. A *World Wide Web* foi desenvolvida e distribuída gratuitamente por Tim Berners-Lee fora de seu horário de trabalho. Foram os *hackers*, geralmente universitários, os que desenvolveram a Internet como rede de comunicação informática global, e foi a comunidade internauta a que se autogeriu, de maneira diferente, ao longo do tempo, desde 1969, a primeira demonstração de Internet, até a constituição do ICANN em 2000. Não houve direito de propriedade nem controle burocrático para desenvolver a rede de comunicação mais potente da história. Na realidade, foi a não-existência desses controles que a possibilitou.

A arquitetura da Internet foi desenhada deliberadamente para dificultar seu controle, mas não a vigilância da mensagem. E por isso, a Internet, mesmo sofrendo cada vez mais interferências à livre comunicação, é o meio de comunicação local-global mais livre que existe, permitindo descentralizar os meios de comunicação de massa.

E apesar das contínuas tentativas de comercializar a Internet, apesar de ter se convertido em um instrumento essencial para a atividade econômica, a grande massa de fluxos de informação na Internet é de uso social e pessoal, não comercial. A Internet é fundamentalmente um espaço social, cada vez mais amplo e diversificado a partir das tecnologias de acesso móvel a ela. Por isso a preservação da liberdade de expressão e comunicação na Internet é a principal questão na liberdade de expressão em nosso mundo.

5. *Software* livre e código aberto

O *software* informático é a linguagem da era da informação. A capacidade de produzir, modificar, adaptar e distribuir o *software* condiciona a capacidade de qualquer comunidade ou grupo, grande ou pequeno, para interagir com o mundo de computadores e redes que constituem a estrutura (e não só a infra-estrutura) de nossa sociedade. O controle tecnológico privado do *software* é equivalente à apropriação privada do alfabeto nas origens da História (e de fato, apropriaram-se os escribas e sacerdotes que, segundo descobertas arqueológicas recentes realizadas pelos Marines no Iraque, já dispunham de uma licença da Microsoft).

Obviamente, o acesso ao código-fonte condiciona a capacidade tanto de adaptação a usos quanto, sobretudo, à melhora continuada do *software*, ou seja, em última análise, à inovação e ao processo recorrente de inovação.

Sabemos que, assim como a Internet desenvolveu-se com liberdade, o mundo do *software* evoluiu, por um lado, mediante linhas próprias e incompatíveis de cada setor de usuários; por outro lado, mediante o monopólio crescente da Microsoft, com conseqüências decisivas, tanto na apropriação de rendas monopolistas e encarecimento de seus produtos quanto na pobreza tecnológica, derivados da eliminação sistemática de competidores.

Sabemos também da mudança de tendência a partir das derivações do UNIX, tanto no MIT, através do AI Lab e os heróicos esforços de Stallman e seu lançamento de GNU e a licença GPL, como da história do BSD através da tempestuosa relação entre Berkeley e Bell Labs. E conhecemos a extraordinária saga do Linux, desde que Linus Torvalds decidiu, em 1991, desenvolver o kernel do código-fonte do sistema operacional de que precisava para utilizar o UNIX em seu PC 386, e acudir a rede cooperativa de voluntários trabalhando sobre o código-fonte em sistema de código aberto. Sabemos hoje que o Linux é um sistema operacional mais robusto que o Windows e com muito mais capacidade evolutiva. Como também sabemos, o Apache, programa de *software* de servidor, também produzido em código aberto por uma comunidade livre de voluntários autogerida, mediante uma constituição própria, opera mais de dois terços dos servidores da World Wide Web. E é do conhecimento público a existência crescente de programas de software, em todos os âmbitos, que foram produzidos livremente, sem direito de propriedade intelectual, sem trabalho pago e sem estrutura de poder imposta. Hoje em dia, o reconhecido êxito do Linux levou grandes corporações como a IBM e a Oracle, assim como vários governos em todo o mundo, a utilizarem o Linux e outros programas de código aberto. E a produzir formas simplificadas do mesmo para usos sociais, como o caso do Linux em Extremadura. E, sobretudo, a adotar o sistema cooperativo de livre associação de produtores e usuários no processo de inovação tecnológica. Tudo isso, sem que necessariamente se perca o caráter capitalista destas empresas ou os objetivos próprios de cada governo (o governo chinês pode favorecer o Linux e ao mesmo tempo censurar a Internet). Não se trata de opor o mundo anarquista do código aberto ao mundo capitalista da Microsoft. Embora eu duvide que haja muitos anarquistas na Microsoft (salvo exceções no escritório de Bill Gates), existem muitos capitalistas no mundo do código aberto. Mas nem todos os capitalistas são iguais ou nem todos os capitalismos são iguais: há os que, além de subjugarem a sociedade ao mercado, mais que capitalistas são financistas, ou seja, bloqueiam a inovação. E há os que entendem que todo mundo, inclusive eles, ganha mais, se houver mais inovação tecnológica e, em último caso, mais distribuição da riqueza.

Em suma, a história do *software* livre, e, mais amplamente, a do movimento de código aberto demonstram que pode haver mais inovação tecnológica e mais produtividade econômica em um contexto de trabalho cooperativo e motivado, característico do mundo da criação. E isto, além do mais, se à produtividade econômica adicionamos a utilidade social, que requer uma interação estreita entre os inovadores tecnológicos e os usuários da tecnologia. Pleiteia-se, pois, em muitos meios a ampliação do método cooperativo de criação característico do código aberto a outros âmbitos da produção e à gestão da sociedade, desde as empresas autogeridas aos serviços públicos tornados mais eficazes, mediante o *feedback* contínuo entre provedores de serviços e usuários – por exemplo, na educação ou na saúde.

Bem, entre a promessa da inovação cooperativa e a capacidade da sociedade para usufruir o resultado desta cooperação, surge uma concepção financista e autônoma do direito de propriedade intelectual.

6. A propriedade é um roubo (em certas circunstâncias)

Já disse Proudhon. Mas como ele já afirmou, embora não o quisessem entender, não era toda a propriedade, senão a propriedade que exclui desnecessariamente os não proprietários do processo de desenvolvimento e enriquecimento da sociedade e de cada um de seus membros. A propriedade que destrói uma propriedade superior, a propriedade conjunta da livre associação de produtores. Não muito diferente da licença GPL.

Um tratamento indevido do direito de propriedade intelectual é um obstáculo decisivo ao progresso material e à qualidade de vida na era da informação. Lembremo-nos de que, em 1970, a ATT poderia ter adquirido a Arpanet. E que a Microsoft não percebeu a importância da Internet até que a Netscape lançou o Navigator em dezembro de 1994, e então teve que comprar o Spyglass e transformá-lo no browser Internet Explorer. Imaginemos um mundo de Internet com tecnologia própria da ATT e da Microsoft. A Internet como a conhecemos não existiria, com tudo o que isso significa. Por isso a tecnologia não determina a história, mas sim a história, a tecnologia. Mas, graças à estupidez da ATT e da Microsoft, a Internet existe e é ainda livre em grande parte, e a capacidade de comunicação permite pôr em questão as formas restritivas de propriedade intelectual, promovendo a circulação da criação, da inovação, das idéias, em todo o mundo. Desfazendo intermediários comerciais, mas também abrindo o leque de possibilidades de criação e de utilização recorrente da criação. Não eliminando o capitalismo, mas sim ampliando a gama de valores de uso possíveis sem conotação comercial. E mantendo formas de lucros e de negócio, mediante novos modelos negociais baseados no incremento da produtividade e da ampliação de mercado, mais que no controle monopolístico de um mercado excludente, limitador da atividade não mercantilizada.

Larry Lessig propôs uma utilíssima tipologia das propriedades que protegem direitos e daquelas que são parasitárias (um roubo social, na minha terminologia). E também pôs em prática suas formas alternativas de direito de propriedade adaptadas à nova função social da propriedade em nosso contexto tecnológico, mediante a impulsão do projeto Creative Commons, no qual o Brasil ocupa um lugar de destaque. Portanto, o caminho está trilhado, não há nada mais a inventar, a não ser aplicar também aqui o método de experimentação e código aberto, e ir codificando a prática mediante novas formas de auto-regulamentação a respeito do trabalho dos outros, não incluindo as receitas de situações que não se legitimam com nova criação.

Além disso, a propriedade intelectual restritiva, em um mundo onde a ciência e a tecnologia são as forças produtivas essenciais, é o principal obstáculo para o desenvolvimento dos dois terços da humanidade que ainda vivem na pobreza. E daí a importância do debate nos foros do comércio internacional. De modo que os pobres do mundo, os criadores e os inovadores têm um grande objetivo comum: a reforma dos direitos de propriedade para que a criatividade possa ser fonte de riqueza e de valor de uso, sem que se esgote nos estreitos canais de sua apropriação seletiva pelos financistas oligopólicos.

O que, no fundo, é um problema político. E aqui também entra em jogo a tecnologia.

7. **Liberdade, sociedade e tecnologia**

A informação é poder. A comunicação é contrapoder. E a capacidade de mudar o fluxo de informação a partir da capacidade autônoma de comunicação, reforçada mediante as tecnologias digitais de comunicação, realça substancialmente a autonomia da sociedade com respeito aos poderes estabelecidos. Se isto parece abstrato, José María Aznar sabe do que falo, a partir de 3 e 14 de março de 2004. O que quer dizer que a reapropriação por parte da sociedade do fruto de sua criatividade conta agora com meios poderosos: Internet, redes globais de comunicação, acesso à informação em código aberto, processos de cooperação múltipla, comunicação móvel, multimodal e ubíqua. E tudo isso a serviço de interesses e valores que são debatidos, modificados e decididos com autonomia crescente pelos atores sociais. Os criadores, os oprimidos, os empreendedores, os que sentem a vida podem compartilhar seus sonhos e suas práticas. Em outras palavras, convergem no mesmo movimento a tecnologia *cool*, a política *cool* e a sociedade *cool*. E essa convergência deve chegar à análise social e cultural, e à capacidade de integrar a compreensão da tecnologia nos debates políticos mais avançados. É chegada a hora, por exemplo, de o Brasil evoluir do positivismo de Auguste Comte à teoria da complexidade e escrever uma nova máxima em sua bandeira: caos e progresso.

Para que "nova ordem mundial da informação"?*

ARMAND MATTELART

A banalidade do título desta conferência inaugural é apenas aparente. Primeiro, a expressão está entre aspas. Indica que não é minha. Segundo, foi lançada em 1995 pelo grupo dos países mais industrializados (G-7) reunidos pela primeira vez para tratar do tema "sociedade global da informação". Ilustra como, no último quarto do século XX, a reivindicação de uma "nova ordem" passou do campo da contestação do intercâmbio desigual (lembre-se dos anos 1970 com a Nova Ordem da Informação e da Comunicação ou NOMIC, de parte do movimento dos países não-alinhados) para feudo dos donos do mundo.

O horizonte do possível que o projeto neoliberal de remodelação planetário nos propõe é precisamente a "sociedade global da informação". Quais são seus pressupostos geopolíticos? Que outra possibilidade pode ser proposta com base em outra visão do mundo? Por sorte, a acumulação de debates que se realizou desde que se geriu este projeto de "sociedade global da informação" nos facilita a tarefa de responder essas perguntas. Ajuda-nos a visualizar o contraste que existe entre as visões do mundo que legitimam os projetos de implantação das novas tecnologias de comunicação e de informação no cenário chamado global.

* Conferência inaugural do I Congresso Ibero-Americano de Comunicação, na Universidad de Sevilla, Espanha, em março de 2004.

A necessária crítica da língua instrumental

A noção de "sociedade da informação" entra na linguagem administrativa com a primeira crise do petróleo. No princípio dos anos 1970, a "informatização" se transforma para as potências industriais em uma ferramenta oficial de saída da crise. Crise dupla: de um modelo de crescimento e de "governabilidade das democracias ocidentais", segundo o diagnóstico emitido em 1975 pela famosa Comissão Trilateral, estado-maior informal dos países da tríade (Europa Ocidental, Japão e América do Norte). A crença na virtude terapêutica das tecnologias da informação e de suas redes inspira políticas de reindustrialização tanto dos governos nacionais quanto no plano das instituições internacionais. É assim que, na segunda metade dos anos 1970, começam-se a estruturar programas de pesquisa e de ação na OCDE (Organização de Cooperação e Desenvolvimento Econômico) e na Comunidade Européia. O desencadeamento dos processos de desregulamentação da indústria audiovisual e de telecomunicações, nos Estados Unidos, nos anos 1980 repercute diretamente nos demais países industriais, acelerando a liberalização das redes que vai fixar o marco em que se instala a referência informacional.

No curso do último decênio, a noção de sociedade da informação adquiriu evidência nas representações coletivas. Inclusive se os assincronismos marcaram a popularização desta problemática, certos países incorporaram-na com mais lentidão. Pois bem, a história dessa denominação está carregada de ambigüidades. É o que tentei demonstrar ao situar sua dimensão geopolítica e ao encontrar sua genealogia, de longa duração, em *História da sociedade da informação* (2003).

Faz já muito tempo que toda uma tradição de pensamento crítico desvelou os pressupostos ideológicos do conceito de "informação", tal como é usado para designar a nova sociedade que se supõe suceder à sociedade industrial, e assinalou os efeitos de sentido não controlados que nutrem a confusão entre este conceito e o conhecimento ou saber. A informação é assunto de engenheiros. Seu problema consiste em encontrar a codificação mais eficaz (em velocidade e custo) para transmitir uma mensagem telegráfica de um emissor a um destinatário. O que importa é o canal. A produção do sentido não está incluída no programa. A informação está separada da cultura e da memória. "Corre depois do atual", como dizia o historiador Fernand Braudel. A forma de temporalidade implicada contrasta com o tempo de elaboração do saber. O esquema mecânico do processo de comunicação é consentâneo à representação linear do progresso. A inovação se difunde de cima para abaixo, do centro para as periferias.

O fechamento na visão tecnicista das mudanças tecnológicas dificulta o entendimento dos avanços culturais inerentes ao caráter estruturante da informação, entendida como novo "recurso intelectual", novo "capital cognitivo", após ser introduzida em todos os setores da vida. Esta perspectiva instrumental explica na prática como hoje em dia a Organização Mundial do Comércio (OMC) pode classificar a "cultura" na nomenclatura dos "serviços" e reivindicar prerrogativas a respeito, e por que um organismo técnico das Nações Unidas, como a União Internacional de Telecomunicações, pode ser promovido a anfitrião de uma cúpula da "sociedade da informação", suas redes multidimensionais, incluindo os meios e as indústrias culturais. Permite detectar, também, as razões pelas quais a "sociedade da informação", considerada como paradigma do futuro pós-industrial, encontrou-se associada, desde os anos 1950, à tese dos fins ou crepúsculos: fim das ideologias, do político em proveito do *management*, fim dos intelectuais contestadores em benefício da ascensão irresistível dos intelectuais "positivos", orientados para a tomada de decisões.

A própria Unesco, depois de ter privilegiado por muito tempo o termo "sociedade da informação", tende a substituí-lo – pelo menos em seus textos, já que mantém uma "Divisão da Sociedade da Informação" – pela idéia de "sociedades do saber" ou do conhecimento. Assim se torna possível tecer um vínculo orgânico entre o tema das novas tecnologias e o da "diversidade cultural", posta na ordem do dia pelo projeto de elaboração de uma "Convenção internacional para a preservação da diversidade cultural". Projeto aprovado por unanimidade, menos sete votos, entre eles os dos Estados Unidos da América e dos Países Baixos, ao término da conferência geral da Unesco em outubro de 2003. A noção unívoca de "sociedade global da informação" se desvanece diante da multiplicidade dos modos de apropriação social dos artefatos da comunicação que traduzem a singularidade das histórias, das línguas, das culturas. Sociedades do conhecimento e diversidade cultural... a aproximação indica que a defesa da diversidade é também tarefa dos processos educativos. As pesquisas que se desenvolvem no mundo sobre as experiências de construção das infra-estruturas da chamada sociedade da informação atestam que, além dos discursos globalizantes que as acompanham, a formulação de estratégias faz ressurgir, em cada realidade nacional, as especificidades que traduzem configurações de atores inscritos em genuínos contextos institucionais, culturais, industriais e políticos.

Faltaria acrescentar o seguinte para completar este quadro crítico do léxico da sociedade da informação: não há tampouco uma noção genérica de "saber". Há uma pluralidade de saberes como de protagonistas que os produzem: os saberes fundamentais ou sábios, os saberes aplicados dos expertos e os contra-expertos, os saberes ordinários surgidos das múltiplas vivências da cotidianidade. Uma das maiores contribuições da ruptura epistemológica que, nos anos 1980, significou o novo paradigma do "retorno ao sujeito" nas ciências humanas e sociais é precisamente a reabilitação dos saberes procedentes das experiências vividas. De agora em diante, este novo regime de verdade repercute inevitavelmente nas maneiras de aproximar-se da produção e da circulação das duas outras fontes de saberes. Assim são entendidos, por exemplo, os novos movimentos sociais por outra mundialização, ao se definirem como "movimentos de educação popular" e ao procurarem novas formas de alianças sociais entre intelectuais e atores da sociedade civil organizada, formas inéditas de intercâmbios mútuos dos saberes em todas as suas variantes.

Projetos contrastados: as lições de uma cúpula

Convertida em princípio operacional, a sociedade da informação só adquire seu sentido numa configuração geopolítica. A primeira fase da Cúpula Mundial da Sociedade da Informação que ocorreu em dezembro de 2003, em Genebra, sob os auspícios da União Internacional das Telecomunicações (UIT), consolidou muitos destes avanços geopolíticos. É cada vez mais instrutiva, à medida que seu objetivo era buscar os meios para preencher as imensas disparidades de acesso à informação e ao saber, a chamada "brecha digital" entre os países industrializados e os países em desenvolvimento, e dentro mesmo de cada uma dessas sociedades. Nesta Cúpula se confrontaram idéias, símbolos, visões do mundo que põem em jogo antagônicos valores estéticos, éticos e políticos. Projetos de sociedade que subentendem arquiteturas e usos muito diferentes das redes de informação e de comunicação em escala planetária.

Que vias podem ser encontradas para a implantação social das tecnologias? Com que atores fazê-lo? Tal é a interrogação à qual trataram de responder os diferentes protagonistas da Cúpula e das conferências preparatórias, encarregadas de esboçar a ordem do dia. A confrontação entre os representantes dos Estados, dos diretores de empresas ou "interlocutores comerciais", sob a presidência de seu porta-voz, a Câmara Internacional do Comércio, e os responsáveis das organizações não-governamentais, associadas pela primeira vez em uma Cúpula das Nações Unidas, alterou a credibilidade dos discursos salvacionistas sobre a "revolução da informação" e veio lembrar que a construção da chamada sociedade da informação se inscreve forçosamente em um campo de forças políticas das quais é difícil abstrair-se, e que os usos sociais das tecnologias são também assunto dos cidadãos e não só do determinismo do mercado e da técnica.

As organizações não-governamentais destacaram como prioridades, entre outras coisas: a diversidade dos meios, das culturas, das línguas, da informação; a necessidade de acabar com as segregações étnicas, de gênero ou por deficiência física; a ênfase sobre a educação e a pesquisa; o questionamento das instituições internacionais encarregadas da arquitetura das redes; a mudança das regras da propriedade intelectual, etc. Premissas que se acomodam mal no projeto de "nova ordem mundial da informação", que procura se impor em nome da liberdade do consumidor soberano e da liberdade de expressão comercial. Intransigência dos grandes grupos ou conglomerados da informação e da comunicação reclamando o papel de mentor e de artífice das redes e exigindo do Estado e de suas políticas públicas gerar ambientes "habilitadores" que ofereçam os incentivos apropriados para o investimento e liberem a competitividade, lógicas da censura econômica ditada pela concentração das indústrias da cultura e da comunicação, lógicas da censura política dos regimes autoritários, obsessões pela segurança: é contra todos esses obstáculos que se voltam as propostas dos representantes das organizações não-governamentais. Não se nega que o respeito à diversidade cultural e lingüística está no princípio da sociedade da informação. Mas faz-se valer que a promoção de conteúdos locais não deve "engendrar barreiras não razoáveis ao comércio". O mercado cria a diversidade da oferta de produtos culturais. A todos os argumentos amplamente explicitados no marco de outras tribunas, como a OMC e o G-8, unem-se os governos em busca de um projeto de "modernização". Enquanto não acontece o debate sobre as aplicações do ciberespaço à vigilância e o controle dos cidadãos, assim como a militarização do espaço satelital, incidem cada vez mais na esfera pública, em todas as latitudes, a propaganda, a manipulação e as estratégias deliberadas de condicionamento das opiniões públicas.

Se há algum tema controverso é o do regime da propriedade intelectual. Inclusive está na origem de um novo distanciamento Norte/Sul. As propostas de revisão feitas por numerosos governos do Terceiro Mundo, apoiadas pelas organizações da sociedade civil, são sistematicamente depreciadas. Alega-se que a questão diz respeito a outras instâncias multilaterais, como a OMC e a Organização Mundial da Propriedade Intelectual (OMPI). Falta muito para que se cumpra o desejo de fazer evoluir as regras de gestão da propriedade intelectual, de tal forma que se "estabeleça um sistema que não feche o acesso ao saber aos países em vias de desenvolvimento", conforme assinalou o Programa de Nações Unidas para o Desenvolvimento (PNUD) em seu Relatório sobre o Desenvolvimento Humano, publicado em 1999. Mesmo assim, parece que qualquer tentativa de romper com a unilateralidade e com a falta de transparência das instituições, privadas e públicas, sobretudo nos aspectos relativos aos mercados abertos para a sociedade da informação, está condenada a encontrar fortes reticências. É o que acontece com o estatuto do ICANN (Internet Corporation for Assigned Names and Numbers), que dos Estados Unidos administra os endereços de Internet em escala mundial, símbolo do tropismo norte-americano da rede de redes. Da mesma forma, nada mais normal que pronunciar o "princípio de neutralidade tecnológica". Incitou-se às claras a Cúpula para que se abstenha de "promover e desenvolver *software* livre", contra os partidários da revisão do regime da propriedade intelectual. A conectividade técnica é apresentada como o passaporte à nova sociedade. Esta ideologia da conectividade combina com o retorno, nas esferas do chamado poder global, das concepções neodifusionistas – de cima para baixo – de produção e distribuição do "conhecimento" nas estratégias de construção dos macrousos das novas tecnologias da informação e da comunicação. A retórica da inovação digital serve de pretexto para revigorar visões neo-imperiais e etnocêntricas da reestruturação da ordem mundial.

A Declaração final da Cúpula deixou insatisfeitos os representantes da sociedade civil, que expressaram seu descontentamento pela forma com que a Cúpula levava em consideração não só essas propostas sobre a revisão do regime da propriedade intelectual, como também o conjunto de suas contribuições. Ao mesmo tempo que continuavam participando nas negociações oficiais, apresentaram sua própria Declaração comum sobre o direito à comunicação, afirmando que "a diversidade é necessária em todos os níveis, inclusive para disponibilizar uma gama de fontes diferentes de informação, diversidade da propriedade dos meios e dos modos de acesso às mídias que assegure que os pontos de vista de todos os setores e grupos da sociedade possam ser entendidos".

Além das ambigüidades e inconsistências das conclusões que emanam deste tipo de assembléia, ficou uma lição importante: pela primeira vez na história das Nações Unidas, as organizações não-governamentais foram convidadas a expor sua opinião. O que é um indicativo de certo reconhecimento da irrupção de novos atores sociais. Em si, já é um grande avanço se for lembrada a sua ausência completa nas reuniões ou cúpulas do G-7 que acolheram a noção de "sociedade global da informação". No G-7 de 1995, por exemplo, só se encontravam chefes de Estado e uns 40 diretores de empresas aeroespaciais e de informática. Porém o mais relevante é que, apesar da heterogeneidade de seus componentes, as organizações conseguiram se expressar em uma só voz quando se tratou de assentar os princípios do direito à comunicação. Por outro lado, o movimento social comprovou os limites desse chamado à participação e, paralelamente, procurou mais que nunca ocupar seus próprios lugares de reflexão e formular seus próprios programas de ação. Como o prova a abertura, nos Fóruns Sociais Mundiais, de espaços de debate e de proposta sobre as novas formas de hegemonia cultural.

Apoiando-se na logística das novas redes de militância e nos Fóruns Sociais Mundiais, Continentais ou Nacionais, o movimento da altermundialização incorporou progressivamente a controvérsia sobre o rumo tecnoinformacional no debate sobre as razões estruturais das disparidades socioeconômicas. A experiência do Fórum Social Mundial de Porto Alegre é muito instrutiva a respeito. Nos dois primeiros encontros (2001 e 2002), a problemática da comunicação e de suas tecnologias foi tratada de forma dispersa e sem posicionamento explícito do movimento social. Ao contrário, na terceira edição do evento, em 2003, a mídia, a informação, a cultura, a diversidade, as novas formas da hegemonia e as alternativas à mercantilização constituíram um dos cinco eixos principais em torno dos quais se estruturaram as mesas redondas do Fórum.

A legitimidade novamente conquistada no plano comunicacional significa um avanço significativo no pensamento do movimento social. Durante longo tempo, na verdade, a aproximação instrumental com as mídias, as redes e a cultura dificultou a formalização de uma reflexão de conjunto sobre o papel da comunicação nas estratégias de mudança social. Obviamente, o recente reconhecimento do caráter central da problemática dos modelos de implantação social e de operação das tecnologias de comunicação e de informação ainda não representa o consenso da maioria dos componentes do movimento dos movimentos, embora todos utilizem com destreza as novas ferramentas digitais. Esta legitimação deve muito ao trabalho pioneiro de redes sociais comprometidas há vários anos no setor, como a Agência Latino-Americana de Informação (ALAI), a World Association for Christian Communication (WACC), a Associação Mundial de Rádios Comunitárias (AMARC), a rede ALER (Associação Latino-Americana de Educação Radiofônica) ou a agência Inter Press Service, fundada em Roma nos anos 60, que vincula horizontalmente e diretamente os países do Terceiro Mundo, numa perspectiva de descolonização da informação. Todas essas redes sociais se fazem ouvir nos lugares onde se desenha a arquitetura da sociedade da informação. Longe de se deixar levar pelos discursos convenientes sobre a brecha digital, essas redes aceitaram o convite para participar das reuniões preparatórias da Cúpula mundial, sem deixar de organizar seus próprios seminários e lançando, em novembro de 2001, a Campanha "Direitos de comunicação na sociedade da informação" (CRIS, na sigla em inglês). Tais iniciativas e demandas são algumas das múltiplas expressões da nova filosofia da ação coletiva sobre a gestão dos bens comuns da humanidade (a cultura, a educação, a saúde, o meio ambiente e a água), segundo a qual o serviço público, a exceção e a diversidade cultural devem prevalecer sobre os mecanismos do mercado.

O dever de memória

Sintetizemos agora alguns dos desafios planejados no projeto de nova ordem tecnocomunicacional.

1. Questionar o léxico da sociedade da informação continua sendo hoje uma tarefa prioritária. Mas este trabalho não é mais que um alvo na batalha das palavras contra todos os desvios de seu sentido primitivo e das manipulações que as isolam de sua memória, como demonstra o caso do vocábulo "mundialização", oriundo da longa tradição do internacionalismo democrático, expropriado em benefício do ultraliberalismo. Uma batalha

contra os neologismos globalizantes, que, dia após dia, naturalizam-se e fabricam o novo sentido comum, sem que os cidadãos tenham tido tempo de opor-lhes a dúvida metódica, ou de identificar a origem de seus inventores ou operadores. Uma batalha contra todos os conceitos suscetíveis de serem arrolados ou recuperados, em um projeto de reordenamento do planeta que os erradique. Em primeiro lugar, preservar os conceitos de participação, sociedade civil, serviço público, interesse público, diversidade e todos os termos que constituem o acervo da história multifacetária das lutas sociais e culturais.

2. Fio de Ariadne da história das tecnologias da comunicação e da informação, a cada geração das técnicas aptas a jugular o tempo e o espaço, reciclou-se o discurso messiânico sobre a promessa de concórdia universal e de uma nova "ágora" ateniense. A amnésia é um traço constitutivo dos imaginários sociais da comunicação. É consentânea à escatologia contemporânea da sociedade global da informação. O último artefato técnico fixa a norma e deslegitima os outros meios de expressão. Não separar a problemática dos usos das tecnologias digitais da memória da apropriação social das tecnologias anteriores (por exemplo, o rádio), mas, ao mesmo tempo, restaurar a memória matizada das múltiplas formas de artes e culturas populares, é isto que pleiteiam as exortações e demandas das organizações não-governamentais comprometidas em experiências participativas sob todas as latitudes, e, em especial, na América Latina.

Recuperar a memória é também reapropriar-se – embora se tenha de submetê-la a uma crítica sem concessões – do amplo legado dos debates e experiências que pensaram a relação entre democracia, comunicação e intercâmbio desigual, bem como problemáticas mais que nunca atuais: as políticas públicas de comunicação, as políticas culturais, o direito à comunicação. Uma das lições que se pode tirar das conferências regionais (por exemplo, a de Bávaro, República Dominicana) ou nacionais que preparam a Cúpula é a volta à tona das reivindicações do "direito à comunicação" apoiadas nos anos 1970 pelo movimento dos países não-alinhados, a favor de uma nova ordem mundial da informação e da comunicação, mas que a liberalização e a privatização selvagem da economia e das redes tinham afastado do cenário internacional nos dois últimos decênios. Só a lenda negra, tecida ao longo desse período cuja influência paralisa a possibilidade de um inventário crítico do passado e de suas contradições, impede que se aprecie no seu justo valor este momento pioneiro e original da construção da longa memória das lutas para a democratização da comunicação.

3. Opor uma resposta aos novos mecanismos da hegemonia cultural implica voltar a pensar a brutal assimetria dos receptores das mídias frente às empresas midiáticas. Nos anos 1980, o pensamento comunicacional começou a reabilitar o sujeito ordinário, a subjetividade, a intersubjetividade, o receptor, o usuário dos produtos culturais, as mediações, e a criticar a noção de imperialismo cultural e a focalização sobre os macro-sujeitos em detrimento da vida cotidiana. Redescobriram-se a noção gramsciana de hegemonia e a multiplicidade dos atores que participam de sua construção. É esta mudança de paradigma que analisamos em 1986, Michèle Mattelart e eu, em *Penser les médias* (traduzido em espanhol em 1987 e em português em 2004). Mostramos como estava se passando de um paradigma do mecânico ao paradigma do fluido. E como se transitava de uma visão sincopada do social, plano contra plano, a uma visão do social em mixagem encadeada, para utilizar uma expressão cinematográfica. De uma visão em degraus (infra-estrutura/ superestrutura, antes/ depois, centro/ periferias, por exemplo) a uma visão reticular. Atentávamos também para esta mudança de paradigma, que, além de suas contribuições, comportava um potencial de ambigüidades e ambivalências. Nossa advertência passou despercebida, arrastada pelo gozo e entusiasmo da ruptura epistemológica com as teorias chamadas pesadas e monolíticas do poder. É o que explica a celebração unívoca do retorno ao sujeito-receptor e de seu poder para determinar o sentido do que consome, contribuindo para o esquecimento dos grandes determinantes financeiros e geopolíticos dos novos dispositivos de comunicação e de informação. Este tipo de celebração está muito perto da exaltação do consumidor soberano por parte dos ideólogos do neoliberalismo. Tais desvios desembocaram no achatamento da noção de "resistência" e, por conseguinte, no esvaziamento das novas problemáticas centradas na relação entre cultura(s) e processos comunicativos. A reconciliação de grande parte da classe intelectual com a cultura de massa ocorreu paralelamente à perda da representação dos meios de comunicação como dispositivos de poder, como um dos lugares de fabricação da opinião. Os acontecimentos mais recentes, e muito especialmente desde o 11 de setembro de 2001, testemunham que eles nunca deixaram de sê-lo.

A liberdade do consumidor ou do usuário não é algo que acontece espontaneamente, como pretende o naturalismo neodarwinista; é construída através de contrapoderes. É assim que entendeu o Fórum Social Mundial que, em 2003, por iniciativa de *Le Monde Diplomatique*, lançou a idéia do Observatório Internacional das Mídias (Media Watch Global). Seu objetivo: "Empreender todo tipo de ação com vista a promover e garantir o direito dos cidadãos à informação em todos os países". Este Observatório está destinado a se multiplicar através de Observatórios nacionais compostos em igual proporção de profissionais da informação, de todos os tipos de mídias; de universitários e pesquisadores de todas as disciplinas, em particular especialistas das mídias e da informação; dos usuários e dos observadores críticos das mídias e associações que os representam. Na França, foi fundado o Observatório nacional em setembro de 2003. Sua plataforma é eloqüente. Um extrato: "Uma informação livre, completa e exata é essencial ao bom funcionamento da democracia. Promotor de uma "ecologia da informação", o Observatório deseja exercer uma responsabilidade coletiva e se constitui em uma força de intervenção em nome do interesse superior da sociedade e do direito dos cidadãos a serem corretamente informados. O Observatório ambiciona ser um lugar de elaboração de uma pedagogia democrática da apropriação individual e coletiva do universo dos meios e da comunicação". Este tipo de iniciativa não parte do nada. Trata de unir os múltiplos lugares e atores que, há anos, realizam um trabalho de pedagogia crítica das mídias. Seu mérito reside no fato de ensaiar a tríplice aliança: usuários-cidadãos/ pesquisadores/ jornalistas. O êxito deste projeto, inspirado na filosofia dos novos movimentos sociais, como movimentos de educação popular, é difícil de se conseguir, já que rompe com a velha prática do intelectual como proprietário do sentido que tanto marcou o pensamento estruturalista. O projeto de criação permanente de um lugar propício à intervenção construtiva corresponde a uma tomada de consciência: a importância que os conglomerados de comunicação estão adquirindo no exercício do poder político e como organização de pressão corporativa, em todos os âmbitos das instituições internacionais em que se decide o perfil do ordenamento técnico mundial, exige um militantismo e formas de contestação inéditos.

4. As negociações sobre as vias de acesso à sociedade da informação estão destinadas a se cruzarem cada vez mais nos organismos da comuni-

dade internacional com os debates sobre o papel da(s) cultura(s). Forma-se a consciência nos meios críticos de que se tem de levantar o debate sobre o processo de globalização, a cultura e a comunicação, tentando situar os vínculos que ligam os diversos lugares institucionais onde estão em negociação. Mostrar quão orgânicas e interdependentes são as diferentes facetas que adotam as lutas e reivindicações contemporâneas no campo cultural. Entender a necessidade de pensá-las ao mesmo tempo globalmente e cada uma na sua especificidade.

É o caso, por exemplo, da chamada "exceção cultural" – exceção no sentido de subtrair as indústrias culturais das regras do câmbio livre –, princípio legitimado em fins de 1993 no GATT, ao fim de um debate entre a União Européia e os Estados Unidos. De fato, o debate sobre a exceção cultural que prefigurava os debates acerca da sociedade da informação continua constituindo uma frente essencial no combate pela diversidade cultural e lingüística. O preconceito segundo o qual a diversidade não podia ser senão o feudo dos grandes países industrializados, desejosos de proteger suas indústrias cinematográficas, dá, aos poucos, lugar a um reconhecimento da necessidade de defendê-la como algo essencial para a preservação da diversidade. Prova disso está na conclusão de um relatório recente, realizado no marco do Convênio Andrés Bello, do qual participaram vários pesquisadores latino-americanos e onde foram elaboradas as bases para uma política cultural de integração com vistas a estabelecer "o espaço cultural latino-americano": "A exceção cultural é uma das batalhas mais importantes que logo terá que resultar na construção de um espaço cultural. Evidentemente, os Estados Unidos vão fazer todo o possível para que tal não exista. Mas a América Latina tem de fazer valer a exceção cultural a respeito dos tratados de livre comércio, pois não se podem submeter, sem mais nem menos, os bens culturais à pura lógica do mercado". Além disso, o diagnóstico do Convênio Andrés Bello contrasta com as declarações feitas pelo ex-chefe de governo espanhol José María Aznar, de visita a Washington, em janeiro de 2004, diante dos empresários, na sede da Câmara de Comércio dos Estados Unidos: "A exceção cultural é o refúgio das culturas em decadência. Quem não conhece este problema não tem nada a temer."

É mais que provável que o caráter polêmico das negociações em curso se acentue com a volta dos Estados Unidos ao seio da Unesco, decidida em 2002 pela administração Bush, depois de uma ausência de mais de 15 anos. Lembremo-nos de que a administração Reagan tinha argumentado contra a excessiva politização dos debates para deixar a organização internacional. Mais que nunca, a posição defendida por Washington diante das questões de cultura, de comunicação e de informação é que o debate deve ser reduzido aos formatos em vigor nos organismos técnicos e comerciais.

5. Que "sociedades de conhecimento"? Se alguém não quiser revalidar as mitologias redentoras das tecnologias segregadas pelo novo regime de verdade da ideologia globalista, terá de se perguntar sobre as mutações estruturais em curso nas condições de produção e de circulação dos conhecimentos. Testemunham as investidas desreguladoras contra a idéia de serviço público nos sistemas de ensino e de pesquisa. A visão gerencial da sociedade naturalizou a aproximação dos focos de elaboração e a transmissão dos conhecimentos ao pragmatismo empresarial. A apropriação da massa cinzenta e da criatividade com fins de integração, pela valorização capitalística, é um dos desafios maiores do projeto ultraliberal de construção da arquitetura reticular global. A nova tecnoutopia busca a aliança entre a "imaginação" dos "intelectuais" e o "realismo" dos *managers*. Paradoxalmente, esta linguagem maniqueísta expõe os preconceitos do antiintelectualismo que a nutre.

Uma concepção instrumental do saber está progredindo, fazendo com que se perca de vista que a tarefa da universidade é proporcionar ao estudante um ensino que lhe dê a possibilidade de formar sua autonomia intelectual. O positivismo gerencial é alérgico a todo distanciamento, a pôr em dúvida o "bom senso". Daí a aversão pelas "teorias", a alergia à reflexão, assimilada a "teoricismos". Ao não se resistir às tendências que visam à "profissionalização", à transmissão de habilidades técnicas, a escamotear a questão da "profissionalidade" como inserção na sociedade, não só como profissional mas também como cidadão, corre-se o risco de não se poder aproveitar o potencial virtual desse fabuloso arsenal de novas tecnologias e de orientar os usos sociais das ferramentas das futuras sociedades do saber em direção aos mesmos becos sem saída da sociedade industrial. Numa palavra, corre-se o risco de se ficar sem "imaginação sociológica". O preocupante, e inclusive escandaloso do ponto de vista ético, é que a distância entre as promessas baseadas nas tecnologias digitais e seus usos reais, em proveito da felicidade de todos os humanos, não deixa de aumentar dia após dia. A obsessão pela inovação técnica não guarda relação com a potencialidade das inovações sociais. Tudo indica a urgência de substituir a idéia de Cúpula Mundial da Sociedade da Informação pela de "Estados gerais do conhecimento", resgatando oportunamente a linda expressão de *Thetas generaos* lançada pelos revolucionários franceses de 1789, bem antes de que caísse o antigo regime. O que se pode desejar é que a dinâmica seja, desta vez, dada por uma sociedade civil ampliada, preocupada por inserir a questão da técnica no porvir da democracia.

Para saber mais sobre nossos títulos e autores,
visite nosso site:
www.mauad.com.br

Este livro, da MAUAD Editora,
foi impresso em papel ofsete 75g,
na gráfica Sermograf.